EMPREENDEDORISMO
TRANSFORMANDO IDEIAS EM NEGÓCIOS

O GEN | Grupo Editorial Nacional – maior plataforma editorial brasileira no segmento científico, técnico e profissional – publica conteúdos nas áreas de ciências sociais aplicadas, exatas, humanas, jurídicas e da saúde, além de prover serviços direcionados à educação continuada e à preparação para concursos.

As editoras que integram o GEN, das mais respeitadas no mercado editorial, construíram catálogos inigualáveis, com obras decisivas para a formação acadêmica e o aperfeiçoamento de várias gerações de profissionais e estudantes, tendo se tornado sinônimo de qualidade e seriedade.

A missão do GEN e dos núcleos de conteúdo que o compõem é prover a melhor informação científica e distribuí-la de maneira flexível e conveniente, a preços justos, gerando benefícios e servindo a autores, docentes, livreiros, funcionários, colaboradores e acionistas.

Nosso comportamento ético incondicional e nossa responsabilidade social e ambiental são reforçados pela natureza educacional de nossa atividade e dão sustentabilidade ao crescimento contínuo e à rentabilidade do grupo.

JOSÉ DORNELAS

NONA EDIÇÃO
EMPREENDEDORISMO
TRANSFORMANDO IDEIAS EM NEGÓCIOS

- O autor deste livro e a editora empenharam seus melhores esforços para assegurar que as informações e os procedimentos apresentados no texto estejam em acordo com os padrões aceitos à época da publicação, *e todos os dados foram atualizados pelo autor até a data de fechamento do livro*. Entretanto, tendo em conta a evolução das ciências, as atualizações legislativas, as mudanças regulamentares governamentais e o constante fluxo de novas informações sobre os temas que constam do livro, recomendamos enfaticamente que os leitores consultem sempre outras fontes fidedignas, de modo a se certificarem de que as informações contidas no texto estão corretas e de que não houve alterações nas recomendações ou na legislação regulamentadora.
- Data do fechamento do livro: 20/12/2022
- O autor e a editora se empenharam para citar adequadamente e dar o devido crédito a todos os detentores de direitos autorais de qualquer material utilizado neste livro, dispondo-se a possíveis acertos posteriores caso, inadvertida e involuntariamente, a identificação de algum deles tenha sido omitida.
- **Atendimento ao cliente: (11) 5080-0751 | faleconosco@grupogen.com.br**
- Direitos exclusivos para a língua portuguesa
  Copyright © 2023, 2024 (2ª impressão) *by*
  Editora Atlas Ltda.
  Uma editora integrante do GEN | Grupo Editorial Nacional
  Travessa do Ouvidor, 11
  Rio de Janeiro – RJ – 20040-040
  www.grupogen.com.br
- Reservados todos os direitos. É proibida a duplicação ou reprodução deste volume, no todo ou em parte, em quaisquer formas ou por quaisquer meios (eletrônico, mecânico, gravação, fotocópia, distribuição pela internet ou outros), sem permissão, por escrito, da Editora Atlas Ltda.
- Capa: Manu | OFÁ Design
- Editoração eletrônica: Luciana Nunes
- A 8ª edição foi publicada pela Editora Empreende.
- Ficha catalográfica

CIP-BRASIL. CATALOGAÇÃO NA PUBLICAÇÃO
SINDICATO NACIONAL DOS EDITORES DE LIVROS, RJ

D757d
Dornelas, José

Empreendedorismo : transformando ideias em negócios / José Dornelas. - 9. ed. [2ª Reimp.] - Barueri [SP]: Atlas, 2024.

Apêndice
Inclui bibliografia e índice
ISBN 978-65-5977-452-4

1. Empreendedorismo. 2. Criatividade nos negócios. 3. Inovação. I. Título.

22-81431 CDD: 658.421
          CDU: 005.342

Gabriela Faray Ferreira Lopes - Bibliotecária - CRB-7/6643

Dedico este trabalho aos que empreendem,
correm grandes riscos,
antecipam-se aos fatos
e constroem o futuro desta nação.

Agradecimentos

O livro *Empreendedorismo: transformando ideias em negócios* agora está em sua nona edição e continua sendo utilizado amplamente como publicação de referência sobre os temas empreendedorismo e plano de negócios nos meios acadêmico e empresarial. Tal feito é relevante e só foi possível devido ao envolvimento de inúmeras pessoas que contribuíram para o sucesso da publicação ao longo dos anos. Ao ultrapassar centenas de milhares de exemplares vendidos, comprova o crescente interesse pelo tema e ainda confirma seu protagonismo como livro-texto no ensino de empreendedorismo e no suporte aos empreendedores brasileiros. Em empreendedorismo, um dos principais ensinamentos que podemos ter é o fato de que nada se constrói sozinho, sempre há a necessidade de trabalho em equipe. Qualquer projeto empreendedor sempre terá maiores chances de sucesso se a equipe envolvida for comprometida e agregar valor, trazendo o complemento necessário para a conclusão do trabalho. Este livro foi escrito dessa forma, e sempre serei grato a todos aqueles que, de uma forma ou de outra, contribuíram para a concretização deste sonho.

Como já havia ocorrido nas edições anteriores, citá-las aqui é o mínimo que posso fazer para expressar minha sincera gratidão a todos que acreditaram neste projeto e sempre se dispuseram a colaborar. Sendo assim, agradeço ao Chu e ao Adriano Picchi Neves, pelas sugestões da primeira edição. Ao Adriano Runho, por sempre estar a postos e contribuir de todas as formas. Ao Elso Raimondi, pelos conselhos valiosos e pelo espírito empreendedor. Ao Prof. Sylvio e à Fundação Parqtec. Aos empreendedores dos estudos de caso da primeira à nona edição, que de forma brilhante mostraram na prática como é ser um empreendedor: Júlio Worcman, Paulo Mannheimer, Oswaldo Oliveira, Hélio Pedreira, José Augusto P. Silva, Dagoberto Hajjar, Robinson Shiba, Alberto Saraiva, Jorge Alberto, Jorge Eduardo, Juliano Mendes, Romero Rodrigues, Caito Maia, Antonio Carbonari Netto, Wang Shu Chen, Paulo César Garcia Jr., Marcelo Cesana, Fernando Chamis, Eduardo L'Hotellier, Fabiano Wohlers, Alaor Lino, Jeremias Demito, Ronaldo Tenório, Fábio Câmara e Rogério Ferreira. À Marília Rocca, pelo apoio e divulgação da obra. Ao Carlos Eduardo Castello Branco, do BNDES. Ao José Eduardo Fiates e Guilherme Ary Plonski, da Anprotec. À Rosane Andrade, Ana Paula Colombini, Kátia Palermo, Fabiana Rezende Sá Leitão, Ricardo Gonçalves e Eduardo Pinto Vilas Boas, pelo apoio e empenho nas entrevistas com os empreendedores. Ao André Wolff, pelo apoio e pelas sugestões nas melhorias da quarta edição. Ao Ricardo Redisch, editor pioneiro e maior incentivador para a criação desta publicação, que da quinta até a oitava edição foi editada pelo selo Empreende.

Aos amigos do Babson College, pela sempre gratificante troca de experiências, um agradecimento especial a: Ana Petermann, Andrew Zacharakis, Carlos Rufin (Suffolk), David Wylie, Ed Cale, Edward Marram, Georgia Papavasiliou, Heidi Neck, Jeff Ellis (*in memoriam*), Jeffry Timmons (*in memoriam*), Joe Hadzima (MIT), Joel Shulman, John Bourne, John Newman, Jose Soza, Julian Lange, Marcia Cole, Rosângela Santos (MIT), Scott Tiffin, Stephen Flavin, Stephen Spinelli, Tom McDermott (*in memoriam*) e William Bygrave.

A todos os alunos, gerentes de incubadoras, empreendedores, executivos, professores, amigos e clientes, que sempre mostraram admiração e acreditaram na ideia.

Ao meu pai, pela alegria de viver e pelo amor irrestrito, pelo carinho e pela admiração que sempre me expressou ao longo de sua vida.

Apresentação da Nona Edição

A nona edição de *Empreendedorismo: transformando ideias em negócios* foi atualizada e, seguindo o que já ocorria nas edições anteriores, continua com novidades que estão em consonância com o desenvolvimento do empreendedorismo no país e que serão de extrema utilidade para acadêmicos e empreendedores. Desde seu lançamento no primeiro semestre de 2001, este livro tem sido utilizado com sucesso por candidatos a empreendedores, empresários, executivos, professores, estudantes, pesquisadores, enfim, por uma gama bem abrangente de profissionais interessados no assunto. Empreender tem a ver com fazer diferente, antecipar-se aos fatos, implementar ideias, buscar oportunidades e assumir riscos calculados. Mais que isso, está relacionado à busca da autorrealização. Muitos brasileiros têm buscado no empreendedorismo o caminho para o sucesso. Infelizmente, nem todos têm conseguido atingir o que almejam no campo empresarial. É notório o espírito empreendedor do brasileiro, mas é preocupante o fato de muitos destes que têm iniciativa tentarem empreender achando que vontade e sorte são os ingredientes principais para a geração de grandes negócios.

Este livro foi escrito com a intenção de prover uma forma sistematizada de entender o fenômeno do empreendedorismo e de desmistificar a crença de que empreendedores de sucesso só podem ser inatos. Dessa forma, esta obra procura atender a esse público tão diverso e sedento por respostas práticas de como fazer acontecer. No Brasil, ser bem-sucedido como empreendedor não é tarefa fácil, mas aqueles que conseguem tornam-se referência pela ousadia, criatividade, inovação e persistência, que geralmente acompanham esses indivíduos diferenciados. E o melhor de tudo é que todos podem aprender com esses exemplos e utilizar esse aprendizado de forma a melhorar as suas chances de sucesso.

Nos últimos anos, o empreendedorismo tem sido tema primordial de debate nas várias instâncias públicas e privadas. O país finalmente tem dado a devida importância ao empreendedorismo. Programas de apoio, cursos especializados, entidades de classe, ONGs, associações, eventos, seminários, publicações etc. têm surgido para amparar de forma mais bem planejada as iniciativas empreendedoras.

Esta obra surgiu em um momento ímpar, quando muitas dessas iniciativas eram embrionárias e buscavam em seu conteúdo inspiração e auxílio para prosseguir. É gratificante, portanto, testemunhar como uma obra pode contribuir para o sucesso de pessoas e organizações. Em minhas palestras e viagens pelo Brasil e pelo exterior, percebo o interesse do público sobre o tema e cada vez mais o interesse dos mais jovens em conhecer as estratégias utilizadas pelos empreendedores bem-sucedidos. Não menos gratificante é observar como professores e instrutores têm utilizado a obra em seus cursos de empreendedorismo e plano de negócios, haja vista sua consolidada adoção pelo país como obra de referência. Os empreendedores, por outro lado, têm encontrado neste livro um guia completo para o planejamento de suas empresas e projetos empresariais.

Nesta nona edição, cada capítulo do livro foi revisado e atualizado, assim como os estudos de caso. Houve ainda a inclusão de novos materiais na área de *dowloads* do *site* www.josedornelas.com.br. Esse conteúdo pode ser acessado gratuitamente após cadastro no *site*.

Para professores, foram disponibilizados novos materiais de suporte às suas aulas, complementando o acervo já disponível: vários vídeos – inclusive uma série gravada pelo autor discorrendo sobre cada capítulo do livro e que pode ser usada como guia para suas aulas, incluindo dicas de como abordar o assunto em sala de aula e respostas às dúvidas mais comuns dos alunos –, exemplos de avaliação, sugestão de utilização dos estudos de caso, artigos, planilhas de plano de negócios e provas. Para ter acesso a todo esse material e a suas atualizações, o professor deve cadastrar-se gratuitamente no *site* www.josedornelas.com.br.

Volto a assegurar aos leitores que os ensinamentos e as proposições aqui descritos estão em consonância com o que é ensinado nas principais referências mundiais sobre a pesquisa e o ensino de empreendedorismo, com destaque para o Babson College, nos Estados Unidos, onde tenho estado com frequência – desde a primeira visita como *Visiting Scholar* em 2001. Assim, sempre busco atualizar o conteúdo acerca do assunto, bem como

debater com os mais renomados especialistas mundiais as melhores práticas do ensino de empreendedorismo. Isso tem me permitido analisar de
forma mais abrangente esse fenômeno, sempre levando em consideração
as peculiaridades brasileiras. Espero que esta nona edição seja de grande
utilidade para você, leitor, e que de alguma forma este livro o auxilie em
sua próxima jornada empreendedora.

O Autor

Sumário

1 Introdução, 1

2 O Processo Empreendedor, 7

A revolução do empreendedorismo, 8

O empreendedorismo no Brasil, 15

Análise histórica do surgimento do empreendedorismo, 19

    Primeiro uso do termo "empreendedorismo", 20

    Idade Média, 20

    Século XVII, 20

    Século XVIII, 20

    Séculos XIX e XX, 20

Diferenças e similaridades entre o administrador e o empreendedor, 21

Conceituando empreendedorismo, 29

É possível ensinar empreendedorismo?, 30

O processo empreendedor, 31

Resumo do capítulo, 36

Questões para discussão, 37

3 Identificando Oportunidades – Parte I, 47

Diferenciando ideias de oportunidades, 48

Ideia certa no momento errado, 50

A experiência no ramo como diferencial, 51

Fontes de novas ideias, 52

Avaliando uma oportunidade, 54

    Mercado, 55

    Análise econômica, 57

    Vantagens competitivas, 59

    Equipe gerencial, 60

    Critérios pessoais, 60

Um roteiro para a análise de oportunidades, 61

Resumo do capítulo, 63

Questões para discussão, 64

Estudo de caso 1, 65

    Bate-bola com Fábio Câmara, 68

    Sobre a FCamara, 72

    Questões referentes ao Estudo de caso 1, 72

4 Identificando Oportunidades – Parte II, 75

Oportunidades na internet, 76

Modelos de negócio na *web*, 77

Intermediação de negócios, 78

Comercialização de propaganda, 81

Mercado virtual, 82

Empresarial, 82

Redes sociais, 83

Tendências, 83

Resumo do capítulo, 85

Questões para discussão, 86

Estudo de caso 2, 87

Sumário

Bate-bola com Eduardo L'Hotellier, 90

Sobre o GetNinjas, 91

Questões referentes ao Estudo de caso 2, 91

5   O Plano de Negócios, 93

Por que planejar?, 94

A importância do plano de negócios, 97

Afinal, o que é o plano de negócios?, 99

Por que você deveria escrever um plano de negócios?, 99

A quem se destina o plano de negócios?, 100

Estrutura do plano de negócios, 101

Estrutura 1 (Sugerida para pequenas empresas manufatureiras em geral), 101

Estrutura 2 (Sugerida para empresas focadas em inovação e tecnologia), 104

Estrutura 3 (Sugerida para pequenas empresas prestadoras de serviço), 105

Estrutura 4 (Sugerida para pequenas empresas em geral), 106

Estrutura 5 (Sugerida por Joe Hadzima, do Massachusetts Institute of Technology – MIT: *Nuts and Bolts of Business Plans*), 107

Estrutura 6 (Sugerida por Andrew Zacharakis, do Babson College), 108

Estrutura 7 (Sugerida pelo *site www.josedornelas.com.br*), 108

O tamanho do plano de negócios e o uso de *software* para sua elaboração, 111

O plano de negócios como ferramenta de venda, 113

Desenvolvendo o *elevator speech*, 115

O plano de negócios como ferramenta de gerenciamento, 116

Concursos de plano de negócios, 117

Resumo do capítulo, 119

Questões para discussão, 119

Estudo de caso 3, 121

Bate-bola com Ronaldo Tenório, 122

Sobre a HandTalk, 126

Questões referentes ao Estudo de caso 3, 126

6   Criando um Plano de Negócios Eficiente, 129

Capa, 130

Sumário, 131

Sumário executivo, 132

Descrição da empresa, 134

Equipe gerencial, 135

Estrutura jurídica, 137

Localização e infraestrutura, 138

Manutenção de registros, 140

Seguro, 140

Segurança, 140

Terceiros, 141

Parceiros estratégicos, 141

Produtos e serviços, 142

Ciclo de vida do produto, 143

Estratégia de produto, 144

Tecnologia, 146

Pesquisa e desenvolvimento, 147

Produção e distribuição, 147

Mercado e competidores, 148

Análise da indústria/setor, 150

Descrição do segmento de mercado, 150

Análise da concorrência, 155

Marketing e vendas, 157

Produto (posicionamento), 159

Preço, 159

Praça (canais de distribuição), 160

Propaganda/comunicação, 160

Projeção de vendas, 162

Análise estratégica, 162

Análise SWOT, 164

Objetivos e metas, 168

Definição da estratégia, 169

Plano financeiro, 171

Balanço patrimonial, 172

Demonstração de resultados, 174

Fluxo de caixa, 176

Ponto de equilíbrio, 177

Índices financeiros, 178

Técnicas de análise de investimentos, 180

Sumário

Resumo do capítulo, 182

Questões para discussão, 183

7   Colocando o Plano de Negócios em Prática: a Busca de Financiamento, 185

Economia pessoal, família, amigos, 187

Angel investor (investidor-anjo), 188

Fornecedores, parceiros estratégicos, clientes e funcionários, 188

Capital de risco, 189

Programas do governo brasileiro, 192

Programas da Financiadora de Estudos e Projetos (FINEP) e de Fundações Estaduais de Amparo à Pesquisa (FAPs), 192

Programa Criatec do Banco Nacional de Desenvolvimento Econômico e Social (BNDES), 195

Programa RHAE Inovação, 196

Microcrédito, 196

Progex, 196

Programa Sebraetec e Sebrae Mais, 197

Resumo do capítulo, 198

Questões para discussão, 198

Estudo de caso 4, 200

Bate-bola com Marcelo Cesana, 202

Sobre a Frooty, 204

Questões referentes ao Estudo de caso 4, 204

8   Buscando Assessoria para o Negócio, 207

Incubadoras de empresas, 208

Aceleradoras, 210

Sebrae, 211

Assessoria jurídica e contábil, 212

Universidades e institutos de pesquisa, 212

Instituto Empreender Endeavor, 214

Franchising, 215

Resumo do capítulo, 216

Questões para discussão, 216

Estudo de caso 5, 217

Bate-bola com Rogério Ferreira, 219

xvii

Os negócios de Rogério Ferreira, 223

Questões referentes ao Estudo de caso 5, 223

9 Questões Legais de Constituição da Empresa, 225

Criando a empresa, 226

Sociedade simples, 226

Sociedade empresária, 226

Sociedade limitada, 227

Sociedade por ações, 227

Sociedade estrangeira, 227

Sociedades cooperativas, 228

Associações, 228

Fundações, 228

O estatuto das micro e pequenas empresas, 228

Empreendedor individual, 233

Marcas e patentes, 233

Marca, 234

Patente, 236

Resumo do capítulo, 237

Questões para discussão, 238

Estudo de caso 6, 239

Bate-bola com Alaor Lino, 242

Sobre a AQIA Química Industrial, 243

Questões referentes ao Estudo de caso 6, 243

Estudo de caso extra!, 244

10 Recomendações Finais ao Empreendedor, 245

Referências, 249

Apêndice 1, 255

Apêndice 2, 257

Apêndice 3, 261

Índice Alfabético, 263

1

Introdução

> *"O empreendedor é aquele que faz as coisas acontecerem, se antecipa aos fatos e tem uma visão futura da organização."*
>
> José Dornelas, 2001

O conceito de empreendedorismo tem sido muito difundido no Brasil nos últimos anos, intensificando-se no final da década de 1990, mas cujo início, como marco na consolidação do tema e de sua relevância para o país, ocorreu a partir do ano 2000. Existem vários fatores que talvez expliquem esse interesse pelo assunto, já que, principalmente nos Estados Unidos, país no qual o capitalismo tem sua principal caracterização, o termo *"entrepreneurship"* é conhecido e referenciado há muitos anos, não sendo, portanto, novo ou desconhecido. No caso do Brasil, a preocupação com a criação de pequenas empresas duradouras e a necessidade da diminuição das altas taxas de mortalidade desses empreendimentos são, sem dúvida, motivos para a popularidade do termo "empreendedorismo", que tem recebido especial atenção por parte do governo e de entidades de classe. Isso porque, nos últimos anos, após várias tentativas de estabilização da economia e da imposição advinda do fenômeno da globalização, muitas grandes empresas brasileiras tiveram de procurar alternativas para aumentar a competitividade, reduzir os custos e manter-se no mercado.

Uma das consequências imediatas foi o aumento do índice de desemprego, principalmente nas grandes cidades, onde a concentração de empresas é maior. Sem alternativas, os ex-funcionários dessas empresas começaram a criar novos negócios, às vezes mesmo sem experiência no ramo, utilizando o pouco que ainda lhes restava de economias pessoais, fundo de garantia etc. Quando percebem, esses profissionais já estão do outro lado. Agora, são patrões, e não mais empregados. Muitos ficam na economia informal, motivados pela falta de crédito, pelo excesso de impostos e pelas ainda altas taxas de juros. Houve ainda aqueles motivados pela nova economia, a internet, que teve seu ápice de criação de negócios pontocom entre os anos 1999 e 2000 (agora, um ciclo está em curso, repetindo o ímpeto daquele momento, haja vista a grande quantidade de *startups* criadas no Brasil recentemente). Nessa época, muitos tentaram se tornar os novos jovens milionários, independentes, donos do próprio nariz. Devem ser considerados também os que herdam os negócios dos pais ou parentes e que dão continuidade a empresas criadas há décadas.

Essa conjunção de fatores e o ímpeto do brasileiro de ser dono do próprio nariz, buscar a independência por meio do próprio negócio e da relevância das micro e pequenas empresas para a economia do país despertaram discussões a respeito do tema empreendedorismo, com crescente ênfase para pesquisas relacionadas com o assunto no meio acadêmico, e também com a criação de programas específicos voltados ao público empreendedor. Um exemplo foi o caso do Programa Brasil Empreendedor, do Governo Federal, instituído em 1999, que teve como meta inicial a capacitação de mais de um milhão de empreendedores brasileiros na elaboração de planos de negócios, visando à captação de recursos junto aos agentes

Introdução

financeiros do programa. Mais recentemente, cabe destacar o Programa Empreendedor Individual, instituído pela Lei Complementar nº 128/2008, que alterou a Lei Geral da Micro e Pequena Empresa (Lei Complementar nº 123/2006). O objetivo é a formalização de empreendedores que, até então, mantinham seus negócios na informalidade. O programa tem-se mostrado bem-sucedido, já que o número de empreendedores individuais formalizados ultrapassou a marca de 10 milhões em todo o país antes do impacto da pandemia de Covid-19 na economia brasileira.

A pandemia de Covid-19 trouxe consequências desastrosas para a economia global, aumentando o desemprego. No caso brasileiro, houve ainda um aumento expressivo no número de novos empreendedores individuais. Segundo o Ministério da Economia, em 2020 houve o surgimento de 2,6 milhões de empreendedores individuais, e em 2021, outros 3,1 milhões. O total de empreendedores individuais atualmente ultrapassa os 14 milhões. Considerando que o país possui cerca de 20 milhões de empresas e que desse total 99% são micro e pequenas, nota-se a importância do contingente de empreendedores individuais para a economia brasileira.

É oportuno, portanto, um estudo mais profundo a respeito do conceito de empreendedorismo, tendo em vista que a maior parte dos negócios criados no país é concebida por pequenos empresários, que, nem sempre, possuem conceitos de gestão de negócios e atuam geralmente de forma empírica e sem planejamento. Isso se reflete diretamente no índice de mortalidade dessas pequenas empresas que, historicamente, superavam os 50% nos primeiros anos de atividade. Felizmente, esse cenário tem mudado nos anos recentes, apesar de ainda ser necessária muita melhoria, mostrando uma evolução do empreendedorismo nacional, como comprova outro estudo publicado pelo Sebrae, em julho de 2013, sobre a sobrevivência das micro e pequenas empresas brasileiras nos dois primeiros anos de vida, que chegou a 76%, a maior taxa histórica do estudo. Ainda segundo essa mesma pesquisa publicada pelo Sebrae: "Tomando como referência o estudo de sobrevivência das empresas, feito pela Organização para a Cooperação e Desenvolvimento Econômico (OCDE) junto a 15 países, a taxa mais alta é da Eslovênia, com 78%. Ao atingir 76%, o Brasil supera países como Canadá (74%), Áustria (71%), Espanha (69%), Itália (68%), Portugal (51%) e Holanda (50%), entre outros. O estudo da OCDE é o que mais se assemelha ao do Sebrae. No entanto, considera ativa a empresa que tem, ao menos, um funcionário. Já o censo feito pelo Sebrae considera ativa a empresa que está em dia com a declaração fiscal junto à Receita Federal".

Mesmo sabendo da evolução recente no índice de sobrevivência das micro e pequenas empresas, o empreendedor precisa ficar atento ao ambiente de negócios, que ainda não é dos mais convidativos no Brasil, e sempre buscar se desenvolver de forma contínua, pois a concorrência aumenta conforme melhoram as condições para se empreender, como ocorreu nos últimos anos no Brasil, devido à estabilidade econômica da primeira década dos anos 2000, e ainda quando a economia mostra sinais de fraqueza, levando mais gente para a iniciativa do próprio negócio. Some-se a isso o maior preparo dos empreendedores, que têm atualmente mais acesso a informação e possibilidades de formação/capacitação para melhor gerir seus negócios. Não se pode deixar ainda de levar em consideração, apesar de não ser possível prever, fatores como a pandemia de Covid-19, que afetou sobremaneira o ambiente de negócios no mundo todo e, por consequência, trouxe desafios até então desconhecidos aos empreendedores contemporâneos.

Assim, entendendo melhor como ocorre o processo empreendedor, seus fatores críticos de sucesso e o perfil de empreendedores de sucesso, espera-se que essa estatística mantenha-se em patamares dos países mais desenvolvidos, por meio da adoção de técnicas e métodos comprovadamente eficientes e destinados a auxiliar o desenvolvimento e a maturação das pequenas empresas brasileiras. É com esse objetivo que este livro foi escrito, procurando prover educadores e empreendedores com um guia prático de empreendedorismo, que pode ser utilizado como livro-texto em cursos de empreendedorismo e como referência para aqueles que pretendem criar um novo negócio ou, ainda, planejar algum negócio já existente.

Espera-se que, com este livro, sejam esclarecidas algumas dúvidas que ajudarão o leitor em uma reflexão profunda a respeito de questões como: O que é empreendedorismo? O que é ser empreendedor? Por que se fala tanto a respeito do assunto atualmente? O empreendedor nasce pronto, ou seja, só os predestinados podem ser empreendedores, ou será que qualquer pessoa pode se tornar um? Qual a diferença entre o empreendedor e o administrador?

O livro está dividido em capítulos com uma sequência lógica, seguindo o processo empreendedor, embora possam ser utilizados isoladamente. Vários ensinamentos são usados de forma rotineira por muitas empresas e diversos empreendedores. Mas a necessidade de capacitar um número cada vez maior de empreendedores justifica a compilação de tais informações, de maneira a facilitar o acesso. Inicialmente, analisam-se o surgimento do empreendedorismo e a atenção que muitos países têm dado ao tema, para então se chegar a algumas definições. Em seguida, discute-se o surgimento da ideia, o processo criativo de identificação de uma oportunidade, tanto nos negócios chamados tradicionais como na internet, a chamada nova economia. A parte central do livro é dedicada ao entendimento e à aplicação da principal ferramenta do empreendedor: o plano de negócios.

Introdução

Na sequência, são apresentadas as principais formas existentes no país para o financiamento do negócio. Trata-se do capital de risco e dos vários programas disponibilizados às micro e pequenas empresas pelo governo brasileiro. Por fim, é feita uma breve descrição das formas legais de constituição de empresas no Brasil, com ênfase também no registro de marcas e na obtenção de patentes. O último capítulo é destinado a uma reflexão profunda por parte do empreendedor, com alguns conselhos importantes para serem lidos e relidos no dia a dia do negócio já constituído.

Além disso, o livro também está recheado de estudos de caso reais, de empreendedores brasileiros que venceram as barreiras iniciais e conquistaram o sucesso. Para alguns, essa conquista é uma tarefa diária e contínua, com muitas derrotas no meio do caminho. A ideia é que o leitor extraia dos estudos de caso a essência de ser empreendedor, as características pessoais do empreendedor de sucesso, os fatores ambientais e circunstanciais, além de outros aspectos.

Quando utilizado como livro-texto em cursos de empreendedorismo, a principal sugestão ao professor da disciplina é que faça seu cadastro no *site* do autor (www.josedornelas.com.br), consulte os vídeos gratuitos que contêm um guia completo de utilização do livro, com dicas e comentários, exemplos de avaliações, entrevistas com empreendedores, sugestões para a utilização dos estudos de caso e, ainda, material complementar.

Na área de *downloads* no *site* do autor (www.josedornelas.com.br), os leitores têm acesso gratuito a um material complementar, incluindo exemplos de planos de negócios, vídeos com empreendedores, palestras etc. No final da maioria dos capítulos, são apresentadas algumas questões com o intuito de levar o leitor a pesquisar sobre o assunto e não se limitar ao que está descrito neste livro.

O tema é relevante, atual e importante para o país. Independentemente de o leitor ser um estudante ou um empreendedor, este livro servirá para a quebra de alguns paradigmas administrativos do empresariado brasileiro. Se o surgimento de novos negócios de sucesso e o despertar do empreendedorismo em muitos estudantes ocorrerem após a leitura deste livro, seu papel social estará cumprido. Finalmente, em todo o livro, usou-se a palavra "empreendedor"; no entanto, entenda-se que isso se aplica tanto ao indivíduo do sexo masculino como do sexo feminino, pois as mulheres empreendedoras também têm sido de extrema importância para o desenvolvimento do país. Boa leitura e bons negócios!

2

O Processo Empreendedor

"O empreendedorismo é uma revolução silenciosa, que será para o século XXI mais do que a Revolução Industrial foi para o século XX."

Jeffry Timmons, 1990

● A revolução do empreendedorismo

O mundo tem passado por várias transformações em curtos períodos, principalmente no século XX, quando foi criada a maioria das invenções que revolucionaram o estilo de vida das pessoas. Geralmente, essas invenções são fruto de inovação, de algo inédito ou de uma nova visão de como utilizar elementos já existentes, mas para os quais ninguém antes ousou olhar de outra maneira. Por trás dessas invenções, existem pessoas ou equipes com características especiais, visionárias, que questionam, arriscam, querem algo diferente, fazem acontecer e empreendem. Os empreendedores são pessoas diferenciadas, que possuem motivação singular, são apaixonadas pelo que fazem, não se contentam em ser mais um na multidão, querem ser reconhecidas e admiradas, referenciadas e imitadas, querem deixar um legado. Uma vez que os empreendedores estão revolucionando o mundo, seu comportamento e o próprio processo empreendedor devem ser estudados e entendidos.

Quadro 2.1 Algumas invenções e conquistas do século XX

1903: Avião motorizado
1915: Teoria Geral da Relatividade, de Einstein
1923: Aparelho televisor
1928: Penicilina
1937: Náilon
1943: Computador
1945: Bomba atômica
1947: Descoberta da estrutura do DNA abre caminho para a engenharia genética
1957: Sputnik, o primeiro satélite
1958: *Laser*
1961: O homem vai ao espaço
1967: Transplante de coração
1969: O homem chega à Lua; início da internet; Boeing 747
1970: Microprocessador
1989: *World Wide Web*
1993: Clonagem de embriões humanos
1997: Primeiro animal clonado: a ovelha Dolly
2000: Sequenciamento do genoma humano

Alguns conceitos administrativos predominaram em determinados períodos do século XX, em virtude de contextos sociopolíticos, culturais,

O processo empreendedor

de desenvolvimento tecnológico, de desenvolvimento e consolidação do capitalismo, entre outros. A Figura 2.1 mostra quais desses conceitos foram mais determinantes: no início do século, foi o movimento da racionalização do trabalho; na década de 1930, o movimento das relações humanas; nas décadas de 1940 e 1950, o movimento do funcionalismo estrutural; na década de 1960, o movimento dos sistemas abertos; nos anos 1970, o movimento das contingências ambientais. No momento presente, não há um movimento predominante, mas acredita-se que o empreendedorismo irá, cada vez mais, mudar a forma de se fazer negócios no mundo. O papel do empreendedor foi sempre fundamental na sociedade. Então, por que o ensino do empreendedorismo está se intensificando agora? O que é diferente do passado? Ora, o diferente é que o avanço tecnológico tem sido de tal ordem, que requer um número muito maior de empreendedores. A economia e os meios de produção e serviços também se sofisticaram, de forma que hoje existe a necessidade de se formalizarem conhecimentos, apenas obtidos empiricamente no passado. Portanto, a ênfase em empreendedorismo surge muito mais como consequência das mudanças tecnológicas e sua rapidez, e não apenas como modismo. A competição na economia também força novos empresários a adotar paradigmas diferentes.

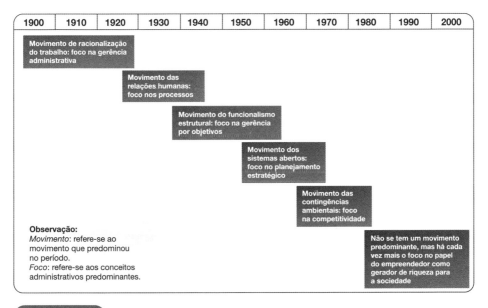

Figura 2.1 Evolução histórica das teorias administrativas (adaptado de Escrivão Filho, 1995).

Por isso, o momento atual pode ser chamado de a era do empreendedorismo, pois são os empreendedores que estão eliminando barreiras comerciais e culturais, encurtando distâncias, globalizando e a renovando os conceitos econômicos, criando novas relações de trabalho e novos empregos, quebrando paradigmas e gerando riqueza para a sociedade. A chamada nova economia, a era da internet, das *startups* e das redes sociais, tem mostrado que boas ideias inovadoras, *know-how*, um bom planejamento (ou modelos de negócio que se mostrem viáveis ao conquistar clientes/usuários) e, principalmente, uma equipe competente e motivada são ingredientes poderosos que, quando somados no momento adequado, acrescidos do combustível indispensável à criação de novos negócios – o capital –, podem gerar negócios grandiosos em curto espaço de tempo. Isso era inconcebível há alguns anos. O contexto atual é propício para o surgimento de um número cada vez maior de empreendedores. Por esse motivo, a capacitação dos candidatos a empreendedor vem sendo prioridade em muitos países, inclusive no Brasil, haja vista a crescente preocupação das escolas e universidades a respeito do assunto, por meio da criação de cursos e matérias específicas de empreendedorismo, como alternativa aos jovens profissionais que se graduam anualmente nos ensinos técnico e superior brasileiros e, mais recentemente, também no ensino fundamental.

Há pouco mais de 20 anos, era considerado loucura um jovem recémformado aventurar-se na criação de um negócio próprio, pois os empregos oferecidos pelas grandes empresas nacionais e multinacionais, bem como a estabilidade que se conseguia nos empregos em repartições públicas, eram muito convidativos, com bons salários, *status* e possibilidade de crescimento dentro da organização. O ensino de administração era voltado a este foco: formar profissionais para administrar grandes empresas, não para criar empresas. Quando esse cenário mudou, nem os profissionais experientes, nem os jovens à procura de uma oportunidade no mercado de trabalho, nem as escolas de ensino de administração estavam preparados para o novo contexto. Mudar a visão a respeito de determinado assunto, redirecionar ações e repensar conceitos levam algum tempo até que gerem resultados práticos. O fato é que o empreendedorismo finalmente tem sido tratado no Brasil com o grau de importância que lhe é devido, seguindo o exemplo do que ocorreu em países desenvolvidos, como os Estados Unidos, onde os empreendedores são os grandes propulsores da economia.

O empreendedorismo tem sido o centro das políticas públicas na maioria dos países. O crescimento do empreendedorismo no mundo se acelerou na década de 1990 e aumentou em proporção nos anos 2000, o que pode ser observado nas ações desenvolvidas relacionadas com o tema. Alguns

O processo empreendedor

exemplos são: programas de incubação de empresas e parques tecnológicos; desenvolvimento de currículos integrados que estimulem o empreendedorismo em todos os níveis, da educação fundamental à universitária; programas e incentivos governamentais para promover a inovação e a transferência de tecnologia; subsídios governamentais para criação e desenvolvimento de novas empresas; criação de agências de suporte ao empreendedorismo e à criação de negócios; programas de desburocratização e acesso ao crédito para pequenas empresas; desenvolvimento de instrumentos para fortalecer o reconhecimento da propriedade intelectual, entre outros.

Particularmente no que se refere à educação empreendedora, os exemplos e casos de sucesso têm sido cada vez mais frequentes, haja vista o empreendedorismo ter se disseminado rapidamente como disciplina, forma de agir, opção profissional e instrumento de desenvolvimento econômico e social. A seguir, são apresentados alguns exemplos mundiais, que se tornaram referência para a educação empreendedora:

- O currículo integrado do Babson College, que levou mais de uma década para ser desenvolvido e tem o empreendedorismo como tema transversal, envolvendo várias disciplinas dos cursos de graduação e de pós-graduação (MBA) da escola.

- Programa *Cap'Ten* (Bélgica): voltado para educação fundamental, por meio do qual as crianças são estimuladas a ter ideias dentro e fora da sala de aula, a se organizar em equipes, elaborar o planejamento e a implantação de projetos.

- *Boule and Bill create an Enterprise* (Luxemburgo): por meio de histórias em quadrinhos, as crianças são estimuladas a desenvolver habilidades empreendedoras e agir de forma empreendedora.

- O período sabático, sugerido em escolas europeias, para professores fazerem estágio em empresas, programas abrangentes de treinamento de professores, criação de redes de troca de experiência e discussão de casos de sucesso.

- A sistematização da capacitação de professores europeus para ensinar empreendedorismo de forma abrangente, não apenas com o foco na criação de empresas, o desenvolvimento de estudos de caso de empreendedores locais e regionais, o envolvimento de empreendedores da vida real na formatação e aplicação dos programas (professores e empreendedores ensinando na sala de aula e fora dela) etc. Além disso, destacam-se os programas de miniempresas, por meio dos quais os estudantes criam e gerenciam um negócio durante a graduação. Outro exemplo que cabe destacar é o caso do *Network For Teaching Entrepreneurship* (NFTE), iniciado nos Estados Unidos e voltado a ensinar empreendedorismo para jovens de comunidades carentes, presente em vários países.

Em todo o mundo, o interesse pelo empreendedorismo se estende além das ações dos governos nacionais, atraindo também a atenção de muitas organizações e entidades multinacionais, como ocorre na Europa, nos Estados Unidos e na Ásia. Há uma convicção de que o poder econômico dos países depende de seus futuros empresários e da competitividade de seus empreendimentos. Outro exemplo é o interesse do Fórum Econômico Mundial, que patrocina a conferência anual de Davos, no qual o tema empreendedorismo tem sido discutido de forma recorrente, já que é considerado de interesse global. Em uma reunião realizada em 2009 por integrantes do Fórum, denominada "Educando a próxima onda de empreendedores", após vários debates e análises de experiências bem-sucedidas no mundo, algumas recomendações foram feitas para que se potencialize o empreendedorismo nos jovens, de maneira que consigam suprir as demandas e os desafios do século XXI:

- Desenvolver habilidades de liderança e conhecimento do mundo e do ambiente no qual vivem, para que consigam superar os desafios das próximas décadas.
- Enfatizar a educação empreendedora como parte-chave da educação formal em todos os níveis.
- Desenvolver o empreendedorismo como tema transversal, não apenas como disciplina.
- Utilizar a interatividade como mote da pedagogia educacional, com foco na experimentação, na ação e na análise e solução de problemas.
- Ampliar o uso da tecnologia no ensino tanto para ganhar escala e aumentar a abrangência do tema como para possibilitar a criação de material didático inovador e interativo.

A explicação para a focalização de um número cada vez maior de países no empreendedorismo pode ser obtida ao se analisar o que ocorre nos Estados Unidos. Trata-se do maior exemplo de compromisso nacional com o empreendedorismo e o progresso econômico. Mesmo com a recente crise econômica mundial, da qual os Estados Unidos têm sido protagonistas, o que tem acarretado corte orçamentário em várias áreas, no que se refere ao empreendedorismo, ocorre o contrário, haja vista a crença de que o

O processo empreendedor

empreendedorismo é, e continuará a ser, o grande propulsor do desenvolvimento econômico. Além de centenas de iniciativas dos governos locais e de organizações privadas para encorajar e apoiar o empreendedorismo nos Estados Unidos, o governo americano investe centenas de milhões de dólares anualmente em programas de apoio ao empreendedorismo. Por causa do sucesso relativo desses programas, eles são vistos como modelos por outros países que visam aumentar o nível de sua atividade empresarial. O mesmo tem ocorrido com países da Comunidade Europeia, sobretudo com o Reino Unido, que criou, em 1999, a Agência de Serviços para Pequenas Empresas, nos moldes do Small Business Administration (SBA) americano.

A conjunção de um intenso dinamismo empresarial e rápido crescimento econômico, somados aos baixos índices de desemprego e às baixas taxas de inflação ocorridos, por exemplo, na década de 1990, nos Estados Unidos, aparentemente aponta para uma única conclusão: o empreendedorismo é o combustível para o crescimento econômico, criando emprego e prosperidade. O desafio dos americanos é retomar esse mesmo dinamismo para vencer uma forte crise econômica, iniciada com o estouro da bolha do mercado imobiliário, em 2007 e 2008, e agravada com a crise de crédito e a insolvência de bancos. Aparentemente, isso já vem ocorrendo e ratifica o que os economistas e especialistas americanos são unânimes em dizer: que a resposta para a saída da crise continua a mesma, ou seja, estimular e desenvolver o empreendedorismo em todos os níveis.

Todos esses fatores levaram um grupo de pesquisadores a organizar, em 1997, o projeto Global Entrepreneurship Monitor (GEM), iniciativa conjunta do Babson College, nos Estados Unidos, e da London Business School, na Inglaterra, com o objetivo de medir a atividade empreendedora dos países e observar seu relacionamento com o crescimento econômico. Esse pode ser considerado o projeto mais ambicioso e de maior impacto até o momento, no que se refere ao acompanhamento do empreendedorismo nos países. Trata-se de uma iniciativa pioneira, que tem trazido novas informações a cada ano sobre o empreendedorismo mundial e também em nível local para os países participantes. O número de países participantes do GEM cresceu de 10, em 1999, para mais de 30, em 2000, totalizando 50 países em 2019/2020. Em 2021/2022, o número de países participantes do estudo continuou em 50, mas, devido ao impacto da pandemia de Covid-19 na economia global, o GEM mudou a classificação dos países por faixa de renda *per capita*, ficando o Brasil no grupo dos países de menor renda *per capita*, no qual se encontram também a maioria dos países sul-americanos e africanos participantes do estudo. Por isso, optou-se por apresentar aqui os resultados prévios à pandemia, que usam a metodologia original do GEM. Espera-se que em poucos anos os dados se tornem novamente mais robustos para comparações mais precisas entre países e análises históricas do índice de criação de novos negócios. Esse índice é justamente uma das medidas efetuadas pelo GEM e denominado Atividade Empreendedora Total – TEA, de negócios em fase de desenvolvimento inicial (até 42 meses). Como esse índice mede a dinâmica empreendedora dos países, por consequência, acaba por definir um *ranking* mundial de empreendedorismo, que tem mudado a cada ano. O leitor poderá ter acesso aos dados mais recentes ao pesquisar no *site* do GEM: *www.gemconsortium.org*. Em 2019 (últimos dados históricos antes da pandemia), a TEA do Brasil e dos demais países participantes do estudo é apresentada no gráfico da Figura 2.2. O valor da TEA no eixo das ordenadas representa o percentual da população adulta dos países (18 a 64 anos) envolvida na criação de novos negócios. As barras verticais indicam a margem de erro da pesquisa, com intervalo de confiança de 95%. No Brasil, a TEA de 2019 foi de 23,3%, o que equivale a 32 milhões de brasileiros à frente de atividades empreendedoras em fase inicial naquele ano.

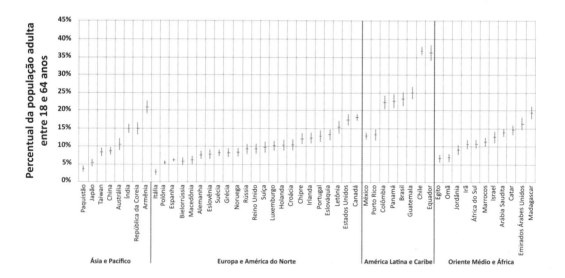

Fonte: GEM 2019/2020 – *Global Report* e GEM 2019 – Relatório Executivo: Empreendedorismo no Brasil.

Figura 2.2 Atividade Empreendedora Total por país.

● O empreendedorismo no Brasil

O movimento do empreendedorismo no Brasil começou a tomar forma na década de 1990, quando entidades como Sebrae e Sociedade Brasileira para Exportação de *Software* (Softex) foram criadas. Antes disso, praticamente não se falava em empreendedorismo e em criação de pequenas empresas. Os ambientes político e econômico do país não eram propícios, e o empreendedor praticamente não encontrava informações para auxiliá-lo na jornada empreendedora. O Sebrae é um dos órgãos mais conhecidos do pequeno empresário brasileiro, que busca junto a essa entidade todo o suporte de que precisa para iniciar sua empresa, bem como consultorias para resolver pequenos problemas pontuais de seu negócio. O histórico da entidade Softex pode ser confundido com o do empreendedorismo no Brasil na década de 1990. A entidade foi criada com o intuito de levar as empresas de *software* do país ao mercado externo, por meio de várias ações que proporcionavam ao empresário de informática a capacitação em gestão e tecnologia.

Foi com os programas criados no âmbito da Softex em todo o país, junto a incubadoras de empresas e a universidades/cursos de ciências da computação/informática, que o tema empreendedorismo começou a despertar na sociedade brasileira. Até então, palavras como "plano de negócios" (*business plan*) eram praticamente desconhecidas e até ridicularizadas pelos pequenos empresários. Passados mais de 25 anos, pode-se dizer que o Brasil atualmente se encontra com todo o potencial para desenvolver um dos maiores programas de ensino de empreendedorismo de todo o mundo, comparável apenas aos dos Estados Unidos, onde mais de 2 mil escolas ensinam empreendedorismo. Seria apenas ousadia se não fosse possível. Ações históricas e algumas mais recentes desenvolvidas apontam para essa direção. Seguem alguns exemplos:

1. Os programas Softex e Geração de Novas Empresas de *Software*, Informação e Serviços (Genesis), criados na década de 1990 e que, até há pouco tempo, apoiavam atividades de empreendedorismo em *software*, estimulando o ensino da disciplina em universidades e a geração de novas empresas de *software* (*startups*). O programa Softex foi reformulado e continua em atividade. Informações podem ser obtidas em *www.softex.br*.

2. O programa Brasil Empreendedor, do Governo Federal, dirigido à capacitação de mais de 6 milhões de empreendedores em todo o país, destinando recursos financeiros a esses empreendedores, totalizando

um investimento de R$ 8 bilhões. O programa vigorou de 1999 até 2002 e realizou mais de 5 milhões de operações de crédito.

3. Ações voltadas à capacitação do empreendedor, como os programas Empretec e Jovem Empreendedor do Sebrae, líderes em procura por parte dos empreendedores e com ótima avaliação.

4. Houve ainda um evento pontual que depois se dissipou, mas que também contribuiu para a disseminação do empreendedorismo. Trata-se da explosão do movimento de criação de empresas pontocom no país nos anos de 1999 e 2000, motivando o surgimento de várias empresas *startup* de internet, desenvolvidas por jovens empreendedores. Um novo ciclo de criação de *startups* tem ocorrido mais recentemente, com jovens envolvidos no desenvolvimento de *sites* de comércio eletrônico, redes sociais, aplicativos para celulares, e com grande apoio dos investidores-anjo e aceleradoras, que têm crescido em quantidade no Brasil.

5. Especial destaque deve ser dado ao enorme crescimento do movimento de incubadoras de empresas no Brasil. Dados da Associação Nacional de Entidades Promotoras de Empreendimentos de Tecnologias Avançadas (Anprotec) mostram que, em 2022, cerca de 370 incubadoras de empresas encontravam-se em atividade no país.

6. Evolução da legislação em prol das micro e pequenas empresas: a Lei da Inovação, a instituição do Simples, a Lei Geral da Micro e Pequena Empresa, o Programa Empreendedor Individual.

7. Repercussão na mídia nacional da semana anual do empreendedorismo mundial, com eventos, *workshops*, seminários e discussões sobre os resultados anuais da pesquisa GEM e com debates sobre as estratégias para o futuro do empreendedorismo brasileiro.

8. Os diversos cursos e programas criados nas universidades brasileiras para o ensino do empreendedorismo e a criação de negócios, o que levou a uma consolidação da primeira fase do empreendedorismo universitário do país (a fase da disseminação); e o desenvolvimento do ensino de empreendedorismo na educação fundamental, no ensino médio e em cursos técnicos.

9. Mais recentemente, várias escolas estão estruturando programas não só de criação de novos negócios, mas também focados em empreendedorismo social e empreendedorismo corporativo. Existem ainda programas específicos criados por escolas de administração de empresas e de tecnologia, para formação de empreendedores, incluindo cursos de Master of Business Administration (MBA) e de curta e média duração, bem como EADs (programas de ensino a distância).

O processo empreendedor

10. Aumento do número de professores universitários com títulos de mestre e doutor em temas relacionados com o empreendedorismo e ainda com dedicação ao ensino de empreendedorismo.

11. Aumento da quantidade de entidades de apoio ao desenvolvimento do empreendedorismo no Brasil: além das mais presentes e conhecidas (Sebrae, Anprotec, Endeavor), há várias ONGs, institutos e empresas em todo o país destinando recursos e apoio institucional a projetos e programas de desenvolvimento do empreendedorismo em várias regiões.

12. A ênfase do Governo Federal no apoio a micro e pequenas empresas, inclusive com a criação de um Ministério/Secretaria com foco na pequena empresa.

13. A consolidação de programas de apoio à criação de novos negócios com recursos de subvenção econômica, bolsas, investimentos para empresas iniciantes inovadoras, provenientes de entidades governamentais de apoio à inovação e ao empreendedorismo, tais como Financiadora de Estudos e Projetos (Finep), fundações de amparo à pesquisa, Conselho Nacional de Desenvolvimento Científico e Tecnológico (CNPq), Banco Nacional de Desenvolvimento Econômico e Social (BNDES), entre outros.

14. Aumento da quantidade de brasileiros adultos criando negócios, principalmente empreendedores das classes sociais C e D.

15. Aumento da quantidade de milionários e bilionários brasileiros, o que denota seu sucesso financeiro, na maioria dos casos, tendo a atividade empreendedora como base para esse resultado.

16. O interesse dos fundos de capital de risco e *private equity* mundiais em empresas brasileiras. Apesar da crise econômica mundial, que traz consequências a todos os países, o Brasil continua entre os países que mais recebem investimentos internacionais desse tipo no mundo.

17. O maior interesse dos brasileiros e de investidores estrangeiros na Bolsa de Valores de São Paulo (Bovespa, a bolsa de valores brasileira) nos últimos anos, apesar de, mais recentemente, a Bolsa sofrer com a crise econômica mundial e, com isso, afugentar novos investidores.

18. A constatação de que a palavra "empreendedorismo" já não é mais um substantivo difícil de pronunciar e é conhecida em todo o país.

19. A constatação de que o "planejamento" já faz parte da agenda do empreendedor iniciante, que reconhece a importância de se planejar o negócio antes de colocar suas ideias em prática (mas ainda há

17

muito o que fazer nesse quesito, pois, apesar de os empreendedores reconhecerem a necessidade, muitos nem sempre planejam!).

20. O crescente movimento das franquias no Brasil também pode ser considerado um exemplo de desenvolvimento do empreendedorismo nacional. Segundo a Associação Brasileira de Franchising, em 2020, as 50 maiores redes franqueadoras do país possuíam um número médio de 900 unidades franqueadas por marca.

Em síntese, os últimos anos foram repletos de iniciativas em prol do empreendedorismo, criando as bases para a nova fase do empreendedorismo no país, que pode ser representada por dois importantes eventos no Brasil na última década: a Copa do Mundo de Futebol de 2014 e as Olimpíadas de 2016. Tratam-se de dois importantes marcos que estimularam novas oportunidades empreendedoras e que proporcionarão a criação e o desenvolvimento de novos negócios no país por vários anos após seu encerramento, devido à sua repercussão. É o novo momento do Brasil, e o empreendedorismo será o protagonista dos próximos anos.

Esse novo momento começou a ser moldado a partir da constatação da importância do país na visão de alguns atores envolvidos com o movimento do empreendedorismo no mundo e, principalmente, no Brasil, após a leitura do resultado do primeiro relatório executivo do GEM (2000). Naquela ocasião, o Brasil apareceu como o país que possuía a melhor relação entre o número de habitantes adultos que começam um novo negócio e o total dessa população: um em cada oito adultos. Como se sabe, esse estudo tem sido realizado anualmente, e, no gráfico apresentado anteriormente, o Brasil aparece em 2019 com um índice de criação de empresas em fase inicial (TEA) de 23,3 no momento da pesquisa, ou seja, em cada 100 pessoas, cerca de 23 desenvolviam alguma atividade empreendedora, correspondendo a mais de 32 milhões de pessoas envolvidas em novos negócios.

Porém, a criação de empresas por si só não leva ao desenvolvimento econômico, a não ser que esses negócios foquem oportunidades no mercado. Isso passou a ficar claro a partir do estudo anual do GEM, do qual se originaram duas definições de empreendedorismo. A primeira seria o empreendedorismo de oportunidade, em que o empreendedor visionário sabe aonde quer chegar, cria uma empresa com planejamento prévio, tem em mente o crescimento que deseja buscar para a empresa e visa à geração de lucros, empregos e riqueza. Está totalmente ligado ao desenvolvimento econômico, com forte correlação entre os dois fatores. A segunda definição seria o empreendedorismo de necessidade, em que o candidato a empreendedor se aventura na jornada empreendedora mais por falta de opção, por estar desempregado e não ter alternativas de trabalho. Nesse caso, esses negócios costumam ser criados informalmente, não são planejados de forma adequada, e muitos fracassam bastante rápido, sem gerar desenvolvimento econômico e agravando as estatísticas de criação e mortalidade dos negócios. Esse tipo de empreendedorismo é mais comum em países em desenvolvimento e influencia na TEA desses países. Assim, não basta o país estar bem colocado no estudo do GEM; ele precisa buscar a otimização do seu empreendedorismo de oportunidade. No Brasil, até 2002, o índice de empreendedorismo de oportunidade era inferior ao de empreendedorismo de necessidade, mas, nos últimos anos, tem-se percebido uma melhora e até reversão dessa tendência. Como exemplo, em 2016, para cada empreendedor de necessidade havia 1,4 empreendedor de oportunidade no Brasil, ou seja, quase 60% dos empreendedores no país empreendiam por oportunidade. Espera-se que, para os próximos anos, cada vez mais empreendedores focados em oportunidades surjam, promovendo o desenvolvimento econômico e social do país.

No entanto, apesar de avanços recentes sinalizados pelo Governo Federal, ainda faltam políticas públicas duradouras dirigidas à consolidação do empreendedorismo no país, como alternativa à falta de emprego e que visem respaldar todo esse movimento proveniente da iniciativa privada e de entidades não governamentais, que estão fazendo a sua parte. A consolidação do capital de risco e o papel do investidor-anjo (*angel investor* – investidor pessoa física) também estão se tornando realidade, motivando o estabelecimento de cenários otimistas para os próximos anos.

Um último fator, que dependerá apenas dos brasileiros para ser desmitificado, é a quebra de um paradigma cultural de não valorização de homens e mulheres de sucesso que têm construído esse país e gerado riquezas, sendo eles os grandes empreendedores, dificilmente reconhecidos e admirados. Pelo contrário, muitas vezes são vistos como pessoas de sorte ou que venceram por outros meios alheios à sua competência. Esse reconhecimento deverá levar ainda alguns anos, mas a semente inicial foi plantada. É necessário agora regá-la com zelo, visando à obtenção de um pomar com muitos frutos no futuro.

● Análise histórica do surgimento do empreendedorismo

A palavra "empreendedor" (*entrepreneur*) tem origem francesa e quer dizer aquele que assume riscos e começa algo novo. Antes de partir para definições mais utilizadas e aceitas, é importante fazer uma análise histórica do desenvolvimento da teoria do empreendedorismo (HISRICH, 1986).

Primeiro uso do termo "empreendedorismo"

Um primeiro exemplo de definição de empreendedorismo pode ser creditado a Marco Polo, que tentou estabelecer uma rota comercial para o Oriente. Como empreendedor, Marco Polo assinou um contrato com um homem que possuía dinheiro (hoje, mais conhecido como capitalista) para vender as mercadorias deste. Enquanto o capitalista era alguém que assumia riscos de forma passiva, o aventureiro empreendedor assumia papel ativo, correndo todos os riscos físicos e emocionais.

Idade Média

Na Idade Média, o termo "empreendedor" foi utilizado para definir aquele que gerenciava grandes projetos de produção. Esse indivíduo não assumia grandes riscos, apenas gerenciava os projetos, utilizando os recursos disponíveis, geralmente provenientes do governo do país.

Século XVII

Os primeiros indícios da relação entre assumir riscos e empreendedorismo ocorreram nessa época, em que o empreendedor estabelecia um acordo contratual com o governo para realizar algum serviço ou fornecer produtos. Como geralmente os preços eram prefixados, qualquer lucro ou prejuízo era exclusivo do empreendedor. Richard Cantillon, importante escritor e economista do século XVII, é considerado por muitos um dos criadores do termo "empreendedorismo", tendo sido um dos primeiros a diferenciar o empreendedor – aquele que assumia riscos – do capitalista – aquele que fornecia o capital.

Século XVIII

Nesse século, o capitalista e o empreendedor foram finalmente diferenciados, provavelmente devido ao início da industrialização que ocorria no mundo.

Séculos XIX e XX

No final do século XIX e início do século XX, os empreendedores eram frequentemente confundidos com os gerentes ou administradores (o que ocorre até os dias atuais), sendo analisados meramente, de um ponto

O processo empreendedor

de vista econômico, como aqueles que organizam a empresa, pagam os empregados, planejam, dirigem e controlam as ações desenvolvidas na organização, mas sempre a serviço do capitalista.

Aqui cabe uma breve análise das diferenças e similaridades entre administradores e empreendedores, pois muito se discute a respeito desse assunto. Todo empreendedor necessariamente deve ser um bom administrador para obter o sucesso; no entanto, nem todo bom administrador é um empreendedor. O empreendedor tem algo mais, algumas características e atitudes que o diferenciam do administrador tradicional. Mas, para entender quais são essas características adicionais, é preciso entender o que faz o administrador.

● Diferenças e similaridades entre o administrador e o empreendedor

O administrador tem sido objeto de estudo há muito mais tempo que o empreendedor, e, mesmo assim, ainda persistem dúvidas sobre o que o administrador realmente faz. Na verdade, não se propõe aqui encontrar respostas detalhadas para o tema, e sim fornecer evidências ao leitor para um melhor entendimento dos papéis do administrador e do empreendedor. As análises efetuadas por Hampton (1991) sobre o trabalho do administrador e a proposição desse autor de um modelo geral para interpretar esse trabalho talvez resumam as principais abordagens existentes para se entender o trabalho do administrador ao longo dos últimos anos.

A abordagem clássica ou processual, com foco na impessoalidade, na organização e na hierarquia, propõe que o trabalho do administrador ou a arte de administrar concentre-se nos atos de planejar, organizar, dirigir e controlar. O principal divulgador desse princípio foi Henry Fayol, no início do século XX, e vários outros autores reformularam ou complementaram seus conceitos com o passar dos anos.

Outra abordagem sobre o trabalho do administrador foi feita por Rosemary Stewart (1982), do Oxford Center Management Studies, que acreditava que o trabalho dos administradores é semelhante ao dos empreendedores, já que compartilham de três características principais: demandas, restrições e alternativas. Nesse método de Stewart, não há a preocupação de estudar o conteúdo do trabalho do administrador. As demandas especificam o que tem de ser feito. Restrições são os fatores internos e externos da organização que limitam o que o responsável pelo trabalho administrativo pode fazer. Alternativas identificam as opções que o responsável tem na determinação do que e de como fazer.

Hampton (1991) diz ainda que os administradores diferem em dois aspectos: o nível que ocupam na hierarquia, que define como os processos administrativos são alcançados, e o conhecimento que detêm, segundo o qual são funcionais ou gerais. Em relação aos níveis, o trabalho administrativo pode ser identificado como: de supervisão, médio e alto. Os supervisores comumente tratam de operações de uma unidade específica, como uma seção ou departamento. Os administradores médios ficam entre os mais baixos e os mais altos níveis na hierarquia de uma organização. Os administradores de alto nível são aqueles que têm a mais alta responsabilidade e a mais abrangente rede de interações. Outro aspecto estudado é a diferenciação dos gerentes entre funcionais e gerais, independentemente do nível que ocupem na organização. Os funcionais são os encarregados de partes específicas de uma organização, e os gerais, aqueles que assumem responsabilidades amplas e multifuncionais.

Outra abordagem relevante refere-se ao estudo de Kotter (1982) sobre as características dos gerentes gerais, que procura mostrar o que os gerentes eficientes realmente fazem. Segundo Kotter, esses administradores criam e modificam agendas, incluindo metas e planos para sua organização, e desenvolvem redes de relacionamentos cooperativos para implementá-los. Em sua maioria, esses gerentes são ambiciosos, buscam o poder, são especializados, têm temperamento imparcial e muito otimismo.

Mintzberg (1986) propôs uma abordagem que trata da atividade do trabalho gerencial, focando os papéis dos gerentes: interpessoais (representante, líder e ligação), informacionais (monitor, disseminador e interlocutor) e decisórios (empreendedor,[1] solucionador de distúrbios, "alocador" de recursos e negociador). Esses papéis dos gerentes podem variar, dependendo de seu nível na organização, sendo mais ou menos evidente um ou outro papel. E mais: o administrador assume papéis em grupos sociais para efetivar as quatro ações processuais da abordagem clássica dos processos.

É relevante ressaltar que o perfeito controle (hierarquia) nem sempre garante que as ações sejam executadas conforme o planejado, pois outras variáveis interferem no processo administrativo. É neste ponto que as várias abordagens se complementam para explicar o trabalho do administrador.

---

[1] Mintzberg identifica o empreendedor como um possível papel do administrador nesse caso. Neste livro, a abordagem do empreendedorismo é mais ampla.

O processo empreendedor

O Quadro 2.2 resume as abordagens citadas e o grau de influência de algumas características em relação a cada abordagem.

Quadro 2.2 Comparação das quatro abordagens do papel do administrador

Abordagens	Processo	Restrições, demandas e escolhas (Stewart)	Papéis (Mintzberg)	Agenda (Kotter)
Pessoalidade	Fraca	Forte	Forte	Forte
Uso do relacionamento interpessoal	Fraco	–	Forte	Forte
Foco nas organizações e ações conjuntas	Forte	Fraco	Médio	Médio
Utilização da hierarquia	Forte	Forte	Média	Forte

O empreendedor de sucesso possui características extras, além dos atributos do administrador, e alguns atributos pessoais que, somados a características sociológicas e ambientais, permitem o nascimento de uma nova empresa (Quadro 2.3). De uma ideia, surge uma inovação, e desta, uma empresa.

2 — O processo empreendedor

Quadro 2.3 Características dos empreendedores de sucesso

São visionários	Eles têm a visão de como será o futuro para seu negócio e sua vida, e o mais importante: têm a habilidade de implementar seus sonhos
Sabem tomar decisões	Eles não se sentem inseguros, sabem tomar as decisões corretas na hora certa, principalmente nos momentos de adversidade, fator-chave para seu sucesso. E mais: além de tomar decisões, implementam suas ações rapidamente
São indivíduos que fazem a diferença	Os empreendedores transformam algo de difícil definição, uma ideia abstrata, em algo concreto, que funciona, transformando o possível em realidade (KAO, 1989; KETS DE VRIES, 1997). Sabem agregar valor aos serviços e produtos que colocam no mercado
Sabem explorar ao máximo as oportunidades	Para a maioria das pessoas, as boas ideias são daqueles que as veem primeiro, por sorte ou acaso. Para os visionários (os empreendedores), as boas ideias são geradas daquilo que todos conseguem ver, mas não identificaram algo prático para transformá-las em oportunidade, por meio de dados e informação. Para Schumpeter (1949), o empreendedor é aquele que quebra a ordem corrente e inova, criando mercado com uma oportunidade identificada. Para Kirzner (1973), o empreendedor é aquele que cria um equilíbrio, encontrando uma posição clara e positiva em um ambiente de caos e turbulência, ou seja, identifica oportunidades na ordem presente. Porém, ambos são enfáticos em afirmar que o empreendedor é um exímio identificador de oportunidades, um indivíduo curioso e atento a informações, pois sabe que suas chances melhoram quando seu conhecimento aumenta
São determinados e dinâmicos	Implementam suas ações com total comprometimento. Atropelam as adversidades, ultrapassando os obstáculos, com uma vontade ímpar de "fazer acontecer". Mantêm-se sempre dinâmicos e cultivam certo inconformismo diante da rotina
São dedicados	Eles se dedicam 24 horas por dia, sete dias por semana, ao negócio. Comprometem o relacionamento com amigos, com a família e até mesmo com a própria saúde. São trabalhadores exemplares e encontram energia para continuar, mesmo em situações adversas. São incansáveis e loucos pelo trabalho
São otimistas e apaixonados pelo que fazem	Adoram o trabalho que realizam. O amor pelo trabalho é o principal combustível que os mantêm cada vez mais animados e autodeterminados, tornando-os os melhores vendedores de seus produtos e serviços, pois sabem, como ninguém, como fazê-lo. O otimismo faz com que sempre enxerguem o sucesso, em vez de imaginar o fracasso
São independentes e constroem o próprio destino	Querem estar à frente das mudanças e ser donos do próprio destino. Querem ser independentes, em vez de empregados; querem criar algo novo e determinar os próprios passos, abrir os próprios caminhos, ser o próprio patrão e gerar empregos

(*Continua*)

O processo empreendedor

2

(*Continuação*)

Ficam ricos	Ficar rico não é o principal objetivo dos empreendedores. Eles acreditam que o dinheiro é consequência do sucesso dos negócios
São líderes e formadores de equipes	Os empreendedores têm um senso de liderança incomum e são respeitados e adorados por seus funcionários, pois sabem valorizá-los, estimulá-los e recompensá-los, formando um time em torno de si. Sabem que, para obter êxito e sucesso, dependem de uma equipe de profissionais competentes. Sabem ainda recrutar as melhores cabeças para assessorá-los nos campos nos quais não detêm o melhor conhecimento
São bem relacionados (*networking*)	Os empreendedores sabem construir uma rede de contatos que os auxilia no ambiente externo da empresa, junto a clientes, fornecedores e entidades de classe
São organizados	Os empreendedores sabem obter e alocar os recursos materiais, humanos, tecnológicos e financeiros, de forma racional, procurando o melhor desempenho para o negócio
Planejam, planejam, planejam	Os empreendedores de sucesso planejam cada passo de seu negócio, desde o primeiro rascunho do plano de negócios até a apresentação do plano a investidores, definição das estratégias de marketing do negócio etc., sempre tendo como base a forte visão de negócio que possuem
Possuem conhecimento	São sedentos pelo saber e aprendem continuamente, pois entendem que, quanto maior o domínio sobre um ramo de negócio, maior será a chance de êxito. Esse conhecimento pode vir da experiência prática, de informações obtidas em publicações especializadas, em cursos ou mesmo de conselhos de pessoas que montaram empreendimentos semelhantes
Assumem riscos calculados	Talvez essa seja a característica mais conhecida dos empreendedores. Mas o verdadeiro empreendedor é aquele que assume riscos calculados e sabe gerenciar o risco, avaliando as reais chances de sucesso. Assumir riscos tem relação com desafios. Para o empreendedor, quanto maior o desafio, mais estimulante será a jornada empreendedora
Criam valor para a sociedade	Os empreendedores utilizam o seu capital intelectual para criar valor para a sociedade, com a geração de empregos, a dinamização da economia e a inovação, sempre usando sua criatividade em busca de soluções para melhorar a vida das pessoas

Quando se analisam os estudos sobre o papel e as funções do administrador, efetuados por Mintzberg, Kotter, Stewart, e ainda sobre a abordagem processual do trabalho do administrador, pode-se dizer que existem muitos pontos em comum entre o administrador e o empreendedor. Ou seja, o empreendedor é um administrador, mas com diferenças consideráveis em relação aos gerentes ou executivos de organizações tradicionais, pois os empreendedores são mais visionários que os gerentes.

25

Assim, quando a organização cresce, os empreendedores geralmente têm dificuldades de tomar as decisões do dia a dia dos negócios, pois se preocupam mais com os aspectos estratégicos, com os quais se sentem mais à vontade. As diferenças entre os domínios empreendedor e administrativo podem ser comparadas em cinco dimensões distintas de negócio: orientação estratégica, análise das oportunidades, comprometimento dos recursos, controle dos recursos e estrutura gerencial (Quadro 2.4). No Quadro 2.5, pode ser observada também uma comparação entre os empreendedores e os gerentes tradicionais, em relação a alguns temas relevantes. Filion (1997) observa ainda que "o gerente é voltado para a organização de recursos, enquanto o empreendedor é voltado para a definição de contextos".

É interessante observar que o empreendedor de sucesso leva consigo ainda uma característica singular: o fato de conhecer como poucos o negócio em que atua, o que leva tempo e requer experiência. Talvez esse seja um dos motivos que levam à falência empresas criadas por jovens entusiasmados, mas sem o devido preparo.

Outro fator que diferencia o empreendedor de sucesso do administrador comum é o constante planejamento a partir de uma visão de futuro. Esse talvez seja o grande paradoxo a ser analisado, já que o ato de planejar é considerado uma das funções básicas do administrador desde os tempos de Fayol, como já abordado na visão processual das atividades do administrador. Então, não seria o empreendedor aquele que assume as funções, os papéis e as atividades do administrador de forma complementar, a ponto de saber utilizá-los no momento adequado para atingir seus objetivos? Nesse caso, o empreendedor seria um administrador completo, que incorpora as várias abordagens existentes, sem se restringir a apenas uma, e interage com o seu ambiente para tomar as melhores decisões.

É interessante ainda destacar alguns mitos sobre os empreendedores. Existem vários, mas três, em especial, devem ser analisados com mais atenção.

Mito 1: Empreendedores são natos, nascem para o sucesso.
Realidade:
- Enquanto a maioria dos empreendedores nasce com certo nível de inteligência, empreendedores de sucesso acumulam habilidades relevantes, experiências e contatos com o passar dos anos.
- A capacidade de ter visão e perseguir oportunidades aprimora-se com o tempo.

O processo empreendedor

Quadro 2.4 Comparação dos domínios empreendedor e administrativo (adaptado de Hisrich, 1986)

Domínio empreendedor		Dimensões-chave do negócio	Domínio administrativo	
Pressões nesta direção				*Pressões nesta direção*
Mudanças rápidas: ■ Tecnológicas ■ Valores sociais ■ Regras políticas	Dirigido pela percepção de oportunidades	**Orientação estratégica**	Dirigido pelos recursos atuais sob controle	Critérios de medição de desempenho; sistemas e ciclos de planejamento
Orientação para ação; decisões rápidas; gerenciamento de risco	Revolucionário com curta curação	**Análise das oportunidades**	Revolucionário de longa duração	Reconhecimento de várias alternativas; negociação da estratégia; redução do risco
Falta de previsibilidade das necessidades; falta de controle exato; necessidade de aproveitar mais oportunidades; pressão por mais eficiência	Em estágios periódicos, com mínima utilização em cada estágio	**Comprometimento dos recursos**	Decisão tomada passo a passo, com base em um orçamento	Redução dos riscos pessoais; utilização de sistemas de alocação de capital e de planejamento formal
Risco da obsolescência; necessidade de flexibilidade	Uso mínimo dos recursos existentes ou aluguel dos recursos extras necessários	**Controle dos recursos**	Habilidade no emprego dos recursos	Poder, *status* e recompensa financeira; medição da eficiência; inércia e alto custo das mudanças; estrutura da empresa
Coordenação das áreas-chave de difícil controle; desafio de legitimar o controle da propriedade; desejo dos funcionários de serem independentes	Informal, com muito relacionamento pessoal	**Estrutura gerencial**	Formal, com respeito à hierarquia	Necessidade de definição clara de autoridade e responsabilidade; cultura organizacional; sistemas de recompensa; inércia dos conceitos administrativos

O processo empreendedor

Quadro 2.5 Comparação entre gerentes tradicionais e empreendedores (HISRICH, 1998)

Temas	Gerentes tradicionais	Empreendedores
Motivação principal	Promoção e outras recompensas tradicionais da corporação, como secretária, *status*, poder etc.	Independência, oportunidade para criar algo novo, ganhar dinheiro
Referência de tempo	Curto prazo, gerenciando orçamentos semanais, mensais etc. e com horizonte de planejamento anual	Sobreviver e atingir cinco a dez anos de crescimento do negócio
Atividade	Delega e supervisiona	Envolve-se diretamente
Status	Preocupa-se com o *status* e como é visto na empresa	Não se preocupa com o *status*
Como vê o risco	Com cautela	Assume riscos calculados
Falhas e erros	Tenta evitar erros e surpresas	Aprende com erros e falhas
Decisões	Geralmente concorda com seus superiores	Segue seus sonhos para tomar decisões
A quem serve	Aos outros (superiores)	A si próprio e a seus clientes
Histórico familiar	Membros da família trabalharam em grandes empresas	Membros da família possuem pequenas empresas ou já criaram algum negócio
Relacionamento com outras pessoas	A hierarquia é a base do relacionamento	As transações e os acordos são a base do relacionamento

Mito 2: Empreendedores são "jogadores" que assumem riscos altíssimos.
Realidade:

- Assumem riscos calculados.
- Evitam riscos desnecessários.
- Compartilham riscos.
- Dividem o risco em "partes menores".

Mito 3: Empreendedores são "lobos solitários" e não conseguem trabalhar em equipe.
Realidade:

- São ótimos líderes.
- Criam equipes.

O processo empreendedor

- Desenvolvem excelente relacionamento no trabalho com colegas, parceiros, clientes, fornecedores e muitos outros.

Conceituando empreendedorismo

Mas, afinal, qual é a melhor definição para empreendedorismo? Quando relacionado com a criação de um novo negócio, o termo "empreendedorismo" pode ser definido como o envolvimento de pessoas e processos que, em conjunto, levam à transformação de ideias em oportunidades. A perfeita implementação dessas oportunidades leva à criação de negócios de sucesso. Para o termo "empreendedor", existem muitas definições, mas uma das mais antigas, e que talvez melhor reflita o espírito empreendedor, é a de Joseph Schumpeter (1949):

> O empreendedor é aquele que destrói a ordem econômica existente pela introdução de novos produtos e serviços, pela criação de novas formas de organização ou pela exploração de novos recursos e materiais.

Kirzner (1973) propõe uma abordagem diferente. Para esse autor, o empreendedor é aquele que cria um equilíbrio, encontrando uma posição clara e positiva em um ambiente de caos e turbulência, ou seja, identifica oportunidades na ordem presente. Ambos, porém, são enfáticos ao afirmar que o empreendedor é um exímio identificador de oportunidades, indivíduo curioso e atento às informações, pois sabe que suas chances melhoram quando seu conhecimento aumenta.

De acordo com Schumpeter, o empreendedor é mais conhecido como aquele que cria novos negócios, mas pode também inovar dentro de negócios já existentes; ou seja, é possível ser empreendedor dentro de empresas já constituídas. Nesse caso, o termo que se aplica é o "empreendedorismo corporativo".[2] Outra publicação mais recente[3] amplia ainda mais as aplicações do termo "empreendedor", que se estende além do próprio negócio ou do mundo corporativo. No entanto, este livro destina-se principalmente àqueles interessados em criar novos negócios de sucesso, visando à diminuição da mortalidade das pequenas empresas brasileiras e buscando contribuir para a consolidação do espírito empreendedor dos brasileiros.

---

[2] Para saber mais sobre este assunto, aconselha-se ao leitor conhecer o livro *Empreendedorismo corporativo*, de José Dornelas. Informações em *www.josedornelas.com.br*.
[3] Informações adicionais podem ser obtidas no livro *Empreendedorismo para visionários*, de José Dornelas. Informações em *www.josedornelas.com.br*.

Então, o empreendedor do próprio negócio é aquele que detecta uma oportunidade e cria um negócio para capitalizar sobre ela, assumindo riscos calculados. Em qualquer definição de empreendedorismo, encontram-se, pelo menos, os seguintes aspectos referentes ao empreendedor:

1. Tem iniciativa para criar um novo negócio e paixão pelo que faz.
2. Utiliza os recursos disponíveis de forma criativa, transformando o ambiente social e econômico no qual vive.
3. Aceita assumir os riscos calculados e a possibilidade de fracassar.

O processo empreendedor envolve todas as funções, atividades e ações associadas à criação de novas empresas. Em primeiro lugar, o empreendedorismo envolve o processo de criação de algo novo, de valor. Em segundo, requer a devoção, o comprometimento de tempo e o esforço necessário para fazer a empresa crescer. Em terceiro, que riscos calculados sejam assumidos, e decisões críticas, tomadas; é preciso ousadia e ânimo, apesar de falhas e erros.

O empreendedor revolucionário é aquele que cria novos mercados, ou seja, o indivíduo que cria algo único, como foi o caso de Bill Gates, criador da Microsoft, que revolucionou o mundo com o sistema operacional Windows©. No entanto, a maioria dos empreendedores cria negócios em mercados já existentes, não deixando de ser bem-sucedidos por isso.

● É possível ensinar empreendedorismo?

A próxima questão é se o empreendedorismo pode ser ensinado. Até alguns anos atrás, acreditava-se que o empreendedorismo era inato, que o empreendedor nascia com um diferencial e era predestinado ao sucesso nos negócios. Pessoas sem essas características eram desencorajadas a empreender. Como já se viu, isso é um mito. Hoje em dia, esse discurso mudou e, cada vez mais, acredita-se que o processo empreendedor possa ser ensinado e entendido por qualquer pessoa e que o sucesso seja decorrente de uma gama de fatores internos e externos ao negócio, do perfil do empreendedor e de como ele administra as adversidades que encontra no dia a dia de seu empreendimento. Os empreendedores inatos continuam existindo e sendo referências de sucesso, mas muitos outros podem ser capacitados para a criação de empresas duradouras. Isso não garante que, apenas pelo ensino do empreendedorismo, serão gerados novos mitos como Bill Gates, Silvio Santos, Olavo Setúbal e Antônio Ermírio de Moraes. No entanto, com certeza, o ensino de empreendedorismo

O processo empreendedor

ajudará na formação de melhores empresários, melhores empresas e na maior geração de riqueza ao país.

Deve-se entender quais são os objetivos do ensino de empreendedorismo, pois os cursos podem diferir de universidade para universidade, escola técnica ou tecnológica. Qualquer curso de empreendedorismo deveria focar: a identificação e o entendimento das habilidades do empreendedor; a identificação e análise de oportunidades; as circunstâncias nas quais ocorrem a inovação e o processo empreendedor; a importância do empreendedorismo para o desenvolvimento econômico; a preparação e a utilização de um plano de negócios; a identificação de fontes e a obtenção de financiamento para o novo negócio; e o gerenciamento e o crescimento da empresa.

As habilidades requeridas de um empreendedor podem ser classificadas em três áreas: técnicas, gerenciais e características pessoais. As habilidades técnicas envolvem saber escrever, saber ouvir as pessoas e captar informações, ser um bom orador, ser organizado, saber liderar e trabalhar em equipe e possuir *know-how* técnico na área de atuação. As habilidades gerenciais incluem as áreas envolvidas na criação, no desenvolvimento e no gerenciamento de uma nova empresa: marketing, administração, finanças, operacional, produção, tomada de decisão, controle das ações da empresa e ser um bom negociador. Algumas características pessoais já foram abordadas anteriormente e incluem: ser disciplinado, assumir riscos, ser inovador, ser orientado a mudanças, ser persistente e ser um líder visionário. As habilidades mencionadas e os objetivos gerais já expostos formam a base para a ementa de um curso de empreendedorismo do próprio negócio.

● O processo empreendedor

A decisão de se tornar empreendedor pode ocorrer aparentemente por acaso. Esse fato pode ser testado fazendo-se uma pergunta básica a qualquer empreendedor que você conhece: "O que o levou a criar sua empresa?". Não se surpreenda se a resposta for: "Não sei, foi por acaso...". Na verdade, essa decisão ocorre devido a fatores externos, ambientais e sociais, a aptidões pessoais ou a um somatório de todos esses elementos, críticos para o surgimento e o crescimento de uma nova empresa. O processo empreendedor inicia-se quando um evento gerador desses fatores possibilita o início de um novo negócio. A Figura 2.3 exemplifica alguns dos que mais influenciam esse processo durante cada fase da jornada empreendedora.

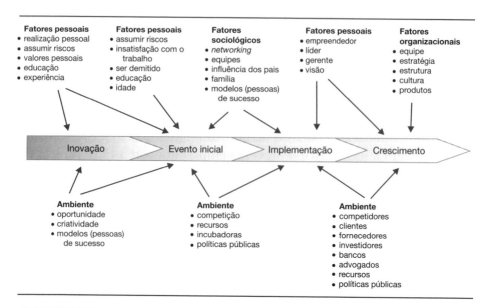

Figura 2.3 Fatores que influenciam no processo empreendedor (adaptado de Moore, 1986).

Quando se fala em inovação, a semente do processo empreendedor, remete-se naturalmente ao termo "inovação tecnológica". Nesse caso, existem algumas peculiaridades que devem ser entendidas para que se interprete o processo empreendedor ligado a empresas de base tecnológica. As inovações tecnológicas têm sido o diferencial do desenvolvimento econômico mundial, dependente de quatro fatores críticos, que devem ser analisados, para então se entender o processo empreendedor (Figura 2.4).

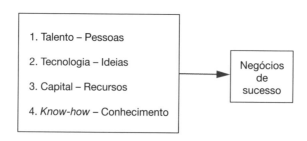

Figura 2.4 Fatores críticos para o desenvolvimento econômico (SMILOR & GILL, 1986).

O processo empreendedor

O talento empreendedor resulta da percepção, direção, dedicação e muito trabalho dessas pessoas especiais, que fazem acontecer. Onde existe esse talento, há a oportunidade de crescer, diversificar e desenvolver novos negócios. Mas talento sem ideias é como uma semente sem água. Quando o talento é somado à tecnologia, e as pessoas têm boas ideias viáveis, o processo empreendedor está na iminência de ocorrer. Mas existe ainda a necessidade de um combustível essencial para que finalmente o negócio saia do papel: o capital. O componente final é o *know-how*, ou seja, o conhecimento e a habilidade de fazer convergir em um mesmo ambiente o talento, a tecnologia e o capital que fazem a empresa crescer (TORNATZKY *et al.*, 1996).

Segundo Dertouzos (1999), a inovação tecnológica possui quatro pilares, os quais estão de acordo com os fatores anteriormente apresentados:

1. Investimento de capital de risco.
2. Infraestrutura de alta tecnologia.
3. Ideias criativas.
4. Cultura empreendedora focada na paixão pelo negócio.

Ainda segundo Dertouzos, esses quatro ingredientes são raros, pois, em sua concepção, primeiro vem a paixão pelo negócio e depois o dinheiro, o que contradiz a corrente de análise econômica, a qual pressupõe que deve haver um mercado consumidor e, consequentemente, possibilidades de lucro com o negócio. Dertouzos conclui afirmando que as invenções tecnológicas não ocorrem assim. Na verdade, há um meio-termo: tanto as empresas buscam nos centros de pesquisa tecnologias inovadoras que, agregadas ao seu processo ou produto, promovam uma inovação tecnológica, como os centros de pesquisa desenvolvem tecnologias sem o comprometimento econômico, mas que, posteriormente, poderão ser aplicadas nas empresas.

Feitas as devidas considerações a respeito do processo de inovação tecnológica e sua importância para o desenvolvimento econômico, pode-se então entender as fases do processo empreendedor:[4] 1. identificar e avaliar a oportunidade; 2. desenvolver o plano de negócios; 3. determinar e captar os recursos necessários; e 4. gerenciar a empresa criada (Figura 2.5).

---

[4] Propostas alternativas para o processo empreendedor, incluindo a fase de geração de ideias, são apresentadas nos livros *Empreendedorismo para visionários* e *Plano de negócio – Seu guia definitivo*, ambos de José Dornelas. Informações em *www.josedornelas.com.br*.

Identificar e avaliar a oportunidade	Desenvolver o plano de negócios	Determinar e captar os recursos necessários	Gerenciar a empresa criada
• criação e abrangência da oportunidade • valores percebidos e reais da oportunidade • riscos e retornos da oportunidade • oportunidade *versus* habilidades e metas pessoais • situação dos competidores	1. Sumário executivo 2. O conceito do negócio 3. Equipe de gestão 4. Mercado e competidores 5. Marketing e vendas 6. Estrutura e operação 7. Análise estratégica 8. Plano financeiro 9. Anexos	• recursos pessoais • recursos de amigos e parentes • *angels* • capitalistas de risco • bancos • governo • incubadoras	• estilo de gestão • fatores críticos de sucesso • identificar problemas atuais e potenciais • implementar um sistema de controle • profissionalizar a gestão • entrar em novos mercados

Figura 2.5 O processo empreendedor (adaptado de Hisrich, 1998).

Embora as fases sejam apresentadas de forma sequencial, nenhuma delas precisa ser completamente concluída para que se inicie a seguinte. Por exemplo, ao se identificar e avaliar uma oportunidade (Fase 1), o empreendedor deve ter em mente o tipo de negócio que deseja criar (Fase 4). Muitas vezes, ocorre ainda outro ciclo de fases antes de se concluir o processo completo. É o caso em que o empreendedor elabora seu primeiro plano de negócios e, em seguida, apresenta-o para um capitalista de risco, que faz várias críticas e sugere ao empreendedor mudar toda a concepção da empresa antes de vir procurá-lo de novo. Nesse caso, o processo chegou até a Fase 3 e voltou novamente para a Fase 1, recomeçando um novo ciclo sem ter concluído o anterior. O empreendedor não deve desanimar diante dessa frequente situação.

Identificar e avaliar uma oportunidade é a parte mais difícil... *Existe uma lenda segundo a qual a oportunidade é como um velho sábio barbudo, baixinho e careca, que passa ao seu lado. Normalmente você não o nota... Quando percebe que ele pode ajudá-lo, tenta desesperadamente correr atrás dele e, com as mãos, tenta tocá-lo na cabeça para abordá-lo. Mas quando finalmente você toca a cabeça do velho, ela está toda cheia de óleo, e seus dedos escorregam, sem conseguir segurar o velho, que vai embora...*

Quantas vezes você não sentiu que deixou o velho passar? Realmente não é fácil, mas os empreendedores de sucesso "agarram o velho" com as duas mãos, logo no primeiro instante, usufruindo o máximo que podem de sua sabedoria. Mas como se distingue o velho sábio daquele que não traz algo de valor? É então que entram o talento, o conhecimento, a percepção e o *feeling* do empreendedor. Muitos dizem que isso ocorre por sorte. No entanto, muitos também dizem que sorte é o encontro da competência

O processo empreendedor

com a oportunidade! No próximo capítulo, será dado destaque especial para a identificação e a avaliação de oportunidades.

A segunda fase do processo empreendedor – desenvolver o plano de negócios – talvez seja a que mais dê trabalho para os empreendedores de primeira viagem. Ela envolve vários conceitos, que devem ser entendidos e expressos por escrito, em poucas páginas, dando forma a um documento que sintetize toda a essência da empresa, sua estratégia de negócio, seu mercado e competidores, como vai gerar receitas e crescer etc. Nos Capítulos 5 e 6, serão apresentados todos os aspectos que envolvem a elaboração de um bom plano de negócios, suas armadilhas, dicas e ferramentas que podem auxiliar o empreendedor nessa tarefa.

Determinar os recursos necessários é consequência do que foi feito e planejado no plano de negócios. Já a captação dos recursos pode ser feita de várias formas e por meio de várias fontes distintas. Há alguns anos, as únicas possibilidades de obter financiamento ou recursos no Brasil eram recorrer aos bancos e a economias pessoais, à família e aos amigos. Atualmente, com a globalização das economias e os mercados mundiais, o Brasil passou a ser visto como um celeiro de oportunidades a serem exploradas pelos capitalistas, mesmo em momentos de crise econômica. Passa a ser comum encontrar a figura do capitalista de risco no país e, principalmente, do investidor-anjo, que prefere arriscar em novos negócios a deixar todo o seu dinheiro aplicado nos bancos. Isso vem ocorrendo nos setores nos quais as empresas podem crescer rapidamente, como o de empresas de tecnologia, e já está mudando todo um paradigma de investimentos no Brasil, o que é saudável para o país e para os novos empreendedores que estão surgindo.

Gerenciar a empresa parece ser a parte mais fácil, pois as outras já foram feitas. Mas não é bem assim. Cada fase do processo empreendedor tem seus desafios e aprendizados. Às vezes, o empreendedor identifica uma excelente oportunidade, elabora um bom plano de negócios e "vende" sua ideia para investidores, que acreditam nela e concordam em financiar o novo empreendimento. Quando é hora de colocar as ações em prática, começam a surgir os problemas. Os clientes não aceitam tão bem o produto, surge um concorrente forte, um funcionário-chave pede demissão, uma máquina quebra e não existe outra para repor, enfim, problemas vão existir e precisarão ser solucionados. Então entra o estilo de gestão do empreendedor na prática, que deve reconhecer suas limitações e saber, antes de qualquer coisa, recrutar uma excelente equipe de profissionais para ajudá-lo a gerenciar a empresa, implementando ações que visem minimizar os problemas e identificando o que é prioridade e o que é crítico para o sucesso do empreendimento.

Existe outra forma de se analisarem os aspectos críticos do processo empreendedor. Proposta inicialmente por Timmons (1994),[5] ex-professor do Babson College, Estados Unidos, leva o empreendedor a priorizar a análise de três fatores fundamentais. O primeiro é a oportunidade, que deve ser avaliada para que se tome a decisão de continuar ou não com o projeto. O segundo é a equipe empreendedora, ou seja, quem, além do empreendedor, estará atuando em conjunto no projeto. E mais, essas pessoas que formam a equipe empreendedora têm perfil complementar? Finalmente, quais são os recursos, como e onde a equipe irá consegui-los? É muito importante que a questão relativa à análise dos recursos necessários para o início do negócio seja a última a ser feita, para evitar que o empreendedor e sua equipe restrinjam a análise da oportunidade, a primeira das tarefas a ser realizada. Na verdade, às vezes, a formação da equipe ocorre até antes da identificação de uma boa oportunidade; ou ainda, o empreendedor já possui os recursos, mas não identificou uma boa oportunidade de negócios. Porém, o mais comum é a identificação da oportunidade, a formação da equipe e a captação dos recursos. O empreendedor ainda deve ter em mente o fato de que nem sempre a equipe inicial estará completa e que, após a captação dos recursos necessários, ela poderá e deverá ser complementada.

A Figura 2.6 apresenta os três fatores essenciais para a existência do processo empreendedor, agrupados, como proposto por Timmons (1994). O planejamento, por meio de um plano de negócios (*business plan*), é a ferramenta do empreendedor, com a qual sua equipe avalia oportunidades, identifica, busca e aloca os recursos necessários ao negócio, planeja as ações a serem tomadas, implementa e gerencia o novo negócio. Obviamente, muitas incertezas estarão presentes ao longo de todo o processo, e a equipe empreendedora deverá saber como lidar com os riscos de forma calculada, analisando as várias possibilidades existentes e as possíveis consequências para o negócio e para eles mesmos.

● Resumo do capítulo

Neste capítulo, foram apresentadas as evidências que mostram o quanto o empreendedorismo está influenciando positivamente o desenvolvimento econômico dos países e como esses países têm dado atenção ao assunto. Um panorama geral do estágio de desenvolvimento do empreendedorismo no mundo e no Brasil é apresentado, bem como são analisadas as perspectivas

---

[5] Para saber mais sobre o modelo de Timmons, aconselha-se ao leitor conhecer a edição em português do maior *best-seller* americano de empreendedorismo, adaptado para a realidade brasileira por José Dornelas, Jeffry Timmons e Steve Spinelli: trata-se do livro *Criação de novos negócios*. Informações em *www.josedornelas.com.br.*

O processo empreendedor

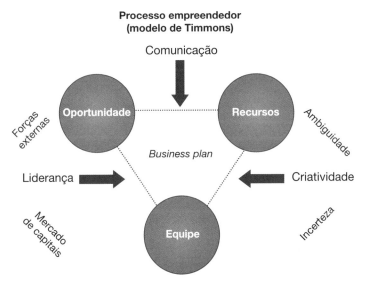

Figura 2.6 O processo empreendedor na visão de Timmons.

para os próximos anos. O surgimento do empreendedorismo, passando pelas definições e comparações com os conceitos administrativos, até o entendimento do processo empreendedor, é abordado de forma objetiva, visando prover o leitor com dados que o façam refletir e se interessar pelo assunto.

● Questões para discussão

1. Por que estudar empreendedorismo? Qual a motivação que leva as pessoas a discutirem o assunto?
2. O que é empreendedorismo? O que é ser empreendedor? Dê um exemplo de um empreendedor que você conheça. Por que você considera essa pessoa empreendedora? Das características do empreendedor listadas no texto, qual(is) essa pessoa possui?
3. Faça uma pesquisa na internet, em material complementar ou em outros livros, como *Empreendedorismo na prática* e *Empreendedorismo para visionários*, e tente identificar mais informações sobre outros tipos de empreendedores. Cite pelo menos um exemplo para cada um dos tipos identificados. O que os diferencia? O que eles têm em comum?
4. O empreendedor é um super-homem ou apenas um administrador?

5. Qual a importância da inovação no processo empreendedor? Até que ponto a criatividade pode influenciar o processo de inovação? Você se considera criativo(a)?

Algumas questões extras:

6. Teste sua criatividade (exercício individual).
   6.1. Inicialmente, pegue uma folha de papel em branco e um lápis ou caneta.
   6.2. Desenhe um círculo completo nesse papel.
   6.3. Faça um ponto dentro do círculo.
   6.4. Agora, faça um traço sobre o círculo, dividindo-o em duas partes.
   6.5. Em cada uma das partes, escreva o nome de uma flor diferente.
   6.6. Compare seu resultado com os dos demais colegas.

Observação Veja a seguir os comentários sobre este exercício. Mas faça-o antes!

Análise do Exercício 6

Esse exercício serve para mostrar como as pessoas são condicionadas pelo meio no qual vivem e sempre pensam e agem da mesma forma, como em certa inércia intelectual e criativa. Isso não significa que sejam pessoas sem talento, sem criatividade ou que não possam ser empreendedores de sucesso. Apenas mostra o quanto precisam ser despertadas para as oportunidades, não se deixando levar pela rotina nem deixando o velho barbudo passar... Pois bem, quantas pessoas colocaram o ponto no centro do círculo? Quantas fizeram o traço cortando o círculo em duas partes iguais e passando pelo ponto? Quantas escolheram as flores rosa, margarida ou violeta? Quantas fizeram as três tarefas? Com certeza, grande parte do grupo respondeu sim a, pelo menos, uma das questões anteriores. Qual a sua conclusão a respeito? Por que isso ocorreu?

O processo empreendedor

2

7. Agora, teste seus conhecimentos sobre o indivíduo empreendedor e reforce os conceitos do capítulo.

7.1. A principal motivação de um empreendedor para iniciar um negócio é:

(a) ganhar dinheiro   (d) ser independente

(b) ser famoso (*status*)   (e) ter poder

(c) ter segurança

7.2. Para ser um empreendedor de sucesso, você precisa de:

(a) dinheiro   (d) uma boa ideia

(b) muito trabalho   (e) todas as anteriores

(c) sorte

7.3. Os empreendedores são melhores como:

(a) gerentes   (c) administradores

(b) capitalistas de risco   (d) fazedores

7.4. Os empreendedores:

(a) assumem altos riscos   (c) assumem riscos calculados

(b) não assumem riscos   (d) não se preocupam com riscos

7.5. Os empreendedores são apaixonados por:

(a) novas ideias   (d) novos produtos

(b) novos empregados   (e) todas as anteriores

(c) novos conceitos administrativos

7.6. Os empreendedores geralmente criam:

(a) novas empresas de serviços

(b) novas empresas de manufatura

(c) novas empresas de construção

(d) novas empresas de tecnologia

(e) mais de uma empresa

Análise do Exercício 7

7.1. Resposta (d). O empreendedor necessita ser independente e não aceita a ideia de trabalhar para os outros como empregado. Isso o leva a assumir riscos e a trabalhar várias horas por dia e fins de semana no próprio negócio.

2 — O processo empreendedor

7.2. Resposta (e). Dinheiro, muito trabalho e uma boa ideia são ingredientes indispensáveis para o empreendedor obter sucesso. Mas, além disso, é preciso estar no lugar certo, na hora certa e ter a competência necessária para detectar e aproveitar as oportunidades.

7.3. Resposta (d). Os empreendedores são aqueles que fazem acontecer.

7.4. Resposta (c). Os empreendedores não são loucos. Sabem que assumir riscos faz parte da aventura empreendedora, porém o fazem de maneira calculada.

7.5. Resposta (e). O novo deixa o empreendedor apaixonado, pois alimenta sua criatividade. E a criatividade induz à inovação, ingrediente indispensável do processo empreendedor.

7.6. Resposta (e). Estatísticas mostram que a maioria dos empreendedores não se contenta em criar apenas um negócio, independentemente de sucesso ou fracasso. A sede pelo novo faz com que os empreendedores estejam sempre pensando em novas formas de fazer o mesmo ou em criar algo diferente.

8. Você é um empreendedor em potencial? Então faça o teste a seguir e analise seu desempenho.

Autoavaliação de seu perfil empreendedor (ambiente, atitudes e *know-how*)

- Atribua-se uma nota de 1 a 5 para cada uma das características a seguir e escreva a nota na última coluna.

- Some as notas obtidas para todas as características.

- Analise seu resultado global com base nas explicações ao final.

- Destaque seus principais pontos fortes e pontos fracos.

- Quais dos pontos fortes destacados são mais importantes para seu desempenho como empreendedor?

- Quais dos pontos fracos destacados deveriam ser trabalhados para que seu desempenho seja melhorado? É possível melhorá-los?

(Continua)

O processo empreendedor

(Continuação)

Características	Excelente	Bom	Regular	Fraco	Insuficiente	Nota
	5	4	3	2	1	
Comprometimento e determinação						
1. É proativo na tomada de decisão.						
2. É tenaz e obstinado.						
3. Tem disciplina e dedicação.						
4. É persistente ao resolver problemas.						
5. É disposto ao sacrifício para atingir metas.						
6. É capaz de imersão total nas atividades que desenvolve.						
Obsessão pelas oportunidades						
7. Procura ter conhecimento profundo das necessidades dos clientes.						
8. É dirigido pelo mercado (*market driven*).						
9. É obcecado por criar valor e satisfazer aos clientes.						
Tolerância ao risco, ambiguidade e incertezas						
10. Corre riscos calculados (analisa tudo antes de agir).						
11. Procura minimizar os riscos.						
12. Tolera as incertezas e a falta de estrutura.						
13. Tolera o estresse e conflitos.						
14. É hábil em resolver problemas e integrar soluções.						
Criatividade, autoconfiança e habilidade de adaptação						
15. Não é convencional, tem cabeça aberta, pensa.						
16. Não se conforma com o *status quo*.						

(Continua)

2 — O processo empreendedor

(*Continuação*)

Características	Excelente	Bom	Regular	Fraco	Insuficiente	Nota
17. É hábil em se adaptar a novas situações.						
18. Não tem medo de falhar.						
19. É hábil em definir conceitos e detalhar ideias.						
Motivação e superação						
20. É orientado para metas e resultados.						
21. É dirigido pela necessidade de crescer e atingir melhores resultados.						
22. Não se preocupa com *status* e poder.						
23. Tem autoconfiança.						
24. É ciente de suas fraquezas e forças.						
25. Tem senso de humor e procura estar animado.						
Liderança						
26. Tem iniciativa.						
27. Tem poder de autocontrole.						
28. Transmite integridade e confiabilidade.						
29. É paciente e sabe ouvir.						
30. Sabe construir times e trabalhar em equipe.						
Total						

Analise seu desempenho

120 a 150 pontos: você provavelmente já é um empreendedor, possui as características comuns aos empreendedores e tem tudo para se diferenciar no mundo dos negócios.

90 a 119 pontos: você possui muitas características empreendedoras e, às vezes, comporta-se como um; porém, você pode melhorar ainda mais se equilibrar os pontos ainda fracos com os já fortes.

O processo empreendedor

60 a 89 pontos: você ainda não é muito empreendedor e, provavelmente, comporta-se, na maior parte do tempo, como um administrador e não um "fazedor". Para se diferenciar e começar a praticar atitudes empreendedoras, procure analisar seus principais pontos fracos e definir estratégias pessoais para eliminá-los.

Menos de 59 pontos: você não é empreendedor e, se continuar a agir assim, dificilmente será um. Isso não significa que você não tenha qualidades, apenas que prefere seguir a ser seguido. Se você pretende ter um negócio próprio, reavalie sua carreira e seus objetivos pessoais.

Principais pontos fortes	Principais pontos fracos

Definição de estratégia a seguir:

Resultados desejados e prazo para alcançá-los:

9. Uma experiência inesquecível

Nos cursos de empreendedorismo, uma das experiências mais gratificantes para os participantes é o momento em que têm a oportunidade de conhecer de perto empreendedores de sucesso. Isso pode ocorrer de várias formas: assistindo a palestras, debates etc. Contudo, a que mais tem tido alto índice de satisfação é a entrevista com o empreendedor. Tanto o entrevistador (você) como o entrevistado (o empreendedor) acabam por se satisfazer com a experiência. Assim, a seguir, encontra-se um roteiro sugerido para que você a faça sua entrevista com um empreendedor. Mesmo não tendo experiência prévia com esse tipo de atividade, você perceberá que o aprendizado será inesquecível, comprovando na prática muito do exposto até aqui. Este roteiro tem sido usado por vários alunos de graduação e pós-graduação e tem-se mostrado bastante útil no momento da entrevista. É o mesmo roteiro utilizado para a descrição dos estudos de caso do livro. Além da entrevista transcrita em forma de caso de sucesso, uma boa sugestão é a gravação da entrevista com o empreendedor e posterior divulgação do vídeo na internet, em *sites* e comunidades virtuais (caso o empreendedor concorde, naturalmente). Boa sorte!

Preparação para a entrevista com o empreendedor

Este é um trabalho de campo, de pesquisa. Logo, após fazer a entrevista com o empreendedor, você deve transcrever as informações para seu relatório final, em forma de estudo de caso escrito e em vídeo (use como exemplo os vídeos do *site* do autor, *www.josedornelas.com.br*). Envie uma cópia do relatório final da entrevista a ele. O propósito da entrevista é conhecer melhor como ocorre o processo empreendedor. O modelo do processo empreendedor citado no livro, bem como o modelo de Timmons, com certeza, serão muito úteis. Atente para os seguintes pontos:

1. Que fatores o influenciaram a se tornar empreendedor?
2. Que pessoas/empreendedores o inspiraram?
3. Alguém de sua família era empreendedor?
4. Houve algum evento de "disparo" para iniciar o negócio? (Demissão? Aposentadoria? Outro?)
5. Ele criou seu próprio negócio durante a faculdade/colégio?
6. Que educação formal ele teve? Foi relevante para o negócio?
7. Como o empreendedor encontrou a oportunidade?

O processo empreendedor

8. Como ele avaliou a oportunidade?

9. Ele tinha um plano de negócios? Se não, ele fez algum tipo de planejamento? Peça que explique.

10. Que experiência de trabalho o empreendedor teve antes de abrir o negócio?

11. Quais são suas forças e fraquezas?

12. Ele teve sócios?

13. Caso ele tenha tido sócios, pergunte sobre eles; eles complementaram suas habilidades para levar o negócio adiante?

14. De que recursos (econômicos/financeiros) ele precisou para implementar o negócio?

15. Onde e como ele obteve esses recursos?

16. Quando ele obteve o primeiro cliente?

17. Qual foi o momento mais crítico no início do negócio ou mesmo depois de sua criação? Como foi superado?

18. Qual foi o momento de maior satisfação?

19. Qual é o lado positivo de ser empreendedor? E o negativo?

20. Como a carreira de empreendedor afetou sua família?

21. Pergunte se ele faria tudo de novo. Em caso positivo, o que faria diferente?

22. Que conselhos ele daria a uma pessoa que deseja se tornar um empreendedor? Conclua o relatório com suas observações a respeito da entrevista, do empreendedor e de sua empresa. O relatório total geralmente resulta em quatro ou cinco páginas de folhas tamanho A4, e o vídeo pode ter de 30 minutos a mais de 1 hora de gravação. Considere a maior parte das páginas para a descrição do caso/entrevista e uma para a análise. Para os anexos, não existe restrição quanto ao número de páginas. Compartilhe a experiência com os demais colegas.

3

Identificando Oportunidades – Parte I

"Nada é mais perigoso que uma ideia, quando é a única que temos."

Alain Emile Chartier

3 — Identificando oportunidades – Parte I

● Diferenciando ideias de oportunidades

Talvez, um dos maiores mitos a respeito de novas ideias de negócios seja de que devam ser únicas. O fato de uma ideia ser ou não única não importa. O que importa é como o empreendedor utiliza sua ideia, inédita ou não, de maneira a transformá-la em um produto ou serviço que faça a sua empresa crescer. As oportunidades geralmente são únicas, pois o empreendedor pode ficar vários anos sem observar e aproveitar uma oportunidade de desenvolver um novo produto, ganhar um novo mercado e estabelecer uma parceria que o diferencie dos concorrentes.

É comum ouvir a seguinte resposta de jovens empreendedores quando perguntados a respeito de suas ideias de negócio: *A minha ideia é revolucionária, meu produto é único e não possui concorrentes, mas não posso falar do que se trata...* Esse é um erro imperdoável dos empreendedores de primeira viagem. Ideias revolucionárias são raras, produtos únicos não existem, e concorrentes, com certeza, existirão. Isso deve ficar claro. E o fato de tentar preservar uma ideia revolucionária, a ponto de não conversar a respeito com ninguém, também pode levar o empreendedor a acreditar que realmente tenha algo espetacular na mão, pois, nesse momento, está mais movido pela paixão que pela razão.

É importante que o empreendedor teste sua ideia ou conceito de negócio junto a clientes em potencial, empreendedores mais experientes (conselheiros), amigos próximos, antes que a paixão pela ideia cegue sua visão analítica do negócio. Uma ideia sozinha não vale nada; em empreendedorismo, elas surgem diariamente. O que importa é saber desenvolvê-las, implementá-las e construir um negócio de sucesso. Observe o caso a seguir, baseado em um episódio real, ocorrido com um grupo de jovens empreendedores que passaram vários anos desenvolvendo um *software* de automação comercial, dirigido a pequenos estabelecimentos comerciais do interior do estado de São Paulo.

> Eles queriam obter o *software* mais completo possível, com várias funcionalidades, relatórios, gráficos e com um argumento que consideravam infalível para a venda do produto: a "customização" para cada tipo de cliente. Imaginavam que, com isso, estariam não só conquistando os clientes como também seriam indicados para outros, podendo assim conquistar todo o interior de São Paulo e posteriormente a capital, bem como o resto do país. A estratégia estava estabelecida, os cenários otimistas, projetados, e o sonho de ganhar muito dinheiro só crescia. Conseguiram alguns clientes iniciais que aceitaram apostar na ideia dos jovens, financiando o desenvolvimento do primeiro módulo. Porém, cada cliente possuía necessidades próprias e

queria vê-las atendidas pelo produto. Começava, então, a falência da empresa de *software* dos visionários jovens. Eles não conseguiam atender aos clientes iniciais, pois todos queriam algo diferente. Não conseguiam aumentar a carteira de clientes, pois eram apenas três na equipe, e seu tempo já estava comprometido com as adaptações do *software* para cada cliente atual da empresa. Não conseguiam aumentar a receita e já estavam com o trabalho atrasado... Enquanto isso, um empreendedor do ramo de informática, ao visitar um dos clientes dos jovens, viu o *software* funcionando e gostou da ideia. Começou a desenvolver um *software* básico de automação comercial, dirigido ao mercado de revendedores de autopeças, sem muitas funcionalidades e sem possibilidades de "customização" para um cliente específico. O negócio do empreendedor começou a prosperar, e ele estabeleceu parcerias com o sindicato dos revendedores de autopeças da região, que passou a recomendar o *software* como padrão de qualidade assegurada pelo sindicato. Isso fez com que a venda de seu produto multiplicasse por dez em menos de um ano. Contratou mais funcionários para dar suporte aos clientes e partiu para a ampliação dos serviços prestados aos clientes conquistados, com um módulo de comunicação *on-line* via internet, pelo qual todos os usuários do *software* poderiam ter acesso ao estoque de peças dos outros, visando à comunicação entre as revendas, com uma rede comercial de negócios. Enquanto isso, os jovens empresários, que desenvolveram a proposta de um *software* que atendesse a cada cliente em particular, tiveram de fechar a empresa por não conseguirem atender aos clientes iniciais e, em consequência, não conseguirem conquistar novos.

Note que a ideia do *software* foi dos jovens, mas quem soube capitalizar sobre ela, identificando uma oportunidade de negócio, foi o empresário mais experiente, mesmo com um produto mais simples. O que seria uma evolução dessa oportunidade hoje em dia? Do ponto de vista tecnológico, não há dúvidas de que, nos dias de hoje, os empreendedores devem necessariamente prever a venda dessa solução, não mais como *software* executável na máquina do cliente, mas como um aplicativo na nuvem vendido como serviço. De novo, pode ser que exista uma oportunidade aqui, mas quem tem mais chances de agarrá-la? Quem chegar primeiro?

Não necessariamente, pois *o que conta não é ser o primeiro a pensar e ter uma ideia revolucionária, e sim ser o primeiro a identificar uma necessidade de mercado e saber como atendê-la, antes que outros o façam.* Uma ideia isolada não tem valor se não for transformada em algo cuja implementação seja viável, visando atender a um público-alvo que faça parte de um nicho de mercado mal explorado. Isso é detectar uma oportunidade.

Não significa que uma ideia revolucionária não seja capaz de dar início a empresas de sucesso. Mas isso só ocorre quando o empreendedor por trás da ideia conhece o mercado no qual atua, tem visão de negócio e sabe ser pragmático no momento adequado, identificando suas deficiências, protegendo sua ideia[1] e conhecendo a concorrência.

Se você tem uma ideia que acredita ser interessante e que pode se transformar em um negócio de sucesso, pergunte a si mesmo e a seus sócios: "Quais são os clientes que comprarão o produto ou o serviço de sua empresa?"; "Qual o tamanho atual do mercado em reais e em número de clientes?"; "O mercado está em crescimento, estável ou estagnando?"; "Quem atende a esses clientes atualmente, ou seja, quem são os concorrentes?". Se você e seus sócios não conseguirem responder a essas perguntas básicas iniciais com dados concretos, vocês têm apenas uma ideia, não uma oportunidade de mercado.

● Ideia certa no momento errado

Outro fator que deve ser considerado é o *timing* da ideia (momento em que a ideia foi gerada). Principalmente em empresas de base tecnológica, como no caso dos jovens da empresa de *software*, o *timing* é crucial, pois a tecnologia evolui muito rapidamente e, com isso, o ciclo de vida de produtos de base tecnológica é cada vez mais curto, exigindo ainda maior inovação e agilidade das empresas para se manterem competitivas no mercado. Dependendo da finalidade, de nada adianta o empreendedor ter uma ideia criativa de um *software* que rode apenas no ambiente Windows© ou Linux, caso os usuários finais necessitem de mobilidade (será possível executar o aplicativo em um aparelho celular com sistema operacional Android ou no iPhone, em *tablets* ou computadores de mão?). E o acesso à internet rápida, como influenciará nos recursos que poderão ser disponibilizados ao usuário final?

Existem, porém, alguns mercados que evoluem em menor velocidade que os de alta tecnologia, e o que mais importa nesses casos é o serviço prestado aos clientes. Esse é o caso do mercado de turismo no Brasil, ainda pouco explorado, apesar das grandes expectativas para os próximos anos, em virtude da Copa do Mundo de Futebol e das Olimpíadas. Um negócio bem estruturado para esse nicho de mercado pode alcançar bastante sucesso rapidamente. O Brasil não tem tradição de receber muitos turistas estrangeiros, apesar de suas belezas naturais, se comparado com outros países de apelo turístico. Aí está uma oportunidade de mercado espetacular,

---

[1] No Capítulo 9, serão apresentadas as formas de proteger uma boa ideia pelo registro de marcas e patentes.

Identificando oportunidades – Parte I

que depende mais de criatividade e excelência nos serviços prestados que de qualquer outro aspecto para ser bem aproveitada.[2]

● A experiência no ramo como diferencial

Finalmente, um dos fatos que ocorrem com grande frequência é o candidato a empreendedor ter uma ideia brilhante dirigida a um mercado que ele conhece muito pouco, um ramo no qual nunca atuou profissionalmente. As chances de sucesso nesses casos são mínimas. Procure criar negócios em áreas que você conheça, nas quais já tenha alguma experiência, tenha trabalhado ou tenha sócios que já trabalharam. Não arrisque tudo em negócios cuja dinâmica do mercado e cuja forma operacional de gerir a empresa você desconheça, só porque simpatiza com o assunto ou porque é uma área na qual poderá fazer muito dinheiro. Lembre-se de que, em primeiro lugar, vem a paixão pelo negócio; ganhar dinheiro é consequência. Os jovens empreendedores tendem a arriscar tudo por negócios com alto potencial de lucro, pois acham que ganhar dinheiro é o objetivo principal, a despeito do tipo de negócio. Quando ficam mais experientes, percebem que estavam errados e que só serão bem-sucedidos se atuarem em algo de que realmente gostem e com o qual se sintam satisfeitos. Dois exemplos reais são apresentados a seguir. O primeiro refere-se a um jovem ambicioso que estudava engenharia e falava para os amigos que seu objetivo de vida era ganhar dinheiro, independentemente do negócio, desde que fosse lícito.

> Esse jovem repetia aos amigos que, se necessário, venderia coco na praia, desde que ganhasse muito dinheiro com isso. O jovem se graduou em engenharia, montou um negócio próprio com outros colegas e fracassou. Foi, então, trabalhar como funcionário de uma empresa multinacional na área em que havia se graduado na faculdade. Percebeu que realmente não tinha nascido para ser empregado e que possuía as características de um empreendedor, mas o fracasso do primeiro negócio o perseguia, mostrando que deveria planejar muito bem a próxima aventura empreendedora para não repetir a experiência malsucedida do passado. Nesse momento, ele começou a perceber que deveria se envolver com algo de que realmente gostasse e com o qual tivesse prazer de trabalhar por horas, com motivação e dedicação. Planejou todos os passos seguintes, capacitando-se na área em que pretendia atuar no futuro. Durante dois anos, fez-se conhecido no meio em que atuaria, prestando alguns

---

[2] Para conhecer mais a respeito das oportunidades no setor de turismo no Brasil e ter acesso a um plano de negócios completo e gratuito de uma empresa *web* focada no turismo, consulte o livro *Plano de negócio – Seu guia definitivo*, de José Dornelas. Informações em *www.josedornelas.com.br.*

51

serviços a clientes-chave. Quando percebeu que era o momento adequado, elaborou um plano de negócios exemplar e iniciou seu negócio de consultoria em gestão para pequenas empresas, tornando-se bem-sucedido, reconhecido e, principalmente, realizado profissional e pessoalmente.

O outro exemplo, na verdade, é mais uma reflexão e um alerta àqueles que, no desespero, jogam tudo para o ar e acabam com todo um histórico profissional construído com muito esforço.

Trata-se de uma jovem e competente pesquisadora na área de novos materiais, graduada e pós-graduada nas melhores universidades do país, com passagem por importantes universidades e centros de pesquisa do exterior. Essa jovem, após ter passado por anos de estudo, especializando-se em uma área na qual poucos detêm conhecimento no Brasil, desiludiu-se com a profissão, pois "fazer pesquisa no Brasil não proporciona um futuro promissor e não dá dinheiro". Mais uma vez, a questão da desilusão foi o dinheiro. Realmente, os pesquisadores brasileiros não são reconhecidos e remunerados como deveriam. No entanto, em sua maioria, aqueles que se destacam em suas áreas de atuação são felizes e realizados, mas não pelo dinheiro que ganham, mas pelas descobertas que fazem. A jovem decidiu partir para a área de consultoria, na qual jamais atuara. O fim da história, todos já devem estar imaginando...

Esses exemplos procuram retratar casos comuns, que ocorrem com muitos pretensos empreendedores insatisfeitos com o trabalho que fazem e com o estilo de vida que levam. O que deve ficar claro é que o empreendedor deve pensar muito bem em que vida quer levar, projetar mentalmente as dificuldades pelas quais passará e se questionar se está disposto a encarar o desafio. Deve ainda planejar bem os passos a serem dados e estar capacitado para atuar na área pretendida, fazendo cursos, participando de eventos, treinamentos, feiras etc., com a certeza de que conhece o solo no qual está pisando.

● Fontes de novas ideias

Muitas pessoas se queixam da falta de criatividade e de boas ideias, de que trabalham muito e não são reconhecidas, acomodando-se e aceitando esse fato como normal. Os empreendedores de sucesso são diferentes: estão sempre atrás de novas ideias de negócio e de verdadeiras oportunidades de mercado, atentos a tudo que ocorre à sua volta. São curiosos e questionadores e não aceitam a primeira explicação para os fatos ocorridos. Será que, por isso, são criativos e identificam mais oportunidades que as

Identificando oportunidades – Parte I

demais pessoas? Ou será o fato de sempre estarem em busca de novas oportunidades que os levam ao encontro das mesmas? Na verdade, existe um pouco de cada. Novas ideias só surgem quando a mente está aberta para isso, ou seja, quando está preparada para experiências novas. Assim, qualquer fonte de informação pode ser um ponto de partida para novas ideias e identificação de oportunidades de mercado.

Informação é a base de novas ideias. Estar bem-informado é o dever de qualquer empreendedor. Atualmente, a informação está ao alcance de qualquer pessoa, em diversas formas e veículos diferentes: televisão, rádio, revistas, jornais, livros, internet, outras pessoas, a própria empresa, fornecedores, compradores, entidades de classe, governo, entre outros. Só não se informa quem não quer. O difícil é selecionar a informação relevante, que realmente importa. As pessoas tendem a dar mais importância àquilo de que mais gostam, e excluem ou não percebem potenciais oportunidades em seções de jornais que não leem, programas de televisão aos quais não assistem, *sites* que não acessam... Isso é natural. Mas o empreendedor curioso e criativo sempre está à procura de novas oportunidades e atento ao que ocorre à sua volta.

Apesar de existirem muitas fontes de informação, identificar uma nova oportunidade pode não ser fácil. No entanto, existem algumas dicas que auxiliam o empreendedor nessa tarefa. Uma das mais conhecidas formas de estimular a criatividade e a geração de novas ideias é o método de *brainstorming* (tradução literal: tempestade cerebral), que se baseia no fato de as pessoas serem estimuladas a gerar novas ideias quando estão reunidas em grupo. Para não se perder, o grupo define algumas regras básicas, mas sempre evita ceifar a criatividade dos demais. Ao final, muito não é aproveitado, mas geralmente surgem novas formas de produção, soluções mais simples para determinado problema, concepçoes de novos produtos etc. Para estruturar o *brainstorming*, aconselham-se as seguintes regras:

1. Ninguém pode criticar outras pessoas do grupo, e todos são livres para expor as ideias que vierem à cabeça, mesmo que, aparentemente, pareçam absurdas.

2. Quanto mais rodadas entre os participantes melhor, pois serão geradas mais ideias. Sempre, em cada rodada, todos os participantes devem dar uma ideia a respeito do tópico em discussão.

3. Podem-se dar sugestões baseadas em ideias anteriores de outras pessoas. Essas combinações são bem-vindas e podem gerar bons resultados.

4. A sessão deve ser divertida, sem o domínio de qualquer participante. Apenas deve ser garantido que todos participem, sem restrições.

Existem outras formas e técnicas para gerar ideias, mas um requisito básico é o empreendedor ter a mente estimulada e estar preparado e "antenado" para o que ocorre no ambiente no qual vive. Exemplos são apresentados a seguir.

- Conversar com pessoas de todos os níveis sociais e idade (de adolescentes aos mais velhos e experientes), sobre os mais variados temas, também pode trazer novas ideias de produtos e serviços em determinado nicho de mercado.
- Pesquisar novas patentes e licenciamentos de produtos, em áreas nas quais o empreendedor tenha a intenção de atuar com um novo negócio, pode produzir interessantes conclusões, que definirão a estratégia da empresa.
- Estar atento aos acontecimentos sociais de sua região, tendências, preferências da população, mudanças no estilo e padrão de vida das pessoas e hábitos dos jovens (futuros e até atuais consumidores para determinados produtos e serviços) e dos mais velhos (mercado promissor e em crescente ascensão em virtude do aumento da expectativa de vida da população).
- Visitar institutos de pesquisa, universidades, feiras de negócios, empresas etc.
- Participar de conferências e congressos da área, ir a reuniões e eventos de entidades de classe e associações.

Enfim, o que o empreendedor deve fazer para estimular a sua criatividade e gerar novas ideias é observar tudo e todos, de forma dinâmica, sem se preocupar, em um primeiro momento, se uma ideia é viável ou não, ou seja, se ele tem ou não uma boa oportunidade nas mãos. Essa análise deve ser feita em uma segunda etapa, após a seleção natural de várias ideias (baseada no *feeling* do empreendedor e de quanto ele se identificou com cada ideia). Nessa segunda etapa, alguns critérios mais racionais de negócio devem ser utilizados, como será apresentado a seguir.

● Avaliando uma oportunidade

Saber se uma oportunidade realmente é tentadora não é fácil, pois estão envolvidos vários fatores, entre eles o conhecimento do assunto ou o ramo de atividade em que a oportunidade está inserida, seu mercado, os diferenciais competitivos do produto/serviço para a empresa etc. Antes de partir para análises estratégicas e financeiras detalhadas, definição de processos de produção, identificação de necessidades de recursos financeiros

Identificando oportunidades – Parte I

e pessoais, ou seja, antes da concepção de um plano de negócios completo, o empreendedor deve avaliar a oportunidade que tem em mãos, para evitar despender tempo e recursos em uma ideia que talvez não agregue tanto valor ao negócio nascente ou já criado. Resumindo, o empreendedor não deve colocar a "carroça na frente dos bois" e deve focalizar a oportunidade correta. Mas como identificar e selecionar a melhor oportunidade?

Qualquer oportunidade deve ser analisada, pelo menos, sob os seguintes aspectos:

1. A qual mercado ela atende?
2. Qual o retorno econômico que ela proporcionará?
3. Quais são as vantagens competitivas que ela trará ao negócio?
4. Qual é a equipe que transformará essa oportunidade em negócio?
5. Até que ponto o empreendedor está comprometido com o negócio?

A Figura 3.1 sugere um guia com alguns aspectos principais aos quais o empreendedor deve estar atento na avaliação de uma oportunidade. Os critérios possibilitam uma análise quantitativa do grau de atratividade da oportunidade em relação ao mercado, questões de análise econômica, vantagem competitiva, habilidades e experiência das pessoas envolvidas com o negócio. Não existe uma regra para definir se a oportunidade é boa ou ruim; mas, a partir desse guia, o empreendedor poderá tirar suas conclusões e continuar ou não a explorar a oportunidade identificada.

Mercado

Os mercados de maior potencial e que possam trazer escalabilidade (bom potencial de crescimento e boa capilaridade) são os mais atrativos para a criação de novos negócios, pois possibilitam o crescimento rápido na participação do produto ou serviço e o estabelecimento de uma marca forte, já que há demanda por parte dos consumidores. Demais aspectos a serem considerados referem-se à concorrência, que, em mercados em crescimento, também busca seu espaço, não havendo predominância de um ou outro concorrente, mas oportunidades para empresas criativas e bem planejadas atingirem o sucesso rapidamente. Há ainda a possibilidade de retornos significativos sobre o investido e a possibilidade clara de atingir a liderança do mercado, conquistando os consumidores, nos casos em que os concorrentes se encontram em um mesmo patamar inicial, sem muitos diferenciais competitivos. Uma estratégia acertada pode colocar a empresa rapidamente à frente dos demais competidores, com seus produtos e serviços ganhando a preferência dos clientes.

Deve-se atentar ainda para a estrutura desse mercado, mais especificamente para as seguintes características: o número de competidores; o alcance (capilaridade) dos canais de distribuição desses mesmos competidores; os tipos de produtos e serviços que se encontram no mercado; o potencial de compradores (número de clientes potenciais e quanto consomem, com que periodicidade, onde costumam comprar, quando e como); as políticas de preços dos concorrentes etc.

| | Atratividade | |
Critério	Alto potencial	Baixo potencial
Mercado		
Necessidades dos clientes	Identificadas, receptivas, atingíveis	Sem foco, leal a outros produtos
Valor gerado aos usuários	Alto	Baixo
Ciclo de vida do produto/serviço	Período que permite recuperar investimento e obter lucro	Muito rápido e não permite recuperar investimento e obter lucro
Estrutura do mercado	Competição não consolidada ou mercado emergente	Competição consolidada ou mercado maduro, ou ainda mercado em declínio
Tamanho do mercado	Vendas acima de R$ 50 milhões anuais e poucos *players*	Desconhecido ou com vendas menores que R$ 10 milhões anuais
Taxa de crescimento do mercado	30% a 50% ao ano ou mais	Menor que 10% ao ano ou decrescendo
Participação possível no mercado	Ser líder; 20% ou mais	Menor que 5%
Análise econômica		
Lucros depois de impostos	10% a 15% ou mais, com perspectiva duradoura	Menor que 5%, frágil
Tempo para: ponto de equilíbrio fluxo de caixa positivo	Menos de 2 anos Menos de 2 anos	Mais que 3 anos Mais que 3 anos
Retorno potencial sobre o investimento	25% ao ano ou mais	15% a 20% ou menos
Necessidade de capital inicial	Baixa a moderada	Altos investimentos

(*Continua*)

Identificando oportunidades – Parte I

3

(*Continuação*)

Critério	Atratividade	
	Alto potencial	**Baixo potencial**
Vantagens competitivas		
Custos fixos e variáveis		
Produção	Menores	Maiores
Marketing	Menores	Maiores
Distribuição	Menores	Maiores
Grau de controle		
Preços	Moderado a forte	Fraco
Custos	Moderado a forte	Fraco
Cadeia de fornecedores	Moderado a forte	Fraco
Cadeia de distribuição	Moderado a forte	Fraco
Barreiras de entrada:		
alguma regulamentação a favor	Possui ou pode conseguir	Nenhuma
vantagem tecnológica	Possui ou pode conseguir	Nenhuma
vantagem contratual/legal	Possui ou pode conseguir	Nenhuma
redes de contato estabelecidas	Bem desenvolvidas	Limitadas; inacessíveis
Equipe gerencial		
Pessoas da equipe	Experientes, competência comprovada	Inexperientes, nunca dirigiram negócio parecido
Formação das pessoas	Multidisciplinar: habilidades complementares	Todos com a mesma formação e características
Envolvimento com o negócio	Paixão pelo que fazem	Apenas interesse financeiro (remuneração, benefícios etc.)

Figura 3.1 Critérios para avaliar oportunidades (adaptado de Timmons, 1994 e 2010).

Análise econômica

É importante que se faça uma criteriosa análise das reais possibilidades de retorno econômico do empreendimento, pois não adianta simplesmente ser líder de mercado se o retorno financeiro não compensar o esforço empreendido. Às vezes, é preferível ser segundo ou terceiro em outro mercado que lhe traga mais compensação financeira que ser líder em um mercado com estrutura cara, altos custos de manutenção e pequenos lucros.

Normalmente, quando se analisa o retorno financeiro sobre o investimento, devem-se tomar algumas referências comparativas para se chegar à conclusão de implementar ou não o negócio. Nesses casos, toma-se como referência o mercado financeiro, no qual atualmente podem-se obter retornos com moderado grau de risco, da ordem de 10% anuais no Brasil. A decisão de investir em negócios que proporcionam retornos menores fica, então, prejudicada, o que não significa que o mercado sob

57

análise seja decadente. Talvez o empreendedor tenha de rever a estrutura da empresa e seus custos, otimizar seus processos produtivos, as projeções de vendas, entre outros.

Deve ser igualmente analisado o lucro final do empreendimento. Muitos negócios são criados em mercados de alta competitividade e até proporcionam receitas consideráveis no final do mês, o que geralmente não significa altos lucros. Um caso clássico são os postos de combustíveis, que já foram negócios muito lucrativos no passado, mas, atualmente, as margens são mínimas, a concorrência é muito forte, e o gerenciamento eficaz desse tipo de empreendimento se faz cada vez mais necessário. Uma alternativa que muitos proprietários de postos de combustíveis têm adotado para se diferenciar no mercado é complementar seus serviços com lojas de conveniência, que correspondem, em muitos casos, a uma parcela significativa do lucro total dos postos.

Quando se fala em ponto de equilíbrio, fluxo de caixa positivo e prazo de retorno do investimento, para muitos pequenos empresários, está-se falando em conceitos muito complicados, mas não deveria ser assim. Esses conceitos são a base para a tomada de decisão quando se efetua uma análise de viabilidade de um empreendimento. Muitos empresários até conseguem obter o ponto de equilíbrio com base em sua experiência e na comparação entre receita e custos. Para muitos, porém, falar em fluxo de caixa é o mesmo que falar em lucro, o que está errado. Um negócio pode até dar lucro no final de um mês, meses e até de um ano, mas pode estar falindo também. É que, geralmente, o empresário tem uma visão pontual e momentânea da situação e não coloca em seus cálculos as saídas futuras de caixa para arcar com compromissos assumidos com fornecedores, bancos, folha de pagamento etc. Por isso, ao analisar o saldo em caixa no banco, imagina que o negócio esteja sendo lucrativo.

Deve-se ainda considerar o montante necessário para iniciar o negócio, ou seja, o investimento inicial. O fluxo de caixa positivo só ocorrerá quando a empresa retornar o investimento inicial e estiver andando com as "próprias pernas", ou seja, quando a empresa puder evoluir sem a necessidade de reinvestimentos externos maciços. A quantidade de investimento inicial pode determinar se o empreendedor terá condições de começar ou não o negócio. Um negócio de alta tecnologia geralmente demanda altos investimentos iniciais para a compra de equipamentos sofisticados e matéria-prima, geralmente importada, bem como para a contratação de profissionais especialistas, que devem ser bem-remunerados. Nesses casos, a figura do capitalista de risco é importante, já que o empreendedor

Identificando oportunidades – Parte I

normalmente não possui os recursos financeiros necessários para iniciar o negócio. Em contrapartida, as possibilidades de altos lucros e rápido retorno do investimento são grandes, assim como os riscos envolvidos. Já uma empresa *startup* na internet geralmente começa com investimentos mínimos e pode se tornar um grande sucesso. Não é à toa que os jovens buscam criar esse tipo de empresa, sem depender de muita ajuda alheia ou com as próprias economias, com a esperança de rapidamente atingir o sucesso como empreendedores. Mas, na prática, não é simples, pois todo negócio depende de inúmeros fatores para obter sucesso.

A decisão de investir muito dinheiro em negócios que proporcionam pouco retorno e demoram alguns anos para recuperar o investimento inicial pode ser considerada uma decisão errada. Entretanto, o caso das franquias de restaurantes é um bom exemplo que nega a regra. O potencial de retorno de uma unidade isoladamente é limitado ao espaço físico disponível, ao fluxo de pessoas que passam pelo restaurante diariamente e à concorrência da vizinhança. No entanto, quando se criam franquias do restaurante inicial, as possibilidades são ilimitadas, pois se cria escalabilidade para o negócio. Em qualquer área, quando se usa a criatividade, é possível obter um grande negócio, sempre com possibilidades de crescimento e retornos consideráveis.

Vantagens competitivas

Vantagens competitivas estão necessariamente ligadas a diferenciais que proporcionam um ganho para o consumidor. Isso pode ocorrer por meio de um custo menor de produção, de estruturas enxutas e de criatividade no processo de obtenção do produto, que, por fim, levam a um produto ou serviço de menor custo e, consequentemente, de menor preço final. Nesse caso, o diferencial é o menor custo. No entanto, a empresa pode deter um conhecimento de mercado muito superior à concorrência, o que lhe permite monitorar e controlar as tendências desse mercado, antecipando-se aos competidores e sempre trazendo novidades que atendam aos anseios dos consumidores, estabelecendo sua marca e fortalecendo sua presença na mente dos clientes.

Uma empresa líder de mercado, com participações muito acima dos demais concorrentes, por exemplo, 40%, 60% ou mais, geralmente consegue determinar as prioridades dos fornecedores e distribuidores, exercendo pressão sobre eles e impedindo que a concorrência tenha acesso às mesmas regalias da líder. Essa é uma prática comum em mercados nos quais uma única empresa é responsável por mais de 50% do mercado. Nesses casos, os demais competidores tendem a ser mais criativos e inovadores que a líder, pois buscam alternativas para conquistar mais uma fatia do mercado.

As barreiras de entrada para novos competidores e até para os competidores atuais constituem uma grande vantagem competitiva que a empresa deve saber aproveitar. Uma regulamentação governamental, uma concessão, um contrato de longo prazo com um grande comprador, acordos com fornecedores e distribuidores, são exemplos de barreiras de entrada que deixam a empresa em situação cômoda perante a concorrência, pois está protegida dos competidores. Uma patente de um produto de alta tecnologia também é outro exemplo, pois os concorrentes desenvolvem um produto melhor, com base em outra tecnologia, o que não é simples, ou pagam *royalties* ao detentor da patente.

Equipe gerencial

Se você perguntar a qualquer capitalista de risco qual é a principal característica que ele analisa em um negócio sendo criado, com certeza a resposta será: a equipe gerencial. De nada adianta identificar uma oportunidade, criar um protótipo de um produto, o mercado ser espetacular e promissor, o empreendedor ter desenvolvido um bom plano de negócios, se ele e sua equipe não estiverem à altura do negócio criado. A experiência prévia no ramo conta muito, pois pode evitar muitos erros e gastos desnecessários, bem como agregar um conhecimento singular ao negócio.

Outro fator que deve ser considerado é a formação da equipe. Se os membros da equipe tiverem formação eclética, multidisciplinar, será um grande diferencial, pois, nesse caso, ela será composta por perfis com habilidades complementares. Mas de nada adianta a equipe ter todas essas características se as pessoas estiverem no negócio apenas em busca das compensações financeiras, sem paixão e orgulho pelo que estão fazendo, ou seja, sem comprometimento. Nesse caso, o rendimento não será o mesmo, o envolvimento poderá ser superficial e não haverá muita preocupação com a utilização dos recursos disponíveis.

Critérios pessoais

Procure identificar-se com a ideia e a oportunidade de negócio. Algumas perguntas cabem nesse caso: "Você está disposto a largar o emprego atual para encarar o desafio, mesmo sabendo que pode ficar anos sem receber uma remuneração compatível com a que recebia antes, os mesmos benefícios e regalias?"; "Essa é a oportunidade de sua vida?"; "Você se vê trabalhando nesse ramo de negócios e explorando essa oportunidade daqui a cinco, dez ou 15 anos?"; "Sua família o apoia nessa iniciativa?"; "Você está disposto a se desfazer de bens pessoais para investir nessa ideia?"; "Você conhece pessoas que fizeram algo semelhante e já conversou com elas a respeito?".

No caso de você já ser empreendedor e de a oportunidade significar uma mudança nos rumos de sua empresa: "Você já apresentou a ideia aos atuais clientes e fornecedores?"; "Já discutiu com os demais membros da empresa?"; "Você realmente acredita que essa oportunidade seja a melhor opção?". Enfim, procure evitar que o entusiasmo sobressaia em relação à análise crítica do negócio. Caso as análises anteriores (Figura 3.1) sejam positivas, procure entender o que diz seu *feeling* e o de seu conselheiro, caso tenha um, a respeito do assunto.

● Um roteiro para a análise de oportunidades

Existe ainda um roteiro básico, conhecido como 3Ms, que serve para auxiliar o empreendedor a analisar o potencial da oportunidade, que complementa a análise feita a partir da Figura 3.1 e que pode ser aplicado antes ou depois dos critérios listados nela. Recomenda-se que ambos sejam aplicados a qualquer ideia para saber se, primeiro, trata-se de uma oportunidade e, segundo, quais oportunidades são as mais interessantes.

Os 3Ms são definidos como "Demanda de **M**ercado", "Tamanho e Estrutura do **M**ercado" e "Análise de **M**argem" (DORNELAS, 2020).

Ao analisar o primeiro "M", Demanda de Mercado, o empreendedor deve procurar responder às seguintes perguntas:

- Qual é a audiência-alvo?
- Qual é a durabilidade do produto/serviço no mercado (ciclo de vida)?
- Os clientes estão acessíveis (canais)?
- Como os clientes veem o relacionamento com a minha empresa (valor agregado)?
- O potencial de crescimento deste mercado é alto (exemplo: maior que 10, 15 ou 20% anuais)?
- O custo de captação do cliente é recuperável a curto prazo (exemplo: menor do que um ano)?

O segundo "M", Tamanho e Estrutura do Mercado, está relacionado com outras questões críticas, listadas a seguir:

- O mercado está crescendo, é emergente? É fragmentado?
- Existem barreiras proprietárias de entrada ou excessivos custos de saída? Você tem estratégias para transpor essas barreiras?
- Quantos competidores/empresas-chave estão no mercado? Eles controlam a propriedade intelectual?
- Em que estágio do ciclo de vida está o produto (o risco depende também do ciclo de vida e maturidade do produto)?
- Qual é o tamanho do mercado em reais e o potencial para se conseguir uma boa participação de mercado?
- E o setor, como está estruturado?
  - Análise do poder dos fornecedores.
  - Análise do poder dos compradores.
  - Análise do poder dos competidores.
  - Análise do poder dos substitutos.
- Como a indústria (setor no qual sua empresa atua/atuará) está segmentada, quais são as tendências, que eventos influenciam os cenários?

Finalmente, ao "M" de Análise de Margem, aplicam-se às seguintes questões e atividades:

- Determine as forças do negócio.
- Identifique as possibilidades de lucros (exemplo: margem bruta maior que 20, 30 e 40%).
- Analise os custos (necessidades de capital), *breakeven* (ponto de equilíbrio), retornos etc.
- Mapeie a cadeia de valor do negócio.
- Para isso, procure saber como seu produto/serviço chega até o cliente final.

Isso o ajudará a entender sua cadeia de valor e a de seus competidores e lhe permitirá tomar decisões e implementar ações voltadas para resultados, como:

- Cortar custos.

Identificando oportunidades – Parte I

- Remodelar os processos internos.
- Atingir maiores margens.

Os 3Ms são abrangentes e envolvem questões críticas que, se respondidas e bem entendidas, com certeza serão úteis na avaliação e seleção das melhores oportunidades para serem desenvolvidas e capitalizadas pelo empreendedor. É sempre interessante fazer um *checklist* final. Aliás, aconselha-se sua aplicação logo no início da avaliação, quando se está formatando a oportunidade. As questões são simples, porém as respostas nem sempre são fáceis de se obter.

Checklist final de avaliação de oportunidades

☐ Existe um problema a ser resolvido?
☐ Existe um produto ou serviço que solucionará esse problema?
☐ É possível identificar com clareza os potenciais clientes?
☐ Será possível implantar efetivamente uma estratégia de marketing/vendas exequível (custo/retorno)?
☐ A janela da oportunidade está aberta?

Após selecionar as principais oportunidades e verificar se estão adequadas às competências-chave de sua empresa e equipe, o empreendedor deverá partir para o planejamento da implementação do negócio. O plano de negócios acaba sendo a melhor ferramenta para essa finalidade. Os conceitos que envolvem o plano de negócios, estruturas mais usuais, modelos, sua preparação e as várias utilidades do plano de negócios serão discutidos nos Capítulos 5 e 6.

Resumo do capítulo

Neste capítulo, foram abordados os tópicos referentes ao surgimento de novas ideias e até que ponto elas podem se tornar oportunidades reais de negócio. Uma das principais queixas dos empreendedores – a falta de criatividade – também foi analisada de forma direta, com sugestões de fontes de novas ideias e o estímulo da criatividade nas pessoas. A análise das oportunidades identificadas, com alguns critérios sugeridos e um roteiro prático a ser seguido, é uma forma de medir o grau de atratividade da oportunidade e o quanto ela pode agregar ao negócio. Finalmente, o empreendedor deve saber responder a si próprio qual o significado da oportunidade, antes de partir para o detalhamento de um plano de negócios completo.

● Questões para discussão

1. Se um amigo o abordasse com uma **ideia espetacular** para montar um novo negócio e ganhar muito dinheiro, convidando você para sócio, qual seria sua atitude? Supondo que você estivesse atrás de alguma ideia para um novo negócio, quais passos você adotaria para chegar a uma decisão final?

2. Reúna um grupo de pessoas (sugestão: cinco a oito) que convivam com você, em seu bairro, cidade ou região, e selecionem um problema antigo da comunidade que todos anseiam ver solucionado. Desenvolvam uma sessão de *brainstorming* visando chegar a possíveis soluções para o problema. Discutam o resultado final e identifiquem as soluções mais criativas. Alguém detectou alguma oportunidade de negócio durante o exercício?

3. Você conhece algum exemplo de ideia inovadora que não se tornou boa oportunidade de negócio? Por que você acredita que isso tenha ocorrido? Discuta o assunto com seus colegas.

Identificando oportunidades – Parte I

Estudo de caso 1

O empreendedor que lidera o mercado da América Latina com serviços de tecnologia para transformação digital – Fábio Câmara, da FCamara

Fábio sempre foi sonhador, e daqueles que pensam grande, algo típico de empreendedores que fazem acontecer e deixam um legado de realizações... *"Desde muito pequeno eu sonhava em montar coisas grandes. Eu vim de um berço familiar falido, pobre de tudo – principalmente de exemplos e modelos para me ensinar –, e tive que ter um grande desafio na vida para me provocar uma profunda reflexão e revisão. Aos trinta e poucos anos de idade, ao ter a consciência que eu tinha um filho autista e que tudo que eu tinha acreditado até aquele dia era um castelo de areia, decidi jogar todas as minhas certezas no lixo e começar uma busca desesperada por novos modelos, novos princípios e novos valores. A necessidade de condições para investimento no meu filho, somada ao meu sonho de construir alguma história, me impulsionaram para uma jornada sem volta. Ou eu consigo ou eu consigo, está nas minhas mãos... foi o que pensei."*

Sua história empreendedora foi sendo construída passo a passo, com aprendizado, observação e a "escolha" de quem ele chamou de guru, ou o seu grande modelo de referência. *"Meu grande guru foi um italiano chamado Antonio Meneghetti. Um homem plural e que parecia para mim a reencarnação do Leonardo da Vinci, de tantas coisas que ele fazia e ensinava. Aprendi demais com seus livros, palestras e algumas poucas consultorias e mentorias que ele me deu. Escolhi e qualifiquei muitos outros empreendedores para me inspirarem, por exemplo, o Silvio Santos – o melhor comunicador do Brasil –, o Abílio Diniz, entre outros. Também me responsabilizei em aprender com líderes próximos, chefes e/ou amigos que tive na Microsoft, na CRK, na Stefanini, na Tele Bahia e outras empresas por onde passei antes de ser empreendedor. Ainda hoje estou sempre alerta para qualificar e renovar as pessoas que me inspiram."*

Da família, vem a admiração pelo esforço da mãe em prover as condições mínimas para o sustento de todos. *"Meu pai abandonou a minha mãe e dois filhos quando éramos pequenos. Minha mãe foi costureira e depois cabeleireira. Era uma empreendedora, pois trabalhava como autônoma e tinha que correr atrás. Ou trabalhava ou passava necessidades... uma realidade empreendedora da maioria dos brasileiros! Porém, ela era muito desorganizada. Apesar de construir, através de privações, uma pequena caderneta de poupança, ela sempre estava gastando contra ela mesma. Como a maioria dos brasileiros, ela sempre esperou por um messias, alguém que vai liderá-la e organizá-la. Implicitamente, aprendi muito com tudo isso, principalmente uma regra da natureza que diz: o organizado organiza o menos organizado; logo entendi que eu precisava ser mais organizado que ela."*

Atento às oportunidades, Fábio viu em sua profissão de programador de computadores, logo no início da vida profissional, algo muito além de uma maneira de ser bem remunerado em um emprego formal. A necessidade de suprir as necessidades da família e o ímpeto de vencer o levaram a criar o primeiro negócio. *"Eu era um freelancer ao mesmo tempo em que tinha meu trabalho registrado. Vendia treinamentos e pequenos sistemas que eu desenvolvia depois do horário de trabalho, escrevia artigos e livros, e fazia quaisquer coisas que pudessem me gerar renda extra ou visibilidade para alcançar pequenos novos clientes. Montei uma espécie de cardápio com opções de cursos incomuns para a época baseado em assuntos ultraespecíficos da ciência da computação. Eram subdisciplinas importantes, porém menos populares ou muito novas na ciência. Ofereci para os amigos próximos com um desconto de 50%, pois eles seriam cobaias da iniciativa. Dois toparam e assim comecei minha jornada, vendendo treinamentos, pequenos workshops e mentoria."*

Havia o dilema – muito comum a muita gente que decide empreender – entre manter o trabalho formal ou dedicar-se ao empreendedorismo, mas que Fábio soube gerir com desenvoltura, haja vista os desafios familiares que enfrentava... *"Meu salário era o 'certo', era o valor que eu podia comprometer com meus custos fixos. O que eu ganhava 'por fora' me proporcionava algumas despesas mais supérfluas e os meus investimentos. Em diversos momentos eu percebi que em determinado mês a renda extra tinha sido superior ao salário mensal, porém eu tinha receio de largar o 'certo' para me lançar totalmente no 'duvidoso'. Até que compreendi que eu estava com um gigantesco desafio: um filho com uma doença incurável e com pouca expectativa de autonomia e qualidade de vida. Um projeto assustador, vitalício para mim e para ele, com pouco histórico de sucesso. E diante de tanta tristeza, arrumando forças não tenho a menor ideia vindas de onde, percebi que eu precisava muito investir o máximo que eu conseguisse para mudar as chances dele. Assim nasceu a certeza para eu criar minha primeira empresa."*

Identificando oportunidades – Parte I

Naquele momento desafiador para a sua vida, assustado com tudo que estava acontecendo ao seu redor, Fábio percebeu que se tratava, na verdade, do grande impulso que ele precisava para seguir em frente. *"Talvez se eu não tivesse esta grande oportunidade com o meu filho, hoje eu poderia ser um executivo de alguma multinacional, ou um professor, ou um programador como eu gostava de ser. Eu acredito que na vida não existe uma fronteira bem estabelecida entre o profissional e o pessoal: são a mesma coisa. O indivíduo é um só e tudo se mistura o tempo todo. Ser bem-sucedido é saber lidar com ambos os lados em equilíbrio, harmonizando com todas as relações que nos cercam (as familiares, as pessoais e as profissionais). Se você administra diferentemente as relações, você não será bem-sucedido, pois todas são importantes."*

Fábio não se limitou à iniciativa e ao trabalho árduo para vencer, e reconhece que mesmo em áreas nas quais muitos empreendedores abdicam de um diploma formal, a convivência com outras pessoas no ambiente universitário é fator importante para o desenvolvimento pessoal e profissional. *"Eu tive que pagar o meu curso nos últimos anos formais (na época, do primeiro ao terceiro ano do científico) e, por isso, iniciei muito tarde no curso superior. Eu já tinha 25 anos e isso foi um desafio a mais. Todos os meus colegas eram sustentados por alguém e eu não tinha ninguém para me sustentar. Os conflitos de valores e interesses com os meus colegas de turma me desmotivavam. Na minha profissão, há muito espaço para autodidatas e decidi trilhar por este caminho. Tranquei a faculdade no terceiro ano. Depois me conscientizei que isso foi um erro, pois estudar livros sozinho até me transformou num programador razoável para bom, porém me deixou totalmente inábil com relações interpessoais. Eu gostava de programar, mas detestava os usuários clientes. Eles toda hora mudam de ideia, o tempo todo... eu precisava adaptar os programas e isso parecia um ciclo infernal sem fim. Aos trinta e poucos anos, um amigo me convidou para ser aluno em um MBA, numa escola italiana chamada FOIL. Eu achava que não podia, pois eu não tinha concluído o curso superior, mas ele me explicou que era possível sim, como aluno convidado. Felizmente, fui e isso abriu demais a minha mente para tantas outras coisas, principalmente para a importância das relações com as pessoas. Estudei sobre temas empreendedores, psicologia, filosofia, economia e administração. Desde então, todos os anos, procuro algum curso rápido para fazer, tipicamente de um mês. Isso me agrega demais, renova ideias, renova possibilidades com pessoas e tantas outras coisas."*

Do desafio e medo iniciais à criação de um grupo de empresas, Fábio relembra alguns momentos marcantes que serviram de alicerce para o que construiu até então... "*Na época, me inspirei num modelo de negócio chamado 'multiplicaçã', que li no livro* A Arte do Lucro, *de Adrian Slywotzky. O frio na barriga era inevitável, entretanto não demorei para compreender que esse frio iria me acompanhar em toda minha jornada empreendedora. Lembro-me ainda do primeiro dia do primeiro negócio, quando bateu um medo, que com a interação com os alunos foi desaparecendo. No final do treinamento, eu estava certo de que havia feito uma boa escolha. Deste evento em diante, eu fiquei atento a tudo, qualquer coisa poderia ser uma oportunidade de um novo negócio.*" E dessa forma, o negócio foi crescendo passo a passo para um dia se tornar o que é hoje: um grupo de diversas empresas, com mais de 1.000 profissionais e se preparando para a abertura de capital em breve.

Bate-bola com Fábio Câmara

Planejamento e plano de negócios

"*Eu não tinha um plano de negócios, foram planejamentos de curto prazo. O primeiro, do cardápio de cursos, palestras, mentorias e* coaching, *tinha como prazo quatro meses. Este era o tempo que eu conseguia me manter com um endividamento bancário. Quando sobrevivi ao primeiro plano, montei um segundo de mais quatro meses convidando três amigos para trabalhar comigo. Eu não tinha como garantir o pagamento deles e então propus: eu só te pago quando e se o nosso cliente nos pagar, afinal você é tão responsável quanto eu pelo serviço; porém, se o mercado hoje te paga X, eu te pagarei X+10. Alguns não toparam, porque tinham receio de trocar o certo pelo duvidoso, mas os que vieram neste plano ganharam bastante dinheiro comigo. E assim, de planos curtos, de no máximo um ano, fomos escrevendo nossa história. Hoje somos mais complexos e, por isso, organizados. Temos governança, temos sócios investidores... mudou muito. Sinto saudades de quando planejar era mais simples e divertido.*"

A experiência malsucedida antes de ser um empreendedor vitorioso

"*Com vinte e poucos anos tentei montar uma loja de comida congelada e em seguida uma confecção de camisas de malha. Ambas as experiências foram desastrosas: diversos ensinamentos de como não fazer e meu nome negativado no Serasa com consequentes dívidas enormes para pagar nos anos seguintes. Só voltei a empreender aos trinta e poucos, após me recuperar psicológica e financeiramente deste trauma.*"

Suas forças e fraquezas

"*Forças: eu acredito que são a minha vontade, a minha curiosidade e, também, o cuidado com as relações, sendo sempre honesto com todos. Afinal, nada se conquista sozinho neste nosso planeta. Fraquezas: sou procrastinador, preciso ficar me policiando muito para não me perder em prazos. Sou preguiçoso com finanças, fujo de um Demonstrativo de Resultados vergonhosamente.*"

Sociedade

"*Já tive muitos. Sócios não são eternos, naturalmente, porém são muito válidos e funcionais, se bem escolhidos. Os meus atuais me complementam muito. Quanto mais diferentes eles são de mim, mais somam ao nosso projeto e ao nosso propósito. Eu conheço muitas piadas difamando sociedades, porém eu não estaria aqui sem a fundamental ajuda dos meus sócios. Agradeço imensamente a cada um deles, aos que não são mais meus sócios e aos atuais. Aprendo demais com todos eles. Cada um tem uma razão e uma especialidade dentro de um projeto maior, um projeto no qual não se conhece o fim exatamente. Portanto, é uma jornada juntos, é sobre acreditar em algo maior sem saber precisamente o que é. Porém, quatro coisas são muito importantes e similares em todos os meus sócios: a ética, a diplomacia nas relações, a capacidade de liderança e a vontade.*"

Investimento inicial

"*Fiz um plano de endividamento de R$ 32 mil na época, que representava quatro meses da minha sustentação (eu precisava de no mínimo R$ 8 mil por mês para pagar todos os meus custos e algumas poucas despesas). Cheguei a aprovar o crédito no banco, entretanto nunca precisei tomar o empréstimo. Desde o primeiro mês, os recursos foram surgindo. Como expliquei, não foi necessário, pois o fluxo de receitas e despesas adequou-se de maneira equilibrada.*"

O desafio da conquista do primeiro cliente

"*Meu primeiro cliente foi um ex-patrão. É sempre onde a gente tem boas relações que as oportunidades são férteis. Se eu começasse de novo, faria o mesmo caminho.*"

Momento crítico

"Minha inexperiência administrativa para as questões fiscais não demorou muito para mostrar suas punições. Tomei diversas multas ao longo dos primeiros seis anos porque eu era displicente e delegava esta responsabilidade para contadores e gestores financeiros. Depois percebi que, ao final, a responsabilidade é sempre minha (ou dos meus sócios juntos)."

Momento de maior satisfação

"São muitos, mas vou citar o primeiro. Foi quando a minha empresa — tão pequena na época — foi contratada pelo gigante Walmart para um projeto de e-commerce e conseguimos colocar tudo em funcionamento dentro do prazo e com a qualidade esperada. Até hoje considero que isso foi para mim um divisor de águas entre uma aventura empresarial e uma empresa feita para vencer. Naquele dia eu tive ainda mais certeza que este era o meu projeto!"

Prós e contras de ser empreendedor

"Empreender é uma paixão; é um prazer enorme. É ajudar a tantos que somam ao projeto, é servir a tantos que confiam em te contratar etc. Ser empreendedor é acordar primeiro e dormir por último; e achar isso ótimo. É conquistar a liberdade para criar, se reinventar, fugir de padrões e afins. O lado negativo é ser perseguido pela mentalidade de pessoas que nos veem como um explorador de pobres trabalhadores."

Carreira de empreendedor e convívio com a família

"A rotina fica totalmente diferente em comparação ao ciclo de um colaborador padrão. Eu me dedicava muitas horas da semana à empresa e então propus um acordo familiar para que eles continuassem me apoiando mesmo tão ausente. Prometi à minha família: serei ausente durante a semana, super empenhado em progredir; e em contrapartida, eu prometo me dedicar todo domingo integralmente e intensamente a vocês (exceto quando estou em viagem internacional, pois nas nacionais eu sempre volto antes do domingo). Além disso, eu prometo duas viagens de férias anuais: as mais incríveis que eu conseguir pagar. Eles toparam e aproveitam até hoje!"

Se faria tudo de novo

"Sim, pois todos os erros foram para construção e aprendizados. Mudar o passado talvez não me trouxesse aqui (efeito borboleta). Eu prefiro acreditar que fiz o meu

Identificando oportunidades – Parte I

melhor até aqui. Quando errei, aprendi. Quando acertei, ganhei conteúdo para ensinar os demais."

A relação com os investidores

"É uma relação completamente profissional. Até pode existir empatia e amizade, porém o profissionalismo será diferente de como é com os sócios operativos. O lado bom é que não há sentimentos no dinheiro, então eu tenho um crítico racional implacável me ajudando a não entrar em negócios ruins. O lado não tão bom é que não tem sentimento, há pouco espaço para ideias intuitivas, e tudo é número e número. Se um negócio é racionalidade pura, não há genialidade!"

Conselhos a quem quer empreender

"Nosso país tem tanta burocracia, tanta complexidade, que se você for entender tudo antes de começar será desanimador. O meu lema é inverter a frase da bandeira brasileira: eu pratico progresso e ordem. Primeiro faça, seja simples, e depois – à medida que vai progredindo – você vai organizando. Depois, junto com o faturamento, você precisa fazer uma escolha muito difícil: um bom contador e um bom advogado. Eu errei muito neste quesito: achei que estava economizando e contratei profissionais que me trouxeram muitos aborrecimentos. Por isso, encare esta etapa como uma das mais complexas para sair do porte de microempresa para se tornar pequena empresa. Por último, você será o único e exclusivo responsável por tudo que vier a acontecer. Tenha muita vontade e, quando desanimar, arrume mais vontade em algum lugar; e somente depois de estar fazendo o melhor possível você irá colher o que plantou."

Sonhos e futuro

"Hoje sonho em abrir capital, em expandir internacionalmente, em montar mais startups e ter muitos profissionais somando a este projeto. O que mudou? Eu não achei que conseguiria transformar o negócio em uma média empresa. Já que consegui, quero agora que seja uma grande empresa. Quando conseguir, vou querer que seja uma empresa gigante. Não tem fim, não é importante o fim, para mim o que importa é a jornada."

Respostas curtas e diretas

Paixão: *"Filosofia (estudar, aprender e ensinar qualquer assunto) e transformar as pessoas."*

Família: *"Meu equilíbrio, minha inspiração para fazer mais."*

Aptidões: *"Aguçar a curiosidade e sempre fazer coisas diferentes."*

Conhecimento: *"Sobre o humano, que é a exclusividade mais incrível e fascinante da vida."*

Realização do empreendedor: *"Ver pessoas querendo muito e se esforçando para passar em nossos processos admissionais."*

Empreender é...: *"Conhecer a si mesmo antes de todas as coisas (Sun Tzu)."*

Ganhar dinheiro: *"É a consequência necessária para se comprar a própria liberdade."*

Concorrência: *"Nos forma; é muito importante."*

Networking: *"Tão importante quanto ter competência."*

Planejar × executar: *"Meu lema é primeiro progresso, depois a ordem. Planos curtos e alta experimentação prática."*

Aposentadoria: *"Aos 85 anos, sonho em ser professor de faculdades, tendo muita história prática para ensinar."*

Seu legado será...: *"Ter ajudado pessoas a encontrarem os seus projetos."*

Típico dia de trabalho, estilo de vida, família: *"Acordo bem cedo para refletir meu sonho, depois faço pilates ou tênis; começo o dia de trabalho com muitas reuniões e finalizo com um jantar de* networking.*"*

Dia bom e dia ruim: *"Bom: quando consigo formar alguém; ruim: quando só tenho interações negativas."*

Sobre a FCamara

Considerada a maior empresa de serviços para EComm da América Latina, a FCamara é uma consultoria de TI que promove transformação digital, oferecendo múltiplas soluções tecnológicas, com atuação nos principais *players* do mercado de saúde, educação, indústrias, entre outros. Após imersão no Vale do Silício, fundou a Orange Ventures, sua própria *Venture Builder*, que já lançou diversas *startups* com foco B2B. Mais informações em *www.fcamara.com.br*.

Questões referentes ao Estudo de caso 1

1. Quais as características empreendedoras mais marcantes em Fábio Câmara? (Recorra ao Capítulo 2 para conhecer as principais características dos empreendedores.)

Identificando oportunidades – Parte I

2. Fábio conseguiu vencer em um setor no qual a inovação é muito demandada. Analisando sua história e como tudo começou, você acredita que atualmente alguém com desafios similares conseguiria fazer a transição de empreendedor de necessidade para empreendedor de oportunidade e se tornar referência em sua área? Por quê?

3. Fábio comenta que não fez um plano de negócios formal no início do negócio e sim algo mais simples, como um plano orçamentário com meta de faturamento para pagar as contas de curto prazo. O negócio prosperou aos poucos e atualmente ele sonha transformar a FCamara em uma gigante do setor, abrindo o capital na bolsa de valores etc. Se você fosse iniciar uma empresa hoje, seguiria um caminho parecido com o traçado por Fábio ou faria tudo planejado em detalhes desde o início? Quais premissas você utilizou como referência para chegar às suas conclusões?

4. Percebe-se, no caso de Fábio, que a família sempre foi importante em sua trajetória, seja no início (papel da mãe), seja agora, quando ele fez um acordo para poder se dedicar ao negócio de maneira intensa. Como o empreendedorismo do negócio próprio pode afetar a vida familiar? Você faria algo parecido ou diferente do que fez Fábio, caso tivesse que abrir mão de mais tempo com seus familiares? Por quê?

4

Identificando Oportunidades – Parte II

A internet é um celeiro de oportunidades jamais visto na história da humanidade.

● Oportunidades na internet

Tudo era maravilhoso e ilimitado no mundo das pontocom (empresas baseadas na internet) na segunda metade da década de 1990 até o fatídico 11 de março de 2000, que ficou conhecido como o estouro da bolha das empresas pontocom na Nasdaq (bolsa de valores de empresas de tecnologia nos Estados Unidos). Já faz parte da história, mas seu impacto e as consequências para o empreendedorismo da nova economia permanecerão por muitos anos. No auge das pontocom (entre 1999 e 2000), o sonho de muitos jovens era alcançar a aposentadoria com menos de 30 anos, ganhar muito dinheiro e curtir a vida. Isso tudo foi motivado pelos constantes "casos de sucesso" de jovens empreendedores americanos que criaram um *site* na garagem de casa e, em menos de um ano, mudaram de vida, ou melhor, tornaram-se empreendedores no papel, com muitas ações de empresas com valores de mercado extraordinários, mas, em muitos casos, sem um único centavo de receita. Essa explosão da internet, ocorrida nos Estados Unidos, ocorreu também no Brasil, com a imprensa sempre mostrando jovens "empreendedores" como sinônimo de sucesso nos negócios. Desde aquela época, questionava-se: Será que é tão simples assim? Basta criar um *site*, obter acesso e vender uma participação do negócio a capitalistas de risco interessados por empresas pontocom? O sinônimo de sucesso era conseguir o dinheiro do capitalista de risco. E o resto? Quem vai tornar a empresa lucrativa? Infelizmente, para muitos oportunistas, este foi o principal objetivo: conseguir captar o dinheiro inicial; depois alguém pensa se a empresa vai crescer ou não. Mas isso mudou rapidamente...

No período compreendido entre 11 de março de 2000 e 9 de outubro de 2002, o índice Nasdaq perdeu 78% de seu valor, um recorde na história. O número de IPOs (*Initial Public Offering* – Oferta Pública Inicial de Ações) declinou de 457, em 1999, para 76, em 2001. A valorização excessiva das empresas pontocom no mercado norte-americano e, por consequência, nos demais mercados mundiais mostrou-se insustentável, e a bolha estourou. Muitas empresas baseadas na internet começaram a falir, tanto nos Estados Unidos como na Europa e no Brasil. Os oportunistas, denominados erroneamente de empreendedores, começaram a ter desafios verdadeiros, ou seja, tiveram de justificar os investimentos maciços recebidos e a ausência de receita dessas empresas. A maioria não conseguiu, e suas empresas fecharam as portas ou foram adquiridas por outras (DORNELAS, 2002).

De certa forma, essa fase inicial foi boa, pois mostrou que qualquer negócio, por mais promissor que pareça o mercado no qual se insere, deve ser criado de forma planejada, consistente, com crescimento adequado e, principalmente, com empreendedores apaixonados pelo que fazem, interessados em criar um negócio viável, autossustentável, e não apenas uma marca veiculada em forma de *site* na internet. As oportunidades continuam existindo como nunca na rede mundial de computadores, mas devem ser analisadas de forma criteriosa, como qualquer outra oportunidade de negócio. Os empreendedores interessados em ingressar nesse ramo de negócio, jovens ou não, devem ter em mente que só o trabalho árduo e competente lhes trará a recompensa financeira e pessoal e criará uma pontocom da qual possam se orgulhar, gerando empregos, novas formas de fazer negócio, inovando e promovendo o crescimento do país, sem especulação.

Mais recentemente, um novo movimento de criação de *startups* de internet tem adquirido grandes proporções em todo o país, principalmente pelo apoio das aceleradoras de negócios (um misto de incubadora de empresas e fundo de investimento que investe pequenas quantias em empresas iniciantes na internet e as auxiliam a crescer rapidamente) e dos investidores-anjo. Diferentemente dos negócios tradicionais, aos quais se recomenda um planejamento estruturado antes do primeiro passo, as aceleradoras e os anjos de *startups* de internet têm preterido o plano de negócios logo no início e solicitado algo mais objetivo e simples, que sintetize o modelo de negócio da *startup*. Como o risco inicial é pequeno, devido ao baixo investimento, a abordagem tem se mostrado adequada para acelerar as empresas investidas, mas, conforme os negócios tomam outra dimensão, o planejamento necessariamente se faz presente, como nas demais empresas em fase de crescimento.

● Modelos de negócio na *web*

A falta de entendimento do poderoso canal de comunicação que é a internet e o seu crescimento exponencial provocaram uma caçada desenfreada ao ouro e à riqueza. Métricas diferentes das utilizadas na chamada "Velha Economia" foram criadas – como *PageViews*, *Unique Visitors* etc. Mas a maioria percebeu que custos, receitas e lucro ainda continuam sendo as principais métricas de um negócio, *on-line* ou tradicional.

Um modelo de negócio basicamente descreve como a empresa gerará receita e quais os custos e investimentos necessários para tal. Tendo em vista o baixo custo de se criar um *site*, o surgimento de inúmeros modelos de negócio se tornou inevitável. Não serão apresentados aqui todos os modelos, pois são muito diversificados. Foram selecionados apenas os mais observados na internet e que têm se consolidado nos últimos anos. São eles:

1. Intermediação de negócios.
2. Comercialização de propaganda.
3. Mercado virtual.
4. Empresarial.
5. Redes sociais.

Dentro de cada categoria de modelo de negócio, foram analisados alguns *sites* com características semelhantes, que podem representar os modelos citados. Há *sites* que utilizam mais de um modelo. Nos Estados Unidos, muitas empresas patentearam seus modelos de negócio que, apesar de não serem realmente inéditos, mereceram patentes porque foram aplicados em um domínio diferente, a internet.

● Intermediação de negócios

Esse modelo objetiva aproximar compradores e vendedores. As aproximações podem ser feitas principalmente entre empresas, conhecidas como *business-to-business* (B2B), entre empresas e consumidores finais, *business-to-consumer* (B2C), ou entre pessoas, *consumer-to-consumer* (C2C). A principal fonte de receita é a cobrança de parte do valor das transações efetuadas.

Vale a pena lembrar que muitos *sites*, em virtude da estratégia de penetração adotada, isto é, de conseguir o maior número de clientes no menor prazo possível, deixaram de cobrar taxa transacional em um primeiro momento, passando a ter como principal fonte de receita a venda de propaganda e de patrocínio. Esse tipo de estratégia foi bastante utilizado na época em que os investidores ainda não compreendiam o funcionamento da nova mídia internet e estavam apostando suas fichas em *sites* com grande audiência. O problema é que a maioria dos *sites* utilizou a mesma estratégia, e, devido ao alto volume de propaganda necessária para atrair usuários ao *site* e, consequentemente, ao alto investimento necessário, sem possibilidade de receita clara e comprovada, os investidores fugiram desse tipo de modelo de negócio.

O modelo de intermediação de negócio deve ter bem definidos o formato de cobrança e as transações cobradas. Para maior entendimento, esse modelo será subdividido em:

Identificando oportunidades – Parte II

a) Portais verticais B2B

Conceito que se iniciou a partir do *site* VerticalNet. Nesse modelo, a empresa cria um ambiente que atrai compradores e vendedores de um segmento específico. Além de propiciar um ambiente de comercialização entre empresas, os portais verticais possuem conteúdos específicos, como guia de compras, diretório de produtos e fornecedores, notícias do segmento, artigos específicos, classificados, comunidade de profissionais etc. Esse modelo também pode oferecer aos participantes mecanismos avançados de compra e venda, como leilão convencional e reverso.

b) Compra coletiva

Modelo de negócio que tem como principal objetivo unir compradores, pessoas físicas ou jurídicas, e então organizar um pedido com alto volume, permitindo que empresas ou pessoas passem a ter poder de negociação de grandes compradores. Normalmente, o intermediador fica com parte do valor transacionado. O conceito desse modelo não é novo, mas, nos últimos anos, os *sites* de compra coletiva cresceram sobremaneira no Brasil, principalmente devido a ofertas de produtos e serviços a preços muito competitivos para o público em geral. Isso levou à criação de mais de 1.000 *sites* desse tipo no país, focados em nichos específicos. Após esse crescimento rápido, houve uma desaceleração do setor, mas ainda há vários competidores no mercado.

c) Distribuidor

Baseia-se na criação e no gerenciamento de catálogos de produtos de grandes fornecedores, disponibilizados para revendedores de todos os portes. Geralmente, esse modelo funciona para transações entre empresas, o conhecido B2B. O benefício para os fornecedores é obtido pela facilidade e pela rapidez da divulgação de seus produtos e da automatização do processo de compras, o que reduz custos. Para o revendedor, o benefício advém da facilidade de comparação de preços e produtos, como também da possibilidade de verificar disponibilidade e produtos substitutos.

d) *Shopping* virtual

Um *site* que hospeda ou reúne várias empresas que já realizam comércio na internet. Esse modelo tem como principais fontes de receita: a cobrança de uma taxa da loja e de uma quantia de manutenção, no caso de a loja ser criada pelo *shopping*; a cobrança de hospedagem de lojas construídas por outras empresas, com venda de propaganda; e, finalmente, a cobrança de taxa transacional. Existem alguns *shoppings* virtuais que cobram por tipo de serviço que o lojista deseja utilizar, como acompanhamento de pedidos, sistema de pagamento ou propaganda.

e) *Sites* de comparação

Esse modelo é baseado em ferramentas inteligentes, especializadas em coletar e comparar preços de produtos e serviços. Esses mecanismos podem se basear em buscas simultâneas *on-line* ou em bancos de dados atualizados frequentemente (por exemplo, BuscaPé).

f) Leilão

Um *site* que automatiza e conduz processos de leilão para vendedores (pessoa física ou jurídica). O *site* cobra uma taxa de sucesso do vendedor, que geralmente varia com o preço do produto a ser leiloado. Muitas vezes, o *site* de leilão também cobra por dar maior destaque a determinado produto. Existem várias regras, a mais comum, porém, baseia-se na definição de um preço mínimo para o produto, e a pessoa/empresa que der o maior lance o leva. Alguns *sites* de leilão oferecem serviços de entrega e de cobrança. O de maior sucesso na internet mundial é o eBay, e, no Brasil, o Mercado Livre.

g) Leilão reverso

É um modelo bastante interessante, em que o comprador diz o que deseja comprar e o quanto deseja pagar pelo produto, e o resto fica por conta do *site*. Isto é, o *site* envia o pedido a vários fornecedores, e o usuário passa a receber as respostas via *e-mail*, sem precisar gastar o tempo navegando em outros *sites*. É um modelo que se baseia na demanda, não na oferta. Funciona muito bem para encontrar produtos de difícil acesso, como também produtos regionais. Passagens aéreas e hotéis são categorias que funcionam muito bem, uma vez que esses serviços muitas vezes possuem ociosidade. Outra vantagem é que o usuário escreve o que deseja com as próprias palavras, uma vez que os fornecedores irão responder aos pedidos. Esse tipo de *site* possui algumas formas de cobrar aos fornecedores – por meio de taxa fixa, independentemente do volume de *e-mails* que o fornecedor receba, pelo número de *e-mails* recebidos ou, ainda, por um percentual sobre as transações.

Identificando oportunidades – Parte II

h) Classificados

Uma lista de itens procurados ou vendidos. Geralmente, esse tipo de *site* pertence a alguma empresa de mídia, como jornais e revistas, que já possuem conteúdo de classificados. O *site* pode cobrar por anúncio ou por transação (exemplos: *sites* de guias ou listas de cidades e/ou regiões).

i) *Sites* de permuta

Os usuários desse tipo de *site* procuram comprar algo, não com dinheiro, mas com algum produto que possuem. O *site* combina todas as possibilidades e coloca em contato os usuários (geralmente pessoas físicas) que provavelmente terão interesse em trocar seus produtos. O *site* geralmente cobra uma taxa de sucesso das duas partes que fazem o negócio.

● Comercialização de propaganda

Geralmente feito pelos portais horizontais ou especializados. É uma extensão do modelo tradicional de propaganda e foi um dos primeiros modelos a se consolidar na internet. A mídia, no caso, o *site*, geralmente é rica em conteúdo e serviços, como *e-mail*, horóscopo, notícias personalizadas, *chats* (bate-papo), redes sociais próprias etc. As mensagens de propagandas são inseridas dentro do conteúdo e dos serviços, geralmente no formato de *banners, pop-ups*, anúncios de palavras-chave. Os anúncios possuem algumas formas de cobrança – o patrocínio, de acordo com o qual o cliente paga um valor fixo para ter determinada exposição, por tempo determinado, por *pageviews*, que significa o número de vezes que o anúncio apareceu na tela, ou ainda pelo número de vezes que o cliente "clicou" na palavra. Vale a pena lembrar que *pageviews* não significa quantas pessoas realmente "clicaram" no seu *banner* nem quantas pessoas o visualizaram, mas quantas vezes ele apareceu. A maioria desses *sites* entrega aos clientes relatórios com todas essas informações.

Geralmente, atrás de grandes *sites* de conteúdo, existem grandes empresas de comunicação, que já geravam o mesmo conteúdo em outras mídias. O fator crítico de sucesso para esse modelo de negócio é a alta visitação do *site* (portais horizontais) ou a visitação altamente especializada (portais especializados), o que permite a cobrança de um valor mais elevado para a propaganda. Os *sites* especializados não costumam chegar à casa de um milhão de visitantes por mês. Esse fator crítico, para muitos investidores, significa um ponto fraco, uma vez que o *site* necessita gastar muito dinheiro com propaganda para atrair usuários, e, muitas vezes, a conta no final do mês fica negativa. As ferramentas de busca também se enquadram nesse modelo de negócio (por exemplo, Google, Bing, Yahoo!).

● Mercado virtual

Um dos modelos mais clássicos baseia-se na construção de revendas ou de empresas de varejo na *web*, que vendem produtos ou serviços. Vendas são efetuadas em processos automáticos e, algumas vezes, em leilão. Em alguns casos, essas empresas podem ter sido criadas exclusivamente no mundo virtual.

a) Empresas puramente virtuais

São empresas criadas a partir da *web*, que não possuem lojas físicas. O exemplo mais clássico é o da empresa Amazon.com (apesar de recentemente ter aberto uma loja física nos Estados Unidos), que iniciou suas atividades comercializando livros e depois passou a comercializar praticamente todo tipo de produto. Essas empresas criaram um ambiente virtual adequado à nova mídia, mas, com o volume de acesso e, consequentemente, de pedidos, passaram a ter de se preocupar com questões comuns aos negócios reais, como prazo de entrega, estoque e, qualidade do produto. Esse tipo de empresa necessita de muita exposição para criar marca e gerar visitação (por exemplo, Amazon, Submarino).

b) *Brick-and-mortar* (tijolo e cimento)

São empresas de varejo já presentes no mundo real e que passam a atuar no mundo virtual. A grande vantagem é que já possuem posicionamento, marca e, principalmente, clientes. Em geral, as operações são distintas entre a empresa virtual e a real, mas as campanhas de comunicação costumam ter muita sinergia (por exemplo, Magazine Luiza).

● Empresarial

São empresas existentes no mundo real que passam a expor e comercializar seus produtos na *web*. Uma das grandes vantagens desse tipo de modelo é que um pequeno investimento pode reduzir custos ou aumentar vendas, gerando capital para novos investimentos. As empresas já possuem clientes ativos e bem-definidos, o que não exige alto investimento em marketing. Para empresas fabricantes de produtos, existe uma série de tecnologias que podem ajudar a empresa a melhorar sua *performance* financeira. Algumas

Identificando oportunidades – Parte II

dessas tecnologias são citadas diariamente na mídia e no meio empresarial: *Customer Relationship Management, Enterprise Resource Planning, Business Inteligence, Supply Chain Management, eProcurement, eCommerce, Marketplace*, entre outras. Um exemplo bastante interessante é o que ocorre com o mercado de educação e treinamento. Muitas empresas têm criado estruturas virtuais e vendido suas soluções com preços competitivos, se comparados com os cursos e treinamentos presenciais, ou seja, novos entrantes, novas soluções e novos mercados são criados.

● Redes sociais

Nos últimos anos, as comunidades têm se consolidado como o principal ponto de acesso do público em geral à internet. O fenômeno ocorrido com o Facebook é um exemplo típico, uma vez que a maioria das pessoas que acessa a internet no Brasil, por exemplo, passa boa parte do tempo *on-line*, interagindo nessa rede social. Além de proporcionar um ponto de encontro entre pessoas com interesses comuns, a rede social acaba possibilitando a realização de negócios para e pelos membros da comunidade. Trata-se de um modelo de negócio que tem revolucionado a maneira como as empresas e as pessoas entendem e usam a internet, e os empreendedores mais antenados com a realidade contemporânea podem criar negócios rentáveis baseados no modelo de comunidades ou redes sociais em curto espaço de tempo. O grande diferencial das comunidades é que as pessoas se sentem livres para opinar, criticar, expor-se..., enfim, colaborar, trazendo a democracia para o ambiente virtual. A *web* colaborativa permite à coletividade construir estruturas aparentemente caóticas que, na verdade, proporcionam um todo bastante estruturado e gerador de oportunidades em muitos casos (por exemplo, Facebook, LinkedIn, Instagram).

● Tendências

A internet nos Estados Unidos começou a chamar a atenção dos investidores em meados de 1994, quando o crescimento exponencial de usuários começou a se tornar evidente e os novos modelos de negócio começaram a se consolidar. Yahoo! e Amazon são exemplos de modelos de negócio que, mesmo sem apresentar lucros, atraíram muitos investidores. Pode-se comparar a corrida da internet com a corrida do ouro. Você precisa garimpar muito para encontrar a pedra preciosa tão procurada, o ouro, ou, no caso dos investidores, aquele modelo de negócio que dê lucro. Mas, como qualquer garimpeiro, o investidor tem de analisar bastante e, muitas vezes, acaba iludido por algumas pedras que parecem ser preciosas, mas que, no final, nada valem.

Outro ponto a se avaliar é o fato de que inúmeras pessoas, tanto investidores como empreendedores, não agiram como tal, mas como especuladores ou oportunistas, querendo fazer dinheiro de forma rápida e fácil, sem se preocupar ou se vincular com o negócio em si. Muitos empreendedores tinham claras, em seus planos de negócios, as possíveis estratégias de saída, que geralmente envolviam a aquisição por uma empresa maior ou o IPO. O verdadeiro empreendedor tem de estar pronto para assumir o desafio por muitos anos, não só criar uma oportunidade e passá-la à frente. Muitas incubadoras pontocom, na realidade, queriam criar um "negócio" com muito baixo investimento e, então, vendê-lo para algum grupo de investidores. Outras já apostavam nas empresas e nas sinergias que existiam entre essas e as demais empresas de seu portfólio.

Com a queda da Nasdaq e da corrida em busca do IPO, aumentou o número de fusões e aquisições, e muitas empresas passaram a pensar sobre formas de obtenção de receita e, principalmente, de lucro. No Brasil, houve um caso de empresa que conseguiu abrir o capital na Bovespa – o ecossistema de empresas IdeiasNet, que levantou aproximadamente R$ 30 milhões. A proposta inicial da IdeiasNet era o investimento em empresas pontocom. Mesmo após a abertura de seu capital, a empresa passou por algumas dificuldades, suas ações tiveram queda considerável, e um de seus negócios foi fechado. Em curto prazo, a empresa passou a controlar, de forma mais rigorosa, seus custos e a consolidar as fontes de receita das empresas de seu portfólio. De qualquer forma, foi a primeira empresa brasileira a desbravar a tão desejada abertura de capital e se tornou um marco na história da internet do Brasil.

O que ocorreu nos últimos anos foi que a internet deixou de ser privilégio de modelos de negócio puramente virtuais, que nem sempre se comprovaram eficazes, e passou a ser território das empresas tradicionais, do mundo real. As empresas tradicionais consolidadas já estão presentes na internet, e, com isso, a *web* passou a se consolidar como canal efetivo e irrestrito de vendas e comunicação com clientes, fornecedores e, internamente, passou a agregar mais valor ao negócio usual da empresa. Essa tem sido a principal utilidade da *web* nos dias atuais. Obviamente, isso tem criado oportunidades de negócios para empresas novatas ou não focadas em educação, treinamento, geração de conteúdo, desenvolvedoras de *sites* e de aplicativos para celular e *tablets*, plataformas de comércio eletrônico, meios de pagamento *on-line*, gerenciamento de banco de dados, infraestrutura,

Identificando oportunidades – Parte II

hospedagem de *sites*, agências de comunicação, tecnologia de transmissão de dados, vídeo e som, entre outros negócios de suporte, bem como empresas de *hardware* (exemplo: novos celulares, *tablets* e computadores).

Muitos negócios iniciados puramente *on-line* continuam a surgir, principalmente relacionados com vendas de produtos de nicho no varejo e com prestação de serviços especializados, mas não são incomuns negócios que promovam a junção de competências do mundo real com complementos possíveis apenas no mundo virtual. A tendência dos mercados tem sido o atendimento personalizado aos clientes, focando nichos específicos, cada vez com características mais peculiares. Aqueles empreendedores que souberem antever essas mudanças e criarem produtos e serviços baseados na *web* para esses nichos poderão ser bem-sucedidos. Isso já se tornou fato, haja vista a crescente proliferação das comunidades virtuais nas redes sociais, dos *youtubers* com milhões de seguidores, dos *blogs* de adolescentes e jovens (e também empresariais), da troca de informação e conteúdo entre os participantes dessas comunidades (vídeo, som, documentos e jogos) e dos *sites* de compras coletivas e clubes de compras. Outra tendência irreversível, que já é realidade, na verdade, é a integração das mídias, TV, internet, celular, *tablets* etc. Aplicativos e formas mais eficazes de comunicação e utilização dessas tecnologias serão muito bem-vindos e terão espaço no mercado, como é o caso dos aplicativos de comunicação instantânea via celular, ou dos aplicativos de geolocalização, que geram informação a partir da alimentação de informação dos usuários participantes da comunidade. O mercado crescente de jogos e simuladores tem se mostrado outro campo promissor para os interessados em atuar com tecnologia e internet. Apesar dos exemplos recentes de negócios equivocados criados com foco na internet, essa mídia continuará a ser um celeiro de oportunidades, dos mais promissores e desafiadores dos últimos tempos.

● Resumo do capítulo

Neste capítulo, foram apresentadas as oportunidades de negócios que existem na internet brasileira e os modelos de negócio que predominam na rede. Uma visão crítica desses modelos de negócio das pontocom foi oferecida, mostrando que qualquer tipo de negócio, por mais inovador que possa ser, precisa se basear em receita e lucros; caso contrário, dificilmente levará ao sucesso. A internet como plataforma de negócios no Brasil já se encontra em um estágio maduro, como ocorreu em outros países, colecionando tanto exemplos de sucesso como alguns de fracasso. O lado positivo disso tudo é que muitos jovens empreendedores poderão criar novos negócios de sucesso nesse praticamente inexplorado mercado, mas devem seguir as velhas regras que sempre regeram os negócios.

● Questões para discussão

1. Quais as diferenças entre administrar uma empresa de tecnologia do mundo real e uma empresa puramente de internet? O que levou muitos jovens executivos a deixarem carreiras promissoras em empresas de sucesso para começar, do nada, uma empresa pontocom? Agora que já conhece os fatos da história, você teria feito isso também? Discuta o assunto com seus colegas.

2. Por que muitas empresas/*startups* pontocom fecharam as portas? Se você fosse um investidor, o que levaria em consideração no momento de investir em uma pontocom?

3. Você considera que os criadores da primeira geração de empresas pontocom do país foram mais oportunistas ou empreendedores? E no caso das empresas pontocom dos Estados Unidos? Cite um exemplo de sucesso e um de fracasso de empresa pontocom nos dois países e compare os fatores que as influenciaram. Discuta com seus colegas. Quais são suas conclusões?

4. Qual o futuro da internet como celeiro para oportunidades de negócios? Como você avalia o recente crescimento das aceleradoras de empresas de tecnologia e a maneira como elas analisam novas oportunidades, dando prioridade ao modelo de negócio da empresa e preterindo o plano de negócios? Analise nichos específicos de mercado, como o dos adolescentes, dos jovens profissionais entrando no mercado de trabalho e, ainda, o dos mais idosos, da chamada terceira idade. Comente com seus colegas.

Identificando oportunidades – Parte II

Estudo de caso 2

O jovem empreendedor que faz sucesso na internet através de uma plataforma de intermediação de serviços – Eduardo L'Hotellier, do GetNinjas

Assista ao vídeo da entrevista com o empreendedor Eduardo L'Hotellier, que complementa este caso, em *www.josedornelas.com.br*.

Eduardo nasceu em São Paulo (SP), mas desde cedo viveu em Juiz de Fora (MG). Quando criança, aproveitava o tempo livre para praticar os mais variados esportes: judô, tênis, natação e futebol. *"Tive uma ótima infância. Meus pais sempre foram muito presentes e tive a oportunidade de estudar em bons colégios. Desde cedo eu lia bastante."*

Talvez daí tenha surgido o primeiro sonho de criança, que quando adulto gostaria de ser paleontólogo. *"Na época fez muito sucesso uma coleção de revistas que falavam sobre dinossauros e eu era fascinado pelo assunto, mas meu pai hoje me conta que, quando tinha 5 anos, eu queria ser padeiro. Segundo ele, eu dizia que como as pessoas compravam pão todos os dias deveria ser uma profissão lucrativa."*

A influência dos pais foi muito marcante em sua vida desde cedo, apoiando Eduardo em tudo o que fazia. Isso permitiu a ele não só ter disciplina como também querer realizar, fazer acontecer, colocando em prática seu espírito de competidor.

Sua determinação ficou clara para todos que o conheciam quando decidiu cursar engenharia no Instituto Militar de Engenharia (IME) e administração na Universidade Federal do Rio de Janeiro (UFRJ), onde fez ainda pós em economia na COPPEAD.

Mesmo tendo trabalhado em gestão estratégica em consultorias como Bain & Company e Mckinsey & Company e na gestora de fundo Angra Partners, algo o fez ir além: *"Eu adquiri grandes experiências e gostava do que fazia, mas meu lado empreendedor sempre falou mais alto. Desde a época da faculdade eu já pensava nisso, em ter o meu próprio negócio."*

E foi justamente no trabalho em consultoria que surgiu a ideia que viria a se mostrar uma oportunidade de grande potencial: *"O trabalho em consultoria exigia fazer traduções de documentos e apresentações com frequência.*

Para otimizar tempo, era mais fácil procurar profissionais que fizessem esse tipo de serviço, mas era muito difícil de encontrar. No final 2010, notei que os sites *de compras coletivas estavam em alta no Brasil. As pessoas encontravam produtos e cupons facilmente* on-line, *porém, não havia nada que fizesse o mesmo com indicação de serviços, o que era comum lá fora e um mercado promissor aqui. Foi então que, com menos de 2 mil reais e um protótipo, surgiu o GetNinjas."*

Antes de colocar o negócio para funcionar, Eduardo estudou o mercado de serviços no Brasil e analisou empresas que faziam esse tipo de indicação no exterior. *"Pensei como poderia aplicar o negócio no mercado brasileiro de forma assertiva. Claro que houve mudanças com o decorrer do tempo, mas é importante ter um planejamento de gastos, de negócio, contratações, ou seja, planejar onde queremos chegar. Além disso, era necessário ter um plano B caso algo saísse errado. Mas fico feliz que com nosso plano A tenha dado tudo certo!"*

Eduardo preocupou-se ainda em cercar-se de pessoas que o ajudariam fazer o negócio GetNinjas crescer rapidamente, uma vez que na internet é preciso escalar com velocidade para não ficar atrás da concorrência. *"Encontrei meus sócios por indicações de pessoas em quem confiava muito, mas não basta escolher alguém para abrir uma empresa junto com você apenas pelo currículo e experiência profissional. É preciso ter uma boa convivência, afinal, muitas vezes você passará mais tempo com seus sócios do que com a própria família. Nunca tivemos problemas de relacionamento, pois é exatamente assim: complementamos uns aos outros. O que temos que fazer é sempre respeitar a opinião do parceiro e tomar as grandes decisões em comum acordo."*

Com isso, Eduardo angariou o recurso que precisava de fundos de investimento para operacionalizar a empresa. O que para muitos que querem criar uma *startup* de tecnologia é o objetivo principal (conseguir investimento de um fundo de capital de risco), para Eduardo fez parte de um processo, no qual recebeu NÃO e também SIM de investidores. *"Quando você recebe um não, é sinal de que seu produto precisa de melhorias, ainda não se vende por si só ou você não procurou os investidores certos. Por isso, é importante estudar quem abordar também. Já a resposta positiva, além da realização, é sinal de um grande trabalho à frente também, pois você receberá investimento para melhorar o produto. É preciso estar preparado para administrar tudo isso: investir em time, tecnologia, marketing, infraestrutura, ou seja, há muito a se fazer também depois da resposta positiva."*

Eduardo enfatiza ainda que, antes de chegar na etapa de apresentação e conversas com o investidor, é preciso um longo caminho para

Identificando oportunidades – Parte II

aumentar as chances de sucesso: *"A gente tem que amadurecer a ideia e fazer o teste do produto, confiar no projeto, reunir resultados positivos, inclusive a opinião dos usuários. E tudo isso precisa ser feito com qualidade, para fazer brilhar os olhos de quem precisa investir em você."*

Sobre o que o motiva para trabalhar diariamente e o que pensa sobre o futuro do GetNinjas, Eduardo discorre com alegria: *"Estamos construindo o GetNinjas para ser uma empresa que irá sobreviver por décadas. Nossa missão de conectar clientes aos melhores profissionais continuará intacta. É muito bacana quando recebemos histórias de nossos clientes e profissionais sobre como suas vidas mudaram depois do GetNinjas. A maioria conseguiu uma renda extra, principalmente em tempos de crise, e outros abriram até seu próprio negócio e empregaram outras pessoas por conta da demanda recebida através do site. Isso faz você perceber que a ideia que você teve lá atrás está dando certo e mudando a vida das pessoas de uma forma que você nem imaginava."*

E essa percepção de que o GetNinjas agrega valor aos usuários, sejam eles prestadores de serviço ou quem os contrata, faz com que Eduardo defenda internamente a necessidade de inovar constantemente, algo primordial para o sucesso dos negócios, principalmente na área tecnológica. *"Inovar é encontrar soluções para problemas cotidianos, soluções essas que não existem ou não são tão efetivas assim. Quando o GetNinjas foi lançado, não existia nenhuma plataforma do tipo no Brasil, que fazia a ligação entre profissionais e clientes de forma rápida e prática. Geralmente, quando você precisa de um pedreiro, por exemplo, pergunta para amigos e parentes mais próximos e precisa esperar dias para conseguir um orçamento e até mesmo o serviço, além de não ter a garantia de que o preço sugerido pelo profissional é justo. Seria muito mais fácil encontrar tudo o que precisa em um mesmo lugar e, ainda, realizar orçamentos e verificar recomendações de outros usuários."*

Não é por acaso que a empresa se tornou uma referência rapidamente e se destaca entre os *players* que atuam na internet no Brasil. A prova disso é o interesse de vários fundos de investimento em participar do negócio. Como exemplo, mesmo em um ano de crise econômica no Brasil, em 2015 o GetNinjas foi uma das empresas baseadas na internet que mais receberam aportes de capital no país. Se os investidores de padrão mundial acreditam no negócio, é um bom sinal para apostar ainda mais no crescimento do GetNinjas, sob a liderança de seu idealizador e principal executivo. Alguém duvida?

Bate-bola com Eduardo L'Hotellier

Sobre a necessidade de mais inovação nos negócios brasileiros

"O brasileiro é muito criativo, mas muitos têm medo de ousar e tirar sua ideia do papel. Além de receber estímulos do governo, é preciso que o empreendedorismo seja algo cultural, ensinado nas escolas, para que as pessoas já cresçam com esse pensamento de inovar e criar."

Empreender no passado *versus* empreender hoje

"Hoje, ainda mais que no passado, é preciso ter coragem pra correr riscos e não desistir na primeira dificuldade e fazer planejamento: por exemplo, onde está e aonde quer chegar; saber aproveitar os recursos, principalmente nas pequenas empresas que possuem poucos; é preciso saber onde investir o dinheiro; além de contatos, participar de eventos e ter um bom relacionamento com outros empreendedores."

Realização como empreendedor

"É muito bom ver sua ideia sair do papel, tomar forma, crescer. Além disso, é uma responsabilidade muito grande, afinal, você acaba tornando-se responsável pela vida de diversas pessoas, que trabalham com você ou utilizam o seu produto. É muito gratificante ver tudo isso. Sou uma pessoa totalmente realizada com o meu trabalho."

O que faria diferente

"Nós aprendemos muito com os erros e as dificuldades, por isso, acho válido passar por esses momentos e tirar o máximo que puder de aprendizado. Sendo assim, não mudaria nada. Ao contrário, faria tudo de novo."

Conselhos para quem quer empreender

"É importante acompanhar o mercado, as tendências, estudar e pesquisar bastante, ter domínio do mercado em que pretende atuar, além de estar disposto a correr riscos. Sua ideia pode dar muito certo, mas vai exigir muito de você. Mergulhe, se disponha e lembre-se que tem muito a aprender nesse caminho."

O que fará quando se aposentar

"[Risos...] Falta muito tempo! Vou deixar pra pensar nisso daqui a alguns anos."

Sobre o GetNinjas

Disponível para Android, iOS e *web*, o GetNinjas é o maior aplicativo para contratação de serviços da América Latina. Em 2017, foi eleito pela Forbes Brasil como uma das empresas mais promissoras do Brasil. Em 2018, foi listada como uma das *startups* mais quentes do mercado no *ranking* "100 startups to watch", resultado de uma parceria entre as revistas PEGN e Época Negócios e a Corp.vc. Atualmente, possui mais de 200 tipos de serviços disponíveis. A empresa, que recebeu R$ 47 milhões de aporte de fundos como Monashees, Kaszek e Tiger Group, já está presente em mais de 3 mil cidades do Brasil, registra mais de 4 milhões de pedidos de serviços ao ano, e conta com mais de 2 milhões de profissionais cadastrados.

Mais informações em *www.getninjas.com.br.*

Questões referentes ao Estudo de caso 2

1. Eduardo é um empreendedor jovem, com boa formação, tendo trabalhado em consultorias conceituadas no mercado. Mesmo assim, não pensou duas vezes quando decidiu abrir mão de uma carreira executiva para criar o GetNinjas. Hoje, cada vez mais jovens estão empreendendo, muitos deles recém-saídos da faculdade. Você conhece pessoas com o perfil parecido com o de Eduardo, envolvidas com o negócio próprio? Além de negócios com ciclo de vida rápido, como o caso de empresas *on-line*, que outros tipos de empresas seriam teoricamente mais indicadas a pessoas com esse perfil? Por quê?

2. Dos sócios originais de Eduardo (recorra ao vídeo com a entrevista de Eduardo para mais informações), um decidiu sair do negócio logo no início e o outro (o estagiário) continua até hoje. Além disso, Eduardo diz se relacionar muito bem com os sócios investidores. Como você avalia a quantidade de sócios em uma empresa (existe um número ideal?) e a procedência dos sócios (membros da família, amigos, executivos, ex-funcionários, investidores) para o sucesso de uma empresa? Qual seria o modelo mais viável de sociedade em sua opinião?

3. Eduardo diz estar realizado com o que faz e não pensa em aposentadoria tão cedo. Seu estilo de vida implica vivenciar o

negócio 24h, mas ele diz que é algo que lhe dá prazer, já que "empreender hoje em dia deve ser visto como parte da vida e não como trabalho" (recorra ao vídeo da entrevista com Eduardo para mais informações). Avalie os prós e os contras desse estilo de vida do empreendedor contemporâneo e seu impacto na família, na saúde do empreendedor, na vida social etc. O que você pensa a respeito?

4. Eduardo diz ter criado um protótipo da plataforma GetNinjas (recorra ao vídeo da entrevista com Eduardo para maiores informações) antes de fazer um planejamento mais estruturado, mas que depois de colocar o negócio no ar foi preciso planejar para inclusive captar recursos de investidores. Cite exemplos de ideias de negócio *on-line* e debata com seus colegas quais premissas você acha que validam tais ideias e as transformam em oportunidades de alto potencial. Utilize métodos de análise de oportunidade (por exemplo, o modelo 3M) para identificar as premissas e validá-las.

5

O Plano de Negócios

Um negócio bem planejado terá mais chances de sucesso do que aquele sem planejamento, na mesma igualdade de condições.

Quando se fala em empreendedorismo, remete-se naturalmente ao termo "plano de negócios" (*business plan*). Como foi visto em capítulos anteriores, o plano de negócios é parte fundamental do processo empreendedor. Empreendedores precisam saber planejar suas ações e delinear as estratégias da empresa a ser criada ou em crescimento. A principal utilização do plano de negócios é prover uma ferramenta de gestão para o planejamento e o desenvolvimento inicial de uma empresa. No entanto, nos últimos anos, o plano de negócios atingiu notoriedade como instrumento de captação de recursos financeiros junto a capitalistas de risco e investidores-anjo, principalmente no tocante às empresas com propostas inovadoras.

No Brasil, foi justamente o setor de *software* que começou a popularizar o uso do plano de negócios com os empreendedores brasileiros, por meio do Programa Softex, de incentivo à exportação de *software* nacional, criado no início da década de 1990. A explosão da internet, no final do ano de 1999 e início de 2000, e o Programa Brasil Empreendedor, do Governo Federal, propiciaram a disseminação do termo "plano de negócios" em todo o país. Todavia, destacou-se apenas sua utilidade como documento indispensável ao empreendedor em busca de recursos financeiros para o empreendimento. O plano de negócios é muito mais que isso, podendo ser considerado uma ferramenta de gestão com múltiplas aplicações, como será visto adiante.

● Por que planejar?

Já foi mencionado que o índice de mortalidade das micro e pequenas empresas brasileiras, nos primeiros anos de existência, atinge percentuais não desprezíveis, o que tem sido motivo de análise e discussão em vários âmbitos da sociedade, do meio acadêmico ao empresarial. Esse retrospecto não é uma particularidade das empresas brasileiras. Mesmo nos Estados Unidos, país referência em empreendedorismo e criação de pequenas empresas de sucesso, a mortalidade das chamadas *startups* também é alta, chegando a índices acima de 50% em algumas áreas de negócio. Mas qual seria o principal motivo para esse péssimo desempenho de empresas criadas na economia mais ativa e convidativa ao surgimento de novos negócios em todo o mundo? Uma pesquisa do SBA (*Small Business Administration*), órgão do governo americano de auxílio às pequenas empresas daquele país, pode apontar a resposta. No Quadro 5.1, observa-se que apenas 2% dos casos de fracasso das *startups* americanas têm causas desconhecidas. Os demais 98% podem ser agrupados e resumidos em uma única conclusão: falha ou falta de planejamento adequado do negócio.

O plano de negócios

Quadro 5.1 Causas de fracasso das *startups* americanas (SBA, 1998)

Incompetência gerencial	45%
Inexperiência no ramo	9%
Inexperiência em gerenciamento	18%
Expertise desbalanceada	20%
Negligência nos negócios	3%
Fraudes	2%
Desastres	1%
Total	98%

Apenas 2% são fatores desconhecidos.

No caso brasileiro, várias pesquisas realizadas pelo Sebrae-SP anualmente revelam que os fatores de mortalidade das empresas nacionais não são muito diferentes. A falta de planejamento aparece nos primeiros lugares, como a principal causa para o insucesso, seguida de deficiências de gestão (gerenciamento do fluxo de caixa, vendas/comercialização, desenvolvimento de produto etc.), políticas de apoio insuficientes, conjuntura econômica e fatores pessoais (problemas de saúde, criminalidade e sucessão). Note que, apesar de os fatores externos ao negócio serem críticos, como é o caso das políticas de apoio, as duas principais causas de falência também se resumem ao planejamento e correta gestão do negócio, decorrente de um bom planejamento.

Essas falhas podem acontecer devido a armadilhas no gerenciamento do dia a dia de pequenas empresas, como mostra o Quadro 5.2.

Quadro 5.2 Maiores armadilhas no gerenciamento de pequenas empresas (BANGS, 1998)

Falta de experiência	Atitudes erradas
Falta de dinheiro	Localização errada
Expansão inexplicada	
Gerenciamento de inventário impróprio	
Excesso de capital em ativos fixos	
Difícil obtenção de crédito	
Uso de grande parte dos recursos do dono	

Mas como se precaver dessas armadilhas e aumentar a eficiência na administração do negócio? Não existem fórmulas mágicas para isso. O que se aconselha aos empreendedores é a capacitação gerencial contínua, a aplicação dos conceitos teóricos, para que adquiram a experiência necessária, e a disciplina no planejamento periódico das ações que devem ser implementadas na empresa. Resumindo, existe uma importante ação que somente o próprio empreendedor pode e deve fazer pelo seu empreendimento: planejar!

No entanto, é notória a falta de cultura de planejamento do brasileiro, que, por outro lado, é sempre admirado por sua criatividade e persistência. Os fatos devem ser encarados de maneira objetiva. Não basta apenas sonhar, deve-se transformar o sonho em ações concretas, reais, mensuráveis. Para isso, existe uma simples, mas, para muitos, tediosa técnica de transformar sonhos em realidade: o planejamento. Novamente, recorrendo ao exemplo dos Estados Unidos, muito do sucesso das empresas em estágio de maturidade é creditado ao empreendedor que planejou corretamente seu negócio e realizou uma análise de viabilidade criteriosa do empreendimento antes de colocá-lo em prática. Na pesquisa efetuada pelo SBA (Quadro 5.1), comprovou-se que uma das principais razões de falência das *startups* americanas é a falta de planejamento do negócio, exatamente como ocorre no Brasil. Quando se considera o conceito de planejamento, têm-se pelo menos três fatores críticos que podem ser destacados (PINSON; JINNETT, 1996):

1. Toda empresa necessita de um planejamento do negócio para poder gerenciá-lo e apresentar sua ideia a investidores, bancos, clientes etc.
2. Toda entidade provedora de financiamento, fundos e outros recursos financeiros necessita de um plano de negócios da empresa requisitante para poder avaliar os riscos inerentes ao negócio.
3. Poucos empresários sabem como escrever adequadamente um bom plano de negócios. A maioria deles é micro e pequenos empresários que não têm conceitos básicos de planejamento, vendas, marketing, fluxo de caixa, ponto de equilíbrio, projeções de faturamento etc. Quando entendem o conceito, geralmente não conseguem colocá-lo objetivamente em um plano de negócios.

Agora, a pergunta que se faz é: O plano de negócios é realmente uma ferramenta de gestão eficiente a ponto de determinar o sucesso ou o fracasso de um empreendimento? O que é mito e o que é realidade? Cabe uma análise crítica a respeito do assunto, antes de se explicar como elaborar um plano de negócios eficiente.

O plano de negócios

● A importância do plano de negócios

Segundo Sahlman (1997), professor da Harvard Business School, poucas áreas têm atraído tanta atenção dos homens de negócio nos Estados Unidos como os planos de negócios. Dezenas de livros e artigos têm sido escritos e publicados naquele país sobre o assunto, propondo fórmulas milagrosas de como escrever um plano de negócios que revolucionará a empresa. Isso tem ocorrido também no Brasil, inicialmente devido ao fervor da nova economia (a internet) e às possibilidades de enriquecer da noite para o dia. Mais recentemente, devido a programas específicos de capacitação de empreendedores em todo o país, para os quais o plano de negócios se tornou o foco principal. Deve-se ter o cuidado de escrever um plano de negócios com todo o conteúdo que se aplique a esse documento e que não contenha números recheados de entusiasmo ou irreais. Nesse caso, pior que não planejar é fazê-lo erroneamente e, pior ainda, conscientemente.

Essa ferramenta de gestão pode e deve ser usada por todo e qualquer empreendedor que queira transformar seu sonho em realidade, seguindo o caminho lógico e racional que se espera de um bom administrador. É evidente que apenas razão e raciocínio lógico não são suficientes para determinar o sucesso do negócio. Se assim ocorresse, a arte de administrar não seria mais arte, apenas uma atividade rotineira, na qual o *feeling* do administrador nunca seria utilizado. Mas existem alguns passos ou atividades rotineiras que devem ser seguidas por todo empreendedor. A arte estará no fato de como o empreendedor traduzirá esses passos realizados racionalmente em um documento que sintetize e explore as potencialidades de seu negócio, bem como os riscos inerentes a ele. Espera-se que um plano de negócios seja uma ferramenta para o empreendedor expor suas ideias, em uma linguagem que os leitores entendam e, principalmente, que mostre viabilidade e probabilidade de sucesso em seu mercado. O plano de negócios é uma ferramenta que se aplica tanto ao lançamento de novos empreendimentos quanto ao planejamento de empresas maduras.

A maioria dos planos de negócios resume-se a textos editados sobre um modelo predeterminado, que não convencem ao próprio empreendedor; por isso, falham, o que leva muitos a pensar que o plano de negócios não serve para nada ou não é uma ferramenta eficiente. Geralmente, são escritos como parte dos requisitos de aprovação de um empréstimo, ingresso em uma incubadora de empresas, solicitação de bolsas ou recursos financeiros de órgãos do governo. Costumam ser feitos apenas para esses fins, às pressas, sem muita fundamentação ou, como já foi dito, recheados de números mágicos. Como esperar que convençam um investidor, bancos, potenciais parceiros, fornecedores, a própria empresa internamente, em geral os públicos-alvo de um plano de negócios? É preciso ter em mente que essa ferramenta deve ser o cartão de visitas do empreendedor, mas também pode ser seu cartão de desqualificação. Como já foi dito, as oportunidades geralmente são únicas e não podem ser desperdiçadas. Como o cartão de visitas, o empreendedor deve sempre ter à mão o plano de negócios de seu empreendimento, elaborado de maneira primorosa e cuidadosamente revisado.

Devido à sua importância, o plano de negócios deve sempre ser inserido como disciplina regular em cursos de administração de empresas e de empreendedorismo. Isso já vem sendo feito no país de forma acelerada, mas o importante não é mostrar o roteiro a ser preenchido pelo empreendedor, deve-se "vender" a ideia do plano de negócios e disseminar seu conceito básico junto aos empresários das micro e pequenas empresas brasileiras. Pode parecer repetitivo, mas a ideia aqui é deixar claro que esse conceito básico é o **planejamento**.

Uma tradição a ser quebrada é achar que o plano de negócios, uma vez concebido, pode ser esquecido. É um erro imperdoável, e as consequências serão mostradas pelo mercado, em constante mutação. A concorrência muda, o mercado muda, as pessoas mudam. E o plano de negócios, como ferramenta de planejamento que trata essencialmente de pessoas, oportunidades, contexto e mercado, riscos e retornos (SAHLMAN, 1997), também muda. O plano de negócios é uma ferramenta dinâmica, que deve ser atualizada constantemente, pois o ato de planejar é dinâmico e corresponde a um processo cíclico.

Todo plano de negócios deve ser elaborado e utilizado seguindo algumas regras básicas, mas não estáticas, que permitem ao empreendedor utilizar sua criatividade ou bom senso, enfatizando um ou outro aspecto que mais interessa ao público-alvo do plano de negócios em questão. No caso das empresas que já se encontram em funcionamento, ele deve mostrar não apenas aonde a empresa quer chegar (situação futura), mas também em que ponto ela está no momento, apresentando os valores dos atuais indicadores de desempenho.

Outra característica importante é que ele não deve estar apenas focado no aspecto financeiro. Indicadores de mercado, de capacitação interna da empresa e operacionais são igualmente importantes, pois mostram a capacidade da empresa de "alavancar" seus resultados financeiros no futuro. Resumindo, é importante que o plano de negócios possa demonstrar a viabilidade de se atingir uma situação futura, mostrando como a empresa pretende chegar lá. Então, o empresário precisa de um plano de negócios

O plano de negócios

que lhe sirva de guia, revisado periodicamente e que permita alterações visando vender a ideia ao leitor do plano.

● Afinal, o que é o plano de negócios?

O plano de negócios é um documento usado para descrever um empreendimento e o modelo de negócio que sustenta a empresa. Sua elaboração envolve um processo de aprendizagem e autoconhecimento e ainda permite ao empreendedor situar-se no seu ambiente de negócios. As seções que compõem um plano de negócios geralmente são padronizadas para facilitar o entendimento. Cada uma tem um propósito específico. Um plano de negócios para uma pequena empresa pode ser menor que o de uma grande organização, não ultrapassando talvez dez ou 15 páginas. Muitas seções podem ser mais curtas que outras e até menores que uma única página. Mas, para chegar ao formato final, geralmente são feitas muitas versões e revisões do plano, até que esteja adequado ao público-alvo. Os aspectos-chave que sempre devem ser focados em qualquer plano de negócios são (BANGS, 1998):

1. **Em que negócio você está?**
2. **O que você (realmente) vende?**
3. **Qual é seu mercado-alvo?**

● Por que você deveria escrever um plano de negócios?

Se toda a argumentação exposta até o momento não tiver sido suficiente para convencê-lo da importância de preparar um plano de negócios, seguem alguns argumentos extras. Em primeiro lugar, uma empresa deverá lucrar mais, na média, se dispuser de um planejamento adequado. De fato, uma pesquisa realizada com ex-alunos de administração da Harvard Business School, nos Estados Unidos, concluiu que o plano de negócios aumenta em 60% a probabilidade de sucesso dos negócios. É óbvio que sempre haverá pessoas de sorte, com sucesso nos negócios, mesmo sem o plano, e também aquelas que ganham na loteria! (BANGS, 1998). Mas serão casos mais isolados. Com o plano, é possível:

● Entender e estabelecer diretrizes para seu negócio.

● Gerenciar de forma mais eficaz a empresa e tomar decisões acertadas.

- Monitorar o dia a dia da empresa e tomar ações corretivas quando necessário.
- Conseguir financiamentos e recursos junto a bancos, governo, Sebrae, incubadoras, investidores, capitalistas de risco etc.
- Identificar oportunidades e transformá-las em diferencial competitivo para a empresa.
- Estabelecer uma comunicação interna eficaz na empresa e convencer o público externo (fornecedores, parceiros, clientes, bancos, investidores, associações etc.).

Por que muitos deixam de escrever um plano de negócios? Se você perguntar a qualquer empreendedor que não tenha um plano de negócios qual a razão para não ter um, com certeza ouvirá, pelo menos, uma das desculpas a seguir (BANGS, 1998):

- "Não necessito de um."
- "Tenho um na cabeça."
- "Não sei como começar."
- "Não tenho tempo."
- "Não sou bom com os números."
- "Tenho muito dinheiro e não preciso disso, pois já tenho sucesso."

Em resumo, o plano de negócios pode ser escrito para atender a alguns objetivos básicos relacionados com os negócios:

1. Testar a viabilidade de um conceito de negócio.
2. Orientar o desenvolvimento das operações e da estratégia.
3. Atrair recursos financeiros.
4. Transmitir credibilidade.
5. Desenvolver a equipe de gestão.

A quem se destina o plano de negócios?

Quais são os públicos-alvo de um plano de negócios? Muitos pensam que o plano de negócios se destina unicamente a investidores e bancos, mas se enganam. Vários são os públicos-alvo de um plano de negócios (PAVANI *et al.*, 1997). Entre eles, pode-se citar:

- Mantenedores das incubadoras (Sebrae, universidades, prefeituras, governo, associações etc.): para outorgar financiamentos a essas.

O plano de negócios

- Parceiros: para definição de estratégias e discussão de formas de interação entre as partes.
- Bancos: para outorgar financiamentos para equipamentos, capital de giro, imóveis, expansão da empresa etc.
- Investidores: empresas de capital de risco, pessoas jurídicas, bancos de investimento, investidores-anjo, BNDES, governo etc.
- Fornecedores: para negociação na compra de mercadorias, matéria-prima e formas de pagamento.
- A empresa internamente: para comunicação da gerência com o Conselho de Administração e com os empregados (efetivos e em fase de contratação).
- Clientes: para venda do produto e/ou serviço e publicidade da empresa.
- Sócios: para convencimento em participar do empreendimento e da formalização da sociedade.

Estrutura do plano de negócios

Não existe uma estrutura rígida e específica para se escrever um plano de negócios, pois cada negócio tem particularidades e semelhanças, e é impossível definir um modelo-padrão de plano de negócios universal e aplicável a qualquer negócio. Uma empresa de serviços é diferente de uma que fabrica produtos ou bens de consumo, por exemplo. Mas qualquer plano de negócios deve possuir um mínimo de seções que proporcionarão um entendimento completo do negócio. Essas seções são organizadas de forma a manter uma sequência lógica que permita a qualquer leitor do plano entender como a empresa é organizada, seus objetivos, seus produtos e serviços, seu mercado, sua estratégia de marketing e sua situação financeira. Algumas possíveis estruturas para a confecção de um plano de negócios são apresentadas a seguir. Cada uma das seções deve ser abordada sempre visando à objetividade, sem perder a essência e os aspectos mais relevantes com ela relacionados.

Estrutura 1
(Sugerida para pequenas empresas manufatureiras em geral)

1. **Capa.** A capa, apesar de não parecer, é uma das partes mais importantes do plano de negócios, pois é a primeira parte visualizada por quem o lê, devendo, portanto, ser feita de maneira enxuta e com as informações necessárias e pertinentes.

101

2. **Sumário.** O sumário deve conter o título de cada seção do plano de negócios e a página respectiva na qual se encontra, bem como os principais assuntos relacionados em cada seção. Isso facilita ao leitor encontrar rapidamente o que lhe interessa. Qualquer editor de textos permite a confecção automática de sumários e tabelas de conteúdo bastante apresentáveis.

3. **Sumário executivo.** O sumário executivo é a principal seção do plano de negócios, pois fará o leitor decidir se continuará ou não a ler o documento. Portanto, deve ser escrito com muita atenção e revisado várias vezes, além de conter uma síntese das principais informações que constam do plano de negócios. Deve ainda ser dirigido ao público-alvo do plano e explicitar qual seu objetivo em relação ao leitor (por exemplo, requisição de financiamento junto a bancos, capital de risco, apresentação da empresa para potenciais parceiros ou clientes etc.). O sumário executivo deve ser a última seção a ser escrita, pois depende de todas as outras para ser elaborada.

4. **Análise estratégica.** Nesta seção, são definidos os rumos da empresa, sua visão e missão, situação atual, as potencialidades e ameaças externas, forças e fraquezas, objetivos e metas de negócio. Esta seção é, na verdade, a base para o desenvolvimento e a implantação das demais ações descritas no plano.

5. **Descrição da empresa.** Nesta seção, deve-se descrever a empresa, seu histórico, crescimento, faturamento dos últimos anos, razão social, impostos, estrutura organizacional e jurídica, localização, parcerias, certificações de qualidade, serviços terceirizados etc.

6. **Produtos e serviços.** Esta seção do plano de negócios é destinada aos produtos e serviços da empresa: como são produzidos, quais os recursos utilizados, o ciclo de vida, os fatores tecnológicos envolvidos, o processo de pesquisa e desenvolvimento, os principais clientes atuais, a detenção de marca e/ou patente de algum produto pela empresa etc. Nesta seção, pode ser incluída, quando a informação estiver disponível, uma visão do nível de satisfação dos clientes com os produtos e serviços da empresa. Esse *feedback* é bastante importante, porque costuma oferecer não apenas uma visão do nível de qualidade percebida nos produtos e serviços, mas também guiar futuros investimentos da empresa em novos desenvolvimentos e processos de produção.

7. **Plano operacional.** Esta seção deve apresentar as ações que a empresa planeja em seu sistema produtivo e o processo de produção,

O plano de negócios

indicando o impacto das ações em seus parâmetros de avaliação de produção. Deve conter informações operacionais atuais e previstas de fatores como: *lead time* do produto ou serviço, percentual de entregas a tempo (*on time delivery*), rotatividade do inventário, índice de refugo, *lead time* de desenvolvimento de produto ou serviço etc.

8. **Plano de recursos humanos.** Aqui devem ser apresentados os planos de desenvolvimento e treinamento de pessoal da empresa. Essas informações estão diretamente relacionadas com a capacidade de crescimento da empresa, especialmente quando ela atua em um mercado no qual a detenção de tecnologia é considerada um fator estratégico de competitividade. Devem ser indicadas as metas de treinamento associadas às ações do Plano operacional, as metas de treinamento estratégico, de longo prazo e não associadas diretamente às ações. Aqui também devem ser apresentados o nível educacional e a experiência dos executivos, gerentes e funcionários operacionais, indicando-se os esforços da empresa na formação de seu pessoal.

9. **Análise de mercado.** Nesta seção, o autor do plano de negócios deve mostrar que os executivos da empresa conhecem muito bem o mercado consumidor de seu produto/serviço (por meio de pesquisas de mercado): como está segmentado, o crescimento desse mercado, as características do consumidor e sua localização, a existência de sazonalidade e ações para esse caso, análise da concorrência, sua participação de mercado e a dos principais concorrentes etc.

10. **Estratégia de marketing.** Deve-se mostrar como a empresa pretende vender seu produto/serviço e conquistar clientes, manter o interesse deles e aumentar a demanda. Deve abordar os métodos de comercialização, diferenciais do produto/serviço para o cliente, política de preços, principais clientes, canais de distribuição e estratégias de promoção/comunicação e publicidade, bem como projeções de vendas.

11. **Plano financeiro.** A seção de finanças deve apresentar em números todas as ações planejadas para a empresa e as comprovações, por meio de projeções futuras (de quanto capital necessita, quando e com qual propósito) de sucesso do negócio. Deve conter demonstrativo de fluxo de caixa com horizonte de, pelo menos, três anos; balanço patrimonial; análise do ponto de equilíbrio; necessidades de investimento; demonstrativos de resultados; análise de indicadores financeiros do negócio, como faturamento previsto, margem prevista, prazo de retorno sobre o investimento inicial (*payback*), taxa interna de retorno (TIR) etc.

12. **Anexos.** Esta seção deve conter informações adicionais, julgadas relevantes para o melhor entendimento do plano de negócios. Por isso, não tem um limite de páginas ou exigências a serem seguidas. A única informação que não pode ser esquecida é a relação dos *curricula vitae* dos sócios e dirigentes da empresa. Podem-se anexar ainda informações como fotos de produtos, plantas da localização, roteiros e resultados completos das pesquisas de mercado realizadas, material de divulgação do negócio, *folders*, catálogos, estatutos, contrato social da empresa, planilhas financeiras detalhadas etc.

Nas estruturas a seguir, como alguns aspectos e seções são similares à estrutura anterior, será apresentado apenas o roteiro das estruturas de plano de negócios, já que o conteúdo deve seguir as regras e sugestões listadas em cada seção da Estrutura 1.

Estrutura 2
(Sugerida para empresas focadas em inovação e tecnologia)

1. **Capa**
2. **Sumário**
3. **Sumário executivo**
4. **Conceito do negócio**
   - 4.1.   O negócio
   - 4.2.   O produto
5. **Equipe de gestão**
6. **Mercado e competidores**
   - 6.1.   Análise setorial
   - 6.2.   Mercado-alvo
   - 6.3.   Necessidades do cliente
   - 6.4.   Benefícios do produto
   - 6.5.   Competidores
   - 6.6.   Vantagem competitiva
7. **Marketing e vendas**
   - 7.1.   Produto
   - 7.2.   Preço
   - 7.3.   Praça
   - 7.4.   Promoção

O plano de negócios

7.5. Estratégia de vendas

7.6. Projeção de vendas

7.7. Parcerias estratégicas

8. **Estrutura e operação**

8.1. Organograma funcional

8.2. Processos de negócio

8.3. Política de recursos humanos

8.4. Fornecedores de serviços

8.5. Infraestrutura e localização

8.6. Tecnologia

9. **Análise estratégica**

9.1. Análise SWOT (forças e fraquezas, oportunidades e ameaças)

9.2. Cronograma de implantação

10. **Previsões dos resultados econômicos e financeiros**

10.1. Evolução dos resultados econômicos e financeiros (projetados)

10.2. Composição dos principais gastos

10.3. Investimentos

10.4. Indicadores de rentabilidade

10.5. Necessidade de aporte e contrapartida

10.6. Cenários alternativos

11. **Anexos**

Estrutura 3
(Sugerida para pequenas empresas prestadoras de serviço)

1. **Capa**
2. **Sumário**
3. **Sumário executivo**
4. **O negócio**

4.1. Descrição do negócio

4.2. Descrição dos serviços

4.3. Mercado

4.4. Localização

4.5. Competidores (concorrência)

O plano de negócios

4.6. Equipe gerencial

4.7. Estrutura funcional

5. **Dados financeiros**

5.1. Fontes dos recursos financeiros

5.2. Investimentos necessários

5.3. Balanço patrimonial (projetado para três anos)

5.4. Análise do ponto de equilíbrio

5.5. Demonstrativo de resultados (projetado para três anos)

5.6. Projeção de fluxo de caixa (horizonte de três anos)

5.7. Análises de rentabilidade

6. **Anexos**

Estrutura 4
(Sugerida para pequenas empresas em geral)

1. **Capa**

2. **Sumário**

3. **Sumário executivo estendido**

3.1. Declaração de visão

3.2. Declaração de missão

3.3. Propósitos gerais e específicos do negócio, objetivos e metas

3.4. Estratégia de marketing

3.5. Processo de produção

3.6. Equipe gerencial

3.7. Investimentos e retornos financeiros

4. **Produtos e serviços**

4.1. Descrição dos produtos e serviços (características e benefícios)

4.2. Previsão de lançamento de novos produtos e serviços

5. **Análise da indústria**

5.1. Análise do setor

5.2. Definição do nicho de mercado

5.3. Análise da concorrência

5.4. Diferenciais competitivos

6. **Plano de marketing**

6.1. Estratégia de marketing (preço, produto, praça, promoção)

O plano de negócios

6.2. Canais de venda e distribuição

6.3. Projeção de vendas

7. **Plano operacional**

7.1. Análise das instalações

7.2. Equipamentos e máquinas necessárias

7.3. Funcionários e insumos necessários

7.4. Processo de produção

7.5. Terceirização

8. **Estrutura da empresa**

8.1. Estrutura organizacional

8.2. Assessorias externas (jurídica, contábil etc.)

8.3. Equipe de gestão

9. **Plano financeiro**

9.1. Balanço patrimonial

9.2. Demonstrativo de resultados

9.3. Fluxo de caixa

10. **Anexos**

Estrutura 5
(Sugerida por Joe Hadzima, do Massachusetts Institute of Technology – MIT: *Nuts and Bolts of Business Plans*)

1. **Sumário executivo**
2. **A oportunidade, a empresa e seus produtos e serviços**
3. **Pesquisa e análise de mercado**
4. **Análise econômica do negócio**
5. **Plano de marketing**
6. **Plano de desenvolvimento**
7. **Plano de operações e manufatura**
8. **Equipe gerencial**
9. **Cronograma**
10. **Riscos críticos, problemas e premissas**
11. **Plano financeiro**
12. **Apêndices**

Estrutura 6
(Sugerida por Andrew Zacharakis, do Babson College)

1. **Sumário executivo**
2. **O setor, a empresa e o produto**
3. **Análise de mercado**
4. **Estratégia de marketing**
5. **Operações**
6. **Desenvolvimento**
7. **Equipe**
8. **Riscos críticos**
9. **Cronograma e prazos**
10. **Análise econômica e financeira**
11. **O que se está propondo**

Estrutura 7
(Sugerida pelo *site www.josedornelas.com.br*)

1. **Sumário executivo**
   - O conceito do negócio e a oportunidade
   - Mercado e competidores
   - Equipe de gestão
   - Produtos/serviços e vantagens competitivas
   - Estrutura e operações
   - Marketing e projeção de vendas
   - Estratégia de crescimento
   - Índices e projeções financeiras
   - Oferta/necessidade de aporte de recursos
2. **Conceito do negócio**
   - Apresentação (histórico)
   - Visão e missão (valores e diferenciais do negócio)
   - Oportunidade
   - Produtos e serviços (resumo conceitual)
   - Aspectos jurídicos e composição societária

O plano de negócios

- Certificações, licenças, regulamentações
- Localização e abrangência
- Terceiros e parcerias

3. **Mercado e competidores**
   - Análise setorial (análise macro)
   - Mercado-alvo (nicho de mercado)
   - Necessidades do cliente (onde está a oportunidade)
   - Análise dos competidores
   - Vantagens competitivas (do negócio e dos concorrentes)

4. **Equipe de gestão**
   - Descrição dos principais executivos (pontos fortes, experiência, adequação ao negócio)

5. **Produtos e serviços**
   - Descrição dos produtos e serviços
   - Benefícios e diferenciais
   - Utilidade e apelo
   - Tecnologia, P&D (Pesquisa e Desenvolvimento), patentes (propriedade intelectual)
   - Ciclo de vida
   - Matriz BCG (opcional)

6. **Estrutura e operações**
   - Organograma funcional
   - Máquinas e equipamentos necessários
   - Processos de negócio
   - Processos de produção e manufatura (caso se aplique)
   - Política de recursos humanos
   - Previsão de recursos humanos
   - Fornecedores de serviços (e matéria-prima)
   - Infraestrutura e planta (*layout*)
   - Infraestrutura tecnológica

7. **Marketing e vendas**
   - Posicionamento do produto/serviço
   - Praça/canais

- Promoção
- Preço
- Estratégia e projeção de vendas e *market share*
- Parcerias

8. **Estratégia de crescimento**
   - Análise estratégica (plano de desenvolvimento)
   - SWOT (forças, fraquezas, oportunidades e ameaças)
   - Objetivos e metas
   - Cronograma
   - Riscos críticos do negócio

9. **Finanças**
   - Investimentos (usos e fontes)
   - Composição de custos e despesas
   - Principais premissas (base para as projeções financeiras)
   - Evolução dos resultados financeiros e econômicos (cinco anos, mensal no ano 1 e semestral/trimestral nos demais)
   - Demonstrativo de resultados
   - Fluxo de caixa
   - Balanço
   - Indicadores financeiros
   - Taxa interna de retorno
   - Valor presente líquido
   - *Breakeven* e *payback*
   - Necessidade de aporte e contrapartida
   - Cenários alternativos
   - Plano incluindo expansão

10. **Anexos**
    - Currículo da equipe de gestão/sócios
    - Dados complementares sobre o mercado
    - Detalhamento das pesquisas de mercado (primárias) e testemunhos
    - Detalhamento das projeções financeiras

O plano de negócios

● O tamanho do plano de negócios e o uso de *software* para sua elaboração

Outra questão muito discutida é sobre qual deve ser o tamanho ideal de um plano de negócios. Não existe um tamanho ideal ou quantidade exata de páginas. O que se recomenda é escrevê-lo de acordo com as necessidades do público-alvo. Se o leitor for um gerente de banco ou um investidor, por exemplo, ele dará mais ênfase à parte financeira do plano. Caso o leitor seja uma instituição de fomento ou governamental, enfocará por que se está requisitando a quantidade de recursos solicitada, em quê será aplicada e como a empresa retornará o capital investido. Se for um parceiro, atentará mais para a análise de mercado e oportunidades de grandes lucros. Para um fornecedor, serão mais importantes a saúde financeira da empresa, a carteira de clientes e a taxa de crescimento do negócio. Enfim, é importante ressaltar novamente que a estratégia e a quantidade de páginas do plano de negócios dependerão do público-alvo. Como exemplos, encontram-se a seguir descrições de alguns tipos e tamanhos sugeridos de planos de negócios (JIAN, 1997).

- *Plano de negócios completo*: é utilizado quando se pleiteia uma grande quantia ou quando se necessita apresentar uma visão completa do negócio. Pode variar de 15 a 40 páginas, mais material anexo.
- *Plano de negócios resumido*: é utilizado quando se necessita apresentar algumas informações resumidas a um investidor, por exemplo, com o objetivo de chamar sua atenção para que ele lhe requisite um plano de negócios completo. Deve mostrar os objetivos macros do negócio, investimentos, mercado e retorno sobre o investimento e focar as informações específicas requisitadas. Geralmente, varia de dez a 15 páginas.
- *Plano de negócios operacional*: é muito importante para ser utilizado internamente na empresa pelos diretores, gerentes e funcionários. É excelente para alinhar os esforços internos em direção aos objetivos estratégicos da organização. Seu tamanho pode ser variável e dependerá das necessidades específicas de cada empresa em termos de divulgação junto aos funcionários.

O formato e os recursos utilizados na elaboração do plano de negócios também podem interferir no tamanho. Nos Estados Unidos, é muito comum a utilização de pacotes de *software* que auxiliam na elaboração de planos de negócios, com formatos predefinidos, o que resulta em planos-padrão, sem muita possibilidade de modificação da estrutura utilizada no *software*, mas que proporcionam alguns benefícios ao empreendedor. Principalmente na parte financeira, ao utilizar um *software* para elaborar seu plano de negócios, o empreendedor agiliza muito o trabalho, pois basta preencher certas planilhas, e as projeções financeiras são obtidas automaticamente. No entanto, muitos investidores não gostam de planos de negócio feitos em *software*, pois, na maioria das vezes, são limitados, e o empreendedor se prende à estrutura de plano existente na ferramenta, que nem sempre está adequada à sua realidade. Ultimamente, no entanto, algumas ferramentas de auxílio à escrita têm surgido com aspectos inovadores, o que pode contribuir para que o empreendedor obtenha seu plano de negócios em menos tempo e com a redação adequada. Além de focar a perfeita redação ortográfica/gramatical (pré-requisito para qualquer documento), as ferramentas mais inovadoras oferecem críticas automáticas de conteúdo e estrutura do PN, o que se aproxima de uma consultoria. Pequenos negócios do comércio, empresas de varejo, projetos acadêmicos, entre outros, podem se beneficiar mais da utilização de um *software* que empresas mais complexas, pois geralmente possuem características peculiares não contempladas nessas ferramentas.

A decisão de utilizar ou não *software* para a confecção do plano de negócios é do empreendedor, que deve avaliar seu negócio e suas necessidades. De qualquer forma, a seguir, são listados alguns produtos de *software* e *sites* destinados a essa finalidade:

1. Business Plan Pro©: é o *software* mais vendido nos Estados Unidos, da empresa Palo Alto Software, Inc. (*www.paloalto.com*).
2. BizPlan Builder©: um dos mais utilizados pelos empreendedores americanos (*www.bizplan.com*).
3. Todo o conteúdo do maior portal nacional voltado só para a elaboração de planos de negócios – *www.planodenegocios.com.br* – está agora disponível em *www.josedornelas.com.br*, com exemplos, artigos, tutoriais, dicas e cursos *on-line* de empreendedorismo, plano de negócios e demais áreas relacionadas com a criação e a gestão de novos negócios.

Independentemente do tamanho e do tipo do plano de negócios, e do fato de ser feito com auxílio de *software* ou não, sua estrutura deve conter as seções antes apresentadas, não de forma isolada, mas sim estreitamente relacionadas, a fim de completar o ciclo de planejamento do negócio, com ações coerentemente definidas e projeções de resultados viáveis, com base em uma boa análise de mercado (fator crítico para a obtenção de um bom plano de negócios) e da situação atual da empresa.

O plano de negócios

Além do plano escrito em forma de documento, é necessária também a elaboração de uma apresentação do plano de negócios para o público-alvo em questão. Apresentações para investidores, por exemplo, devem ser objetivas e durar não mais que 20 a 30 minutos (cerca de 15 a 30 *slides*). Assim, após concluir o plano de negócios escrito, o empreendedor deve selecionar os aspectos que julga mais relevantes para elaborar a sua apresentação. Nesse caso, ferramentas extremamente úteis são os pacotes de *software* destinados a apresentações, como o Microsoft Power Point©, que disponibiliza vários recursos, visando obter apresentações de boa qualidade.

O plano de negócios como ferramenta de venda

Uma das principais utilidades de um plano de negócios é seu suporte para a venda de uma ideia ou projeto. O plano de negócios acaba sendo uma ferramenta extremamente útil quando usada com esse propósito. É a partir do plano que o empreendedor pode definir alternativas de apresentação que julgue mais adequadas para buscar o convencimento do público-alvo. É sabido que as oportunidades de apresentação de uma ideia para investidores, por exemplo, geralmente são poucas, ou melhor, quando se conseguem tais oportunidades, em geral, as apresentações devem ser feitas em pouco tempo e primar pela objetividade, sem perder a essência. É uma tarefa difícil, principalmente para aqueles que não têm experiência em apresentações. Duas das principais habilidades de um empreendedor são a persuasão e a venda de ideias, que podem ser praticadas e adquiridas se o empreendedor entender o que torna uma apresentação efetiva. Não se estão discutindo aqui estilos de comunicação, que são importantes, mas como apresentar conceitos e ideias de forma convincente.

A Figura 5.1 apresenta o esquema geral que ajudará o empreendedor a formatar seu discurso de venda. Inicialmente, o empreendedor deve ter elaborado seu plano de negócios, incluindo as seções que julgar mais relevantes e pertinentes à oportunidade e à sua empresa. Podem-se tomar como base as várias estruturas de planos de negócios aqui apresentadas. Na Figura 5.1, há algumas seções como exemplos de alicerce ao plano de negócios completo, a partir do qual o empreendedor deverá elaborar uma apresentação de dez a 15 minutos em *slides*, que dará suporte às eventuais apresentações adicionais que vier a fazer. Mais recentemente, adotou-se o termo *pitch deck*, principalmente nos processos de aceleração de *startups*, mas a lógica é a mesma: criar um discurso de venda conciso e esclarecedor.

113

Em seguida, ele deverá extrair de seu plano de negócios completo o sumário executivo e fazer uma versão um pouco mais ampliada deste. Na prática, deve-se ter um sumário executivo de uma a duas páginas e outro um pouco maior, de, no máximo, cinco páginas, para serem submetidos e enviados aos leitores do plano. Finalmente, o empreendedor deverá elaborar um belo *elevator speech*, ou seja, "sua venda do peixe". Trata-se de um discurso curto, que pode variar de 30 a 120 segundos, no qual os principais aspectos da ideia/oportunidade são apresentados. Parece simples, mas requer muita habilidade e prática.

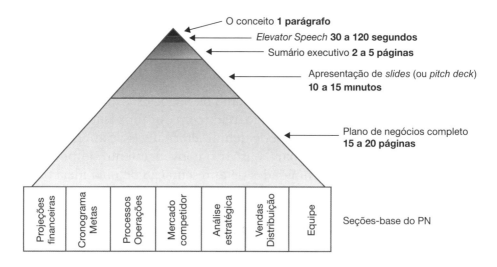

Figura 5.1 Os fundamentos para a venda da ideia (HADZIMA, 2002).

Essa sequência de preparação se inverte quando se precisa apresentar um novo negócio ou projeto. Inicialmente, é solicitado ao empreendedor que envie uma breve descrição da ideia ou conceito. Às vezes, ele é chamado para uma reunião para apresentar sua ideia em não mais que alguns minutos. Se aprovada, solicita-se um resumo do que será o negócio. Se aprovado de novo, aí, sim, o empreendedor tem a possibilidade de uma apresentação um pouco mais detalhada. A partir daí, o plano de negócios completo será solicitado. Como se vê, a venda da ideia é parte crucial para a apresentação de uma oportunidade de negócio a um investidor, e, muitas vezes, o empreendedor se preocupa em demasia com todos os detalhes do plano de negócios, esquecendo-se de que precisará de outros recursos até que o plano seja solicitado. Por outro lado, apenas saber "vender o peixe" ou ser a pessoa das ideias não garante o sucesso como empreendedor. Ele

O plano de negócios

deve se preparar, atentando para todos os detalhes essenciais para a venda e a implementação de seu negócio. Muitas vezes, é possível encontrar pessoas com ótimas ideias, mas que não se preocupam em estruturá-las, analisá-las, desenvolver um plano de negócios que responda às questões críticas relacionadas com elas. Quando o empreendedor estrutura seus projetos da forma apresentada na Figura 5.1, as chances de ser bem-sucedido na venda da ideia e na implementação do negócio aumentam significativamente, pois o empreendedor transmitirá credibilidade, mostrará que está preparado, que se preocupou com questões relevantes, com os riscos e as possibilidades de retorno, e convencerá outros sobre a importância da oportunidade focada.

Existem formas estruturadas de como fazer um bom *elevator speech*. Algumas dicas são essenciais, como as apresentadas a seguir (APPLEGATE, 2002).

Desenvolvendo o *elevator speech*

Passo 1: Descreva a oportunidade que deseja perseguir.
- Qual o problema-chave ou a oportunidade que o negócio focará?
- Que fatores motivam sua decisão de começar este negócio?
- Qual o tempo necessário para a implementação do negócio?

Passo 2: Defina a abordagem dada à oportunidade.
- Quais as atividades-chave que sua equipe deverá desenvolver?
- Quando os principais *milestones* (marcos, referências) devem ser atingidos?
- Quais os principais resultados que deverão ser obtidos?

Passo 3: Os benefícios.
- Quem se beneficiará com este negócio (clientes, fornecedores, parceiros, investidores, sócios, funcionários)?
- Quando os benefícios serão sentidos/obtidos?

Passo 4: Que recursos serão necessários?
- Quais os custos envolvidos e a fonte dos recursos?
- Quem são as pessoas-chave (a equipe empreendedora) responsáveis pelo desenvolvimento do negócio e qual é o perfil de cada uma delas?
- Quais recursos adicionais, pessoas, habilidades, *expertise*, tecnologia deverão ser usados e quando/como estarão disponíveis?

Passo 5: O negócio já tem algum apoio, pessoas ou empresas que darão suporte?

– Quem são os principais apoiadores?

– Por quê? Que tipo de suporte eles darão ao projeto?

– Que oposições você/sua equipe poderão ter e como pretendem superá-las?

Passo 6: Quais são os riscos e como serão gerenciados?

O plano de negócios como ferramenta de gerenciamento

Para que o plano de negócios possa se tornar um instrumento eficaz de gerenciamento, é importante que as informações nele existentes possam ser divulgadas internamente à empresa de forma satisfatória. Boas informações trancadas em uma gaveta ou perdidas em uma montanha de papéis na mesa de um executivo não são propriamente utilizáveis e acabam fatalmente por cair no esquecimento. Conforme observado anteriormente, o plano de negócios pode e deve também ser utilizado como ferramenta de gestão.

Por isso, as informações apresentadas no plano de negócios também devem ser utilizadas internamente, guiando e validando os esforços de melhoria da empresa. Para que isso aconteça, é necessário que exista monitoramento periódico da situação atual em relação aos números previstos ou metas do plano.

Uma forma simples e bastante eficiente de utilizar o plano de negócios é a criação de um (ou vários) painel de metas da empresa. Rentes *et al.* (1999) propõem a criação desse tipo de instrumento para guiar qualquer processo de melhoria organizacional. Esse painel é um sistema visível de medidas de desempenho, que mostrará, de forma simples, preferencialmente gráfica, a evolução da empresa ao longo do tempo, em termos de seus valores de avaliação. É, portanto, composto por um conjunto de gráficos apresentados em *displays* ou paredes, em locais acessíveis aos gerentes e funcionários relevantes. Esses painéis devem ser um espelho do plano de negócios, com as mesmas informações e parâmetros numéricos ali considerados. É uma ferramenta dinâmica, que exige a criação de um procedimento de atualização periódica dos dados, de forma a se ter sempre uma visão do momento da empresa, de seu passado e das metas previstas.

O plano de negócios

Esse painel (ou painéis) de metas fornece um conjunto de medidas de desempenho de equilíbrio da empresa, que deve cobrir todas as áreas de análise empresarial, nos moldes do *balanced scorecard*, proposto por Kaplan e Norton (1996a). Nos casos de empresas mais maduras, essas medidas gerais podem, por sua vez, ser desdobradas em medidas de desempenho de áreas específicas da empresa, chegando, quando necessário, a uma definição de objetivos individuais (KAPLAN; NORTON, 1996b), alinhados aos objetivos da empresa como um todo. Dessa forma, o plano de negócios se transformará em um instrumento dinâmico de implementação da estratégia da empresa, tornando-se uma ferramenta fundamental de gestão que, certamente, auxiliará o empreendedor a alcançar o sucesso almejado ou, então, mostrará a ele que o momento não é propício para o negócio vislumbrado, evitando decepções futuras.

● Concursos de plano de negócios

Uma realidade das universidades americanas nas quais se ensina empreendedorismo a alunos de graduação e pós-graduação em administração e empreendedorismo (como os cursos de MBA) são os concursos de planos de negócios e, mais recentemente, de modelos de negócio (versão mais simples e objetiva que um plano de negócios completo, focando mais na análise da oportunidade). São geralmente promovidos pelas próprias universidades, com o apoio de instituições, incubadoras de empresas, bancos de investimento, capitalistas de riscos, entre outros, e visam identificar negócios em potencial junto a esses estudantes. A principal motivação dos estudantes são prêmios, geralmente em dinheiro, para os melhores planos de negócios.

São formadas equipes de alunos, com determinado período para desenvolver um plano de negócios de uma *startup* e submetê-lo à avaliação de especialistas no assunto. Alguns empreendedores de sucesso também participam do corpo de jurados, o que motiva ainda mais os jovens empreendedores. Além de apresentar o plano escrito para a avaliação, os estudantes que tiverem seus planos pré-selecionados, dentro dos critérios estabelecidos, devem ainda efetuar uma apresentação oral para uma banca que julgará quais sairão vencedores.

Alguns concursos começaram há vários anos e já são notórios, como o do MIT, que premia os melhores planos de negócios com US$ 100.000 para a criação da empresa. Alguns dos mais importantes concursos existentes são listados a seguir.

O plano de negócios

- *MIT $100K Entrepreneurship Competition*

É o mais famoso concurso de plano de negócios dos Estados Unidos. Distribui mais de US$ 100.000 em prêmios e agora envolve também a apresentação de modelos de negócio.

http://www.mit100k.org

- *Babson College Business Plan Competition*

É o concurso da mais renomada escola de empreendedorismo dos Estados Unidos. Existe uma versão para alunos de graduação e outra para alunos de pós-graduação. Existe ainda um concurso anual de *elevator speech*.

http://www.babson.edu

- *The Global Venture Labs Investment Competition* (antigo *Moot Corp Competition*)

Uma das competições mais conhecidas. Envolve estudantes de MBA do mundo todo que vão à Universidade do Texas, em Austin. A seletiva da América Latina acontece na Fundação Getulio Vargas, em São Paulo.

http://www.mccombs.utexas.edu

- *Harvard Business School Business Plan Contest*

Toda equipe participante deve ter, pelo menos, um aluno da Harvard Business School.

http://www.hbs.edu/entrepreneurship

- *Stanford Entrepreneur's Challenge*

Competem estudantes de Stanford, e o programa permite membros externos. O foco é a apresentação de modelos de negócio simples e objetivos.

http://bases.stanford.edu

- *UC Berkeley Startup Competition*

Destinado aos estudantes da Universidade da Califórnia. Permite membros externos. Como em Stanford, também tem foco na apresentação de modelos de negócio mais simples que um plano de negócios completo.

http://launch.berkeley.edu

- *Oxford University Business Plan Competition*

Aberto a qualquer estudante.

http://venturefestoxford.com

O plano de negócios

No Brasil, há várias iniciativas acadêmicas ocorrendo nos últimos anos, com destaque para concursos destinados a estudantes de engenharia, ciências da computação, administração, entre outros. Os concursos geralmente são promovidos por universidades e faculdades, por meio de seus centros de empreendedorismo, e também por entidades de apoio. Essas iniciativas visam incentivar o empreendedorismo junto aos jovens estudantes, o que é muito animador, e apresentam novas perspectivas de fomento à criação de novas empresas no país.

● Resumo do capítulo

Neste capítulo, foram analisados os aspectos que envolvem a elaboração de um plano de negócios e as razões que explicam por que o plano de negócios é uma ferramenta indispensável no planejamento de novas empresas, possibilitando ao empreendedor compreender o processo de criação e implantação de seu negócio. Algumas estruturas de planos de negócios foram apresentadas, procurando mostrar ao empreendedor que não existe um padrão universal ou formato de plano de negócios que se aplique a todo tipo de negócios. A utilização de pacotes de *software* para a elaboração de plano de negócios e os aspectos relacionados com seu tamanho ideal também foram discutidos. Finalizando o capítulo, tratou-se dos concursos de planos de negócios e modelos de negócio existentes no exterior e no país, visando incentivar o empreendedorismo junto aos jovens universitários.

● Questões para discussão

1. Reúna um grupo de quatro a seis pessoas e discutam as estruturas de plano de negócios apresentadas no capítulo, procurando identificar qual (ou quais) é (são) mais adequada(s) para cada negócio a seguir:
   - Uma empresa sem fins lucrativos (ONG, incubadora etc.).
   - Uma cafeteria.
   - Uma empresa de consultoria em gestão.
   - Uma pequena fábrica de sapatos.
   - Uma empresa de confecções.

2. Que critérios vocês utilizaram para definir a estrutura de plano de negócios de cada empresa da questão anterior?

3. Com o mesmo grupo, dirijam-se a três bancos de varejo diferentes e solicitem os formulários de requisição de financiamento utilizados para as empresas que procuram essas instituições financeiras. Quais itens do formulário são respondidos por meio de um plano de negócios? Quais não são? A que conclusão vocês chegaram a esse respeito, ou seja, os bancos entendem ou não o conceito do plano de negócios e por quê?

4. Por que alguns planos de negócios falham? O que leva muitos empreendedores a não utilizar um plano de negócios e a não acreditar nessa ferramenta de gestão?

5. Pesquise na internet o conceito de modelo de negócio. Qual a diferença entre o plano de negócios e o modelo de negócio? Por que empresas iniciantes de internet têm priorizado o uso do modelo de negócio em detrimento do plano de negócios? Você acredita que seja uma tendência para outros setores empresariais ou apenas se aplica a empresas de tecnologia e internet?

O plano de negócios

Estudo de caso 3

O empreendedor premiado mundialmente por inovar em um nicho de mercado pouco atendido – Ronaldo Tenório, da Hand Talk

Ronaldo é daqueles empreendedores que desde cedo esteve rodeado de gente com perfil arrojado. Isso foi determinante para sua carreira... *"Sempre convivi com empreendedores em casa. Cresci nesse ambiente que foi me estimulando pouco a pouco. Morei muitos anos com a minha avó, uma artista plástica que exportou seus produtos para vários lugares do mundo. Ela sempre foi a minha grande referência e foi com ela que eu dei os primeiros passos. Desde a época de escola eu já levava coisas para vender e não precisar da mesada. Sempre busquei fazer o que ninguém estava fazendo, pois ali eu enxergava uma oportunidade. E foi assim... aprendendo, executando, errando, corrigindo, mas sempre fazendo acontecer".*

A história de Ronaldo é típica de muitos jovens empreendedores, com inquietude e ousadia, sempre buscando realizar os seus sonhos. Ronaldo cursou quatro faculdades antes de se formar. Mesmo tendo concluído bem o colégio, tinha dúvidas da carreira que queria seguir, mas sabia que era algo envolvendo duas paixões: tecnologia e comunicação. *"Eu estava no terceiro ano do curso de Ciência da Computação, da Universidade Federal de Alagoas, quando decidi abandonar o curso e tentar uma transferência para Comunicação Social. Eu gostava muito de tecnologia, mas a minha praia não era programar e percebi minha forte ligação com a comunicação. Tentei entrar em outra faculdade, mas as aulas já haviam começado fazia um mês. Eu ligava todos os dias para a secretaria da faculdade insistindo em fazer uma transferência, até que um dia ela aceitou (depois de muita insistência) e eu fui correndo fazer a minha matrícula. Depois de tudo feito, ela me perguntou se eu queria assistir à aula naquele mesmo dia. Daí eu pensei: Claro! Eu já tinha perdido um mês de aula e não queria perder mais..."*

121

Surgia aí a semente de sua futura empresa. *"Nessa primeira aula, do meu primeiro dia no novo curso, lá em 2008, o professor passou um trabalho e eu tive a ideia da Hand Talk. A atividade era o desenvolvimento de uma solução criativa envolvendo comunicação. Então, pensei, já que é para criar algo inovador, que seja para ajudar as pessoas. Comecei a pesquisar sobre pessoas com deficiência e percebi que existia uma grande barreira de comunicação entre surdos e ouvintes, pelo fato de se comunicarem em línguas diferentes, em seu próprio país".*

Naquele momento, Ronaldo pensou em criar um personagem 3D que pudesse fazer traduções em tempo real. Quando apresentou o trabalho, as pessoas acharam interessante, mas alguns questionaram a viabilidade da ideia, que ficou "guardada" por 4 anos...

Foi então que, após este longo período, ele se juntou a mais dois amigos (Carlos e Thadeu), hoje seus sócios, para colocar aquela ideia em prática. Eles preparam um plano de negócios e inscreveram o projeto em um desafio de *startups*. *"Era algo muito simples e em estágio inicial, mas a gente sabia onde queria chegar, e isso fez toda a diferença. O aplicativo foi a ponta do iceberg e a solução seria aplicada em diversos canais, como* sites, *vídeos etc."* O resultado foi que eles acabaram ganhando o desafio e o negócio começou a deslanchar. *"Ganhamos esse e mais algumas dezenas de prêmios e hoje o aplicativo já tem alguns milhões de* downloads *e está impactando a vida de milhões de brasileiros".*

Bate-bola com Ronaldo Tenório

Falando da experiência de trabalho anterior à Hand Talk

"Sempre empreendi desde garoto. Aos 17 anos eu tinha uma banda e decidi fazer um blog para ela. Gostei tanto disso que eu resolvi criar sites *para empresas e ter meu próprio dinheiro. No mês seguinte eu desenvolvi o* site *da Lan House da esquina da minha rua. Alguns meses depois eu já tinha criado alguns* sites *e aberto uma agência digital. O negócio durou uns dois anos e não deu tão certo, mas me ensinou muito a negociar melhor. Alguns anos depois eu fundei uma agência de propaganda, que rendeu muitos prêmios e grandes clientes, até o dia que tive que vendê-la para me dedicar integralmente à Hand Talk."*

O plano de negócios

Suas forças e fraquezas

"Acho que minha maior força é saber gerir pessoas, identificar talentos e liderar times. Por outro lado, eu sou horrível para lembrar o nome das pessoas e gerenciar meu networking, *mas já estou exercitando isso!"*

Sociedade

"Cada sócio da empresa veio de uma praia diferente e a soma dessas habilidades foi crucial para o nosso negócio. O Thadeu é o nosso CPO, que desenhou o Hugo (intérprete virtual da empresa) e comanda nossos produtos. Ele é um dos caras mais inteligentes que eu tive o prazer de conhecer. O Carlos é o nosso CTO; conheço ele há mais de dez anos e já fizemos algumas dezenas de trabalhos juntos antes da Hand Talk."

Investimento inicial

"Conseguimos um investimento anjo em nossa primeira apresentação em público. Isso foi algo muito diferente do que a gente vê por aí. Esse foi um grande empurrão para o nascimento da empresa. Depois disso colocamos uma boa grana nossa dentro da empresa e recebemos mais alguns investimentos para pesquisa científica e outros provenientes de prêmios que conquistamos."

O desafio da conquista do primeiro cliente

"Esse é um grande problema de um negócio que vende para empresas. Era 2014 e o nosso aplicativo, que é gratuito, estava bombando. Havíamos lançado a nossa solução para tradução de sites *de empresas e a grana do investimento anjo estava acabando. Cometemos um grande erro de passar os primeiros anos cuidando do produto e não focamos nas vendas. O dinheiro do investimento acabou e corremos atrás para tentar vender o novo produto e pagar as contas. Nesse período nós investimos nossas economias na empresa para mantê-la de pé, até que conquistamos o nosso primeiro e grande cliente, que fez o jogo virar. Logo depois vieram os seguintes e a conta começou a fechar."*

Momento de maior satisfação

"Acredito que não há um só momento de maior satisfação. Um deles foi o prêmio de Abu Dhabi em 2013, considerado o Oscar dos Aplicativos, onde concorremos com mais de 15 mil aplicativos de mais de 100 países. Foi emocionante subir ao palco e

123

ver todos aplaudindo de pé, inclusive os outros competidores. Ali sabíamos que a Hand Talk poderia chegar a um patamar global. Outros momentos de grande satisfação são quando recebemos as centenas de depoimentos de usuários que foram impactados pelo aplicativo. Recebemos um de uma mãe emocionada, que após ver a Hand Talk em uma reportagem na TV, baixou o aplicativo e correu para casa para se comunicar com seu filho de 30 anos de idade, que é surdo. Ela digitou várias declarações para ele e disse que foi a primeira vez na vida que ela soube de fato que ele estava entendendo o que ela estava dizendo.”

Prós e contras de ser empreendedor

“Ser empreendedor é desgastante, cansativo e trabalhoso, mas é muito recompensador. Eu durmo e acordo pensando na Hand Talk, no que eu tenho que fazer no dia seguinte, nas contas que a gente tem para pagar, mas também nas conquistas que a gente conseguiu. Há uma motivação diária que não tem muita explicação. Acho que isso está no sangue: o fato de fazer acontecer, realizar e deixar um legado.”

Carreira de empreendedor e o convívio com a família

“Eu tento equilibrar muito bem minha vida pessoal e profissional, mas não é fácil. Acelero muito durante o dia e procuro me dedicar ao máximo à minha família quando estou em casa, seja no almoço durante a semana, à noite ou nos finais de semana. Tenho acompanhado muito de perto cada dia com minha filha, que tem alguns meses, e tenho conseguido lidar muito bem com isso. Tudo na vida precisa ter um equilíbrio e eu tento manter essa balança bem ajustada nesse sentido também.”

Se faria tudo de novo

“Faria tudo novamente quase do mesmo jeito. É óbvio que agora, com um pouco mais de experiência, eu teria encontrado muito mais atalhos e achado mais rápido as respostas que muitas vezes demorei para encontrar, mas aprender faz parte da caminhada.”

A relação com os investidores

“Tentei sempre deixar tudo muito transparente e tomar as decisões sempre em conjunto, o que tem sido muito bom para a nossa relação. Nossos investidores são

O plano de negócios

pessoas fantásticas e que também compartilham dos mesmos propósitos que a gente, e isso faz toda a diferença. Uma coisa nós temos muito claro: nenhum crescimento faz sentido se não mantivermos os nossos valores."

Conselhos a quem quer empreender

"Seja curioso, corajoso, resiliente e ande pela contramão (no bom sentido). Antes de construir, tire a bunda da cadeira e valide a sua ideia com quem compraria seu produto. Busque mentores que já conhecem aqueles caminhos para você ganhar tempo e evitar gastar grana em vão."

Sonhos e futuro

"Continuo com os mesmos sonhos. Quero viajar o mundo com minha família (que está crescendo), conhecer novas pessoas e culturas diferentes e deixar um legado ainda maior para o nosso planeta."

Respostas curtas e diretas

Paixão: *"Futebol e viagens."*

Família: *"Minha fonte de inspiração."*

Conhecimento: *"Combustível."*

Realização do empreendedor: *"Deixar um legado."*

Empreender é...: *"Fazer acontecer."*

Ganhar dinheiro: *"É importante."*

Concorrência: *"Olho pelo retrovisor."*

Networking: *"Essencial."*

Planejar × executar: *"Planeje menos e execute mais."*

Aposentadoria: *"Sabe que eu ainda nem pensei nisso?"*

Sobre a Hand Talk

Fundada em 2012, a Hand Talk realiza tradução digital e automática para Língua de Sinais, utilizada pela comunidade surda. A solução oferece ferramentas complementares ao trabalho do intérprete para

Questões referentes ao Estudo de caso 3

auxiliar a comunicação entre surdos e ouvintes. Mais informações em *www.handtalk.me*.

Questões referentes ao Estudo de caso 3

1. Ronaldo é um empreendedor diferenciado, apaixonado pelo que faz e que focou em um nicho de mercado pouco explorado, o que se mostrou uma grande ideia. Mesmo não sabendo ao certo a estratégia que levaria a empresa ao sucesso, ele não teve receio de seguir em frente com o negócio. Como você avalia a definição de uma estratégia de negócio para uma empresa iniciante que ainda não tem claro o objetivo que quer atingir? O que é mais importante: desenvolver um plano de negócios com projeções detalhadas de receita ou focar apenas em quanto de dinheiro será necessário para sustentar a empresa, enquanto não se descobre uma linha clara de receita?

2. Imagine que você está assumindo a gerência de novos negócios da Hand Talk e é o novo responsável pela expansão da empresa. Aplique o modelo de Timmons (recorra aos Capítulos 2 e 3 para mais informações), que trata de pessoas, recursos e oportunidades, e apresente, na sua visão, uma proposta para a empresa crescer nos próximos três anos (em que mercados atuar, o que deve ser priorizado e o que deve ser eventualmente descartado do modelo de negócio atual). Leve em consideração questões como: conhecimento do negócio por parte do empreendedor, experiência, o modelo de negócio atual da empresa (pesquise na internet e no *site* da empresa para mais informações), a relação com os investidores, a ousadia do empreendedor etc.

3. A Hand Talk fez um plano de negócios inicial quando participou do primeiro concurso de *startups* e saiu vitoriosa. Mas muitos empreendedores acabam montando negócios sem um planejamento estruturado, sonham alto e, mesmo assim, às vezes, acabam bem-sucedidos. O que você pensa a respeito? O que é mais

O plano de negócios

importante: o sonho do empreendedor ou um plano de negócios bem estruturado? Analise outros exemplos, discuta com os colegas e chegue à sua conclusão. Acesse o fórum do empreendedorismo no *site* www.josedornelas.com.br, deixe suas respostas e veja o que outras pessoas pensam a respeito dessas questões.

6

Criando um Plano de Negócios Eficiente

Um bom plano de negócios deve mostrar claramente a competência da equipe, o potencial do mercado-alvo e uma ideia realmente inovadora; culminando em um negócio economicamente viável, com projeções financeiras realistas.

Que o plano de negócios é importante para o empreendedor, todos já sabem, pois o capítulo anterior tratou desse assunto detalhadamente. Mas como o empreendedor deve desenvolver o plano de negócios? Como devem ser colocadas as informações em cada seção do plano? Como efetuar a análise de mercado? E as projeções financeiras ou o tão discutido sumário executivo? Neste capítulo, essas e muitas outras perguntas serão respondidas. A estrutura de plano de negócios estudada abordará os seguintes tópicos:[1]

1. **Capa**
2. **Sumário**
3. **Sumário executivo**
4. **Descrição da empresa**
5. **Produtos e serviços**
6. **Mercado e competidores**
7. **Marketing e vendas**
8. **Análise estratégica**
9. **Plano financeiro**
10. **Anexos**

● Capa

A primeira página de seu plano de negócios será a capa, que serve como a página de título e deve conter as seguintes informações:

- Nome da empresa.
- Endereço da empresa.
- Telefone da empresa (incluindo DDD).
- Endereço eletrônico do *site* e *e-mail* da empresa.
- Logotipo (se a empresa tiver um).
- Nomes, cargos, endereços e telefones dos proprietários da empresa (dados do diretor-presidente e principais pessoas-chave da empresa).
- Mês e ano em que o plano foi feito.
- Número da cópia.
- Nome de quem fez o plano de negócios.

---

[1] Para conhecer uma maneira prática de se desenvolver planos de negócios, a partir de um exemplo prático, consulte o livro *Plano de negócio – Seu guia definitivo*. Informações em*www.josedornelas.com.br*.

A seguir, veja um exemplo de capa-padrão para um plano de negócios.

Figura 6.1 Exemplo de capa-padrão para um plano de negócios.

● Sumário

O sumário do plano de negócios é imprescindível e deve conter o título de todas as seções do plano, subseções (se for o caso) e suas respectivas páginas. É comum o leitor de um plano de negócios se interessar mais por uma seção específica do plano. Portanto, quanto mais fácil for a tarefa de localizar a seção desejada, mais propenso ficará o leitor a ler com atenção o documento.

Um plano de negócios com todas as seções pertinentes, mas desorganizado, dificilmente causará boa impressão ao leitor e refletirá a imagem que o leitor do plano terá de sua empresa. Tenha sempre em mente que o plano de negócios é o cartão de visitas de sua organização. Então, procure causar a melhor impressão possível.

Nos editores de textos atuais (MS Word©, por exemplo), facilmente se consegue elaborar, de forma automática, diversos tipos de sumários para documentos.

Exemplo de estrutura de sumário:

I – Sumário executivo	02
II – Descrição da empresa	04
III – Produtos e serviços	08
IV – Mercado e competidores	10
V – Marketing e vendas	14
VI – Análise estratégica	18
VII – Plano financeiro	20
VIII – Anexos	28

● Sumário executivo

O sumário executivo é a principal seção de seu plano de negócios e deve expressar uma síntese do que será apresentado na sequência, preparando e atraindo o leitor para uma leitura com mais atenção e interesse.

Embora o sumário executivo apareça no início do plano de negócios, deve ser a última parte a ser escrita durante a elaboração do plano. É muito mais eficiente e coerente escrever uma síntese depois de se preparar o texto básico. Deve conter todas as informações-chave do plano de negócios em não mais que duas páginas (no caso do plano completo) ou, no máximo, uma página (plano resumido). Os melhores planos de negócios são os mais objetivos, e seu sumário executivo deve seguir essa regra, contemplando a essência do plano em uma ou duas páginas, escrito de forma clara e concisa. Para auxiliar na preparação do sumário executivo, procure responder às seguintes perguntas:

O quê? Qual o propósito do seu plano?
- O que você está apresentando?
- O que é a sua empresa?
- Qual é seu produto/serviço?

Onde? Onde sua empresa está localizada?
- Onde está(ão) seu(s) mercado/clientes?

Por quê? Por que você precisa do dinheiro requisitado?

Como? Como você empregará o dinheiro na empresa?
- Como está a saúde financeira do negócio?
- Como está crescendo a empresa (faturamento dos últimos três anos etc.)?

Quanto? De quanto dinheiro você necessita?
- Como se dará o retorno sobre o investimento?

Quando? Quando seu negócio foi criado?
- Quando você precisará dispor do capital requisitado?
- Quando ocorrerá o pagamento do empréstimo obtido?

Como recomendação final, o empreendedor deve entender que o sumário executivo do plano de negócios deve ser dirigido ao público-alvo, ou seja, deve ser escrito com ênfase nos assuntos que mais interessam ao leitor do plano de negócios. Assim, um plano de negócios destinado a um banco de investimentos ou a investidores-anjo, visando à obtenção de empréstimos ou capital de risco, deve necessariamente dar ênfase à parte financeira: ao retorno do investimento para o investidor, às possíveis estratégias de saída do negócio para o investidor, à justificativa da necessidade do dinheiro e onde ele será aplicado na empresa. Deve demonstrar também a demanda pelos produtos/serviços da empresa no nicho de mercado em questão e como ela se diferencia dos competidores.

Um exemplo de sumário executivo de uma empresa fictícia, localizada em São Paulo, interessada em conseguir um empréstimo junto a um banco de varejo, para a compra de duas novas máquinas de limpeza de piscinas e um automóvel, é apresentado a seguir.

Piscina Azul é uma empresa especializada em limpeza de piscinas, fundada em 2012. A empresa está localizada em São Paulo, no bairro de Pinheiros. A principal *máquina utilizada nos serviços de limpeza já não é suficiente para atender à demanda dos serviços atuais, havendo a necessidade de adquirir mais duas novas máquinas e um novo automóvel para atendimento aos clientes. A empresa dispõe de R$ 20.000 e precisa de um empréstimo de R$ 40.000 para efetuar as compras.*

A empresa estabeleceu seu nicho de mercado em 2013. Projeções para o próximo ano indicam a expansão de carteira de clientes para novos mercados e regiões da cidade. As projeções de fluxo de caixa dão apoio à certeza de que a empresa terá fundos suficientes para arcar com os compromissos assumidos, contratar mais funcionários e implementar as ações planejadas de marketing. Atualmente, o negócio tem 150 contas residenciais, 20 contas com condomínios e 15 contas com academias/escolas de natação. Os serviços incluem limpeza periódica das piscinas, tratamento da água e manutenção preventiva dos equipamentos. O sucesso da empresa é resultado direto da habilidade que possui em prover serviços personalizados a custos competitivos, criando uma base fiel de clientes. Atualmente, o custo médio para a limpeza de piscinas pequenas é de R$ 100 por dia e, para piscinas grandes, R$ 150 por dia. Durante o inverno, a empresa se dedica aos serviços de limpeza de reservatórios e caixas d'água, devido à sazonalidade.

A taxa projetada de crescimento para o mercado de limpeza de piscinas é de 10% ao ano. Pretende-se expandir o negócio com novos equipamentos, marketing e empregados adicionais para atender à demanda existente. Espera-se aumentar a carteira de clientes em 20%, com base nos registros do ano anterior, no serviço diferenciado da empresa e nas atividades de marketing que serão desenvolvidas.

O empréstimo será necessário para outubro de 2023. A empresa não precisa de carência para início do pagamento. Como garantia, será oferecido o imóvel da sede, avaliado em R$ 280.000.

● Descrição da empresa

Esta é a seção do plano na qual você apresenta um resumo da organização da sua empresa, sua história e seu *status* atual. Enfatize as características únicas de seu negócio e diga como você pode prover um benefício ao cliente. Dê uma ideia do que espera conseguir em três a cinco anos. Trata-se de uma parte descritiva do plano de negócios, mas que deve ser feita com muito cuidado para evitar excessos ou faltas.

Descreva a empresa procurando mostrar o porquê de sua criação, qual o seu propósito, a natureza dos serviços ou produtos fornecidos, como ela se desenvolveu ou se desenvolverá, qual é seu modelo de negócios e diferenciais. Apresente a razão social/nome fantasia, qual o porte da empresa e como está enquadrada na legislação: micro, pequena ou média empresa, sociedade civil limitada, sociedade anônima etc. (No Capítulo 9, serão tratados os aspectos relativos à abertura de empresas.)

Um exemplo de uma breve descrição de empresa é o caso da empresa fictícia CorteCana:

CorteCana é uma empresa criada em 2012 para satisfazer a demanda de componentes para a indústria de implementos agrícolas, que teve um pequeno crescimento com o aumento no número de contratos a partir de 2016, em função do aquecimento do mercado de colheitadeiras de cana-de-açúcar. Apesar de uma recente crise no setor, as projeções indicam uma demanda crescente pelo tipo de produto que a empresa produz nos próximos anos. A CorteCana mantém uma margem competitiva por meio da entrega imediata de produtos, de excelentes relações com os clientes e de sua capacidade de se adequar às necessidades deles. A empresa está instalada estrategicamente em uma área de 20.000 m² e deseja satisfazer a demanda crescente por seus produtos com o aumento do efetivo de funcionários e a aquisição de equipamentos mais modernos, os quais possibilitarão melhor e maior produtividade, diminuição de custos e redução do tempo de processo.

O aspecto mais importante da descrição do negócio é mostrar que a empresa possui pessoas qualificadas e comprovadamente experientes nos níveis de comando. A equipe de gestão é o principal foco dos investidores quando analisam um plano de negócios. Só depois, eles avaliam a oportunidade de mercado, a ideia inovadora e as perspectivas de altos lucros. Assim, em muitos planos de negócios, a descrição das pessoas que decidirão os rumos da empresa assume papel essencial, sendo até destacada no plano, como no caso da estrutura de plano de negócios para empresas focadas em inovação e tecnologia, em que a equipe de gestão é apresentada em seção específica. Outros aspectos, como estrutura jurídica, localização, manutenção de registros, segurança e seguro, também devem ser citados na descrição do negócio, se for o caso.

Equipe gerencial

Muitos investidores, ao receberem um plano de negócios, depois de lerem o sumário executivo, vão direto para os *curricula vitae* da equipe de gestão da empresa. Isso porque, sem uma equipe de primeira linha, qualquer outra parte do plano de negócios dificilmente se concretizará. Perguntas como "Por que eu deveria investir meu dinheiro nessa empresa?", na verdade, podem ser traduzidas como "Por que eu deveria investir meu dinheiro nessas pessoas?". Igualmente relevante é o fato de serem pessoas experientes, conhecidas e comprovadamente competentes nas áreas de negócio em que se encontram, de conhecerem o nicho de mercado da empresa e do que fizeram no passado.

Quando o empreendedor tiver de formar sua equipe, ele próprio deve se fazer algumas perguntas, como: "Quais são as áreas-chave de gerenciamento do meu negócio?", "Como a organização será estruturada?", "Quem gerenciará o negócio?", "Que ajuda externa pode ser necessária?", "Quantos empregados serão necessários e quando eles devem ser contratados?". Essas perguntas podem ser respondidas com o desenvolvimento de um planejamento organizacional realista (PINSON; JINNETT, 1996).

Se o empreendedor for jovem, ele deve necessariamente pensar em atrair para seu "time de campeões" as melhores cabeças, as mais experientes, com habilidades complementares, visando formar uma equipe multidisciplinar para tocar o negócio. De preferência, deve ainda atrair pessoas melhores que ele mesmo, pois, assim, não precisará se preocupar em demasia com as decisões gerenciais tomadas em cada área da empresa, podendo delegar tarefas e atribuições e se dedicar a questões mais estratégicas.

Antes de descrever a equipe de gestão no plano de negócios, procure responder às seguintes perguntas (adaptado de SAHLMAN, 1997):

1. De onde são os fundadores e gestores da empresa?
2. Onde eles estudaram e quais cursos têm feito para se manterem atualizados?
3. Onde já trabalharam e para quem?
4. Qual é sua reputação no meio empresarial?
5. Quais são suas referências?
6. Que experiência eles têm no ramo de negócios no qual a empresa está sendo criada?
7. Qual é a experiência deles na criação de novos negócios? É a primeira vez que se aventuram no empreendedorismo?
8. Quais são suas habilidades, diferenciais, pontos fortes e pontos fracos?
9. Há necessidade de se complementar a equipe ou ela já está formada? (Se houver, quem deveria ser chamado para o time?)
10. Quais desafios eles já assumiram na vida?
11. Quais são suas maiores motivações?
12. Até que ponto estão comprometidos com o negócio? Quanto tempo se dedicam/dedicarão a ele?

As pequenas empresas normalmente começam com os donos fazendo a maior parte do trabalho, durante várias horas por dia, todos os dias da semana, sem feriados ou fins de semana. O mesmo raciocínio vale para empresas em crescimento, com os gerentes e executivos principais realizando a maior parte do trabalho, sem hora para terminar.

Quanto mais a empresa cresce, mais aumenta o número de clientes, fornecedores e funcionários, e a estrutura da empresa precisará ser revista, com a contratação e/ou promoção/remanejamento de executivos. Faça, então, uma previsão de como sua empresa crescerá e quantos funcionários adicionais serão necessários. Política de contratação, descrição de cargo e contratação de funcionários são, todos, parte de um plano organizacional. Explique como os funcionários receberão salários, benefícios, bônus, férias, opção de compra de ações da empresa (se for o caso) e outros direitos trabalhistas.

Um organograma funcional da empresa pode ser apresentado, com destaque para as principais áreas de negócio e as pessoas-chave que ocupam os principais cargos, suas responsabilidades e atribuições, bem como o número de funcionários que precisam coordenar. É interessante ainda mostrar como essa estrutura evoluirá nos próximos anos e quais áreas serão criadas ou extintas, se o número de funcionários vai aumentar, se há a intenção de terceirizar algum setor etc. Esses dados se refletirão no fluxo de caixa e nos demais demonstrativos financeiros da empresa e devem ser analisados com muito critério. Lembre-se: os investidores normalmente investem em pessoas, o principal ativo das empresas nascentes. Quanto mais experientes e capacitadas em técnicas de gestão elas forem, melhores serão as chances de a empresa conseguir o capital solicitado!

Um exemplo de organograma de uma empresa de *software* em busca de capital de risco, na fase inicial do negócio, é apresentado na Figura 6.2. Os cargos mais importantes estão em destaque no organograma: CEO, diretores e algumas gerências. Não se esqueça ainda de inserir na seção "Anexos" do plano de negócios os *curricula vitae* resumidos dos principais executivos da empresa, para que possam ser avaliados pelos leitores do plano.

Estrutura jurídica

Inclua uma cópia do contrato social da empresa na seção "Anexos" e mostre no plano de negócios como está constituída a sociedade, quem são os sócios e qual a participação de cada um no negócio. Explique ainda qual o envolvimento deles (se todos retiram *pro labore*,[2] se há sócios com

---

[2] *Pro labore* é a retirada mensal dos sócios de uma empresa, similar ao salário, no caso de funcionários.

137

6   Criando um plano de negócios eficiente

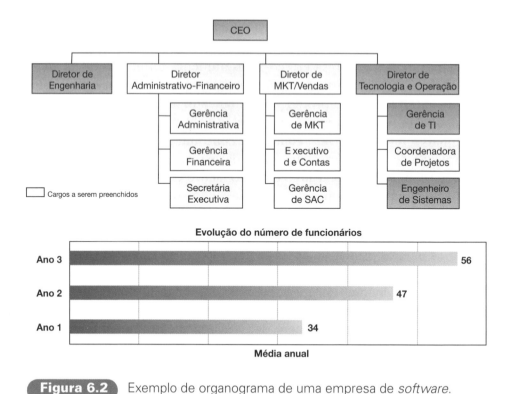

Figura 6.2   Exemplo de organograma de uma empresa de *software*.

dedicação parcial, se já há sócios capitalistas etc.). Explique como será feita a distribuição de lucros e de quem é a responsabilidade financeira por qualquer perda. Mostre também a natureza da empresa: se é uma micro, pequena ou média empresa, quais impostos incidem sobre ela, se a empresa tem algum benefício fiscal e demais informações pertinentes.

Se você prevê mudanças na estrutura jurídica no futuro (devido ao crescimento da empresa ou entrada de um novo sócio, por exemplo, um investidor), discuta como isso ocorrerá. Não se esqueça de consultar esta seção ao completar o módulo financeiro do negócio (informações referentes a impostos incidentes, como ISS, PIS, Imposto de Renda e outros).

Localização e infraestrutura

Apesar de a localização ser considerada uma questão referente à estratégia de marketing de um negócio, que, em muitos casos, diferencia os serviços prestados pela empresa em relação aos concorrentes (*vide* o caso da rede de *fast-food* McDonald's, considerada referência mundial na escolha de seus pontos de venda), cabe uma breve descrição a respeito do assunto nessa

Criando um plano de negócios eficiente

parte do plano de negócios. A infraestrutura disponível também deve ser citada, pois muitos imóveis, além da localização, também podem oferecer uma infraestrutura excelente, dependendo de onde se localizam. Por exemplo, se o imóvel estiver situado em uma região predominantemente empresarial, como o Centro Empresarial, em São Paulo, haverá mais disponibilidade ou será mais fácil obter linhas de dados e de acesso rápido à internet, heliporto, salas de videoconferência, salas de treinamento, que poderão ser da própria empresa ou alugadas. A descrição deste tópico pode ser feita da seguinte forma:

Piscina Azul está instalada em um imóvel de 800 m², localizado na Rua Oscar Freire, 5.555, em São Paulo. Este espaço foi escolhido pela facilidade de acesso, boas condições de segurança, qualidade das instalações, completa infraestrutura e proximidade dos clientes.

É importante que as informações relativas ao valor do aluguel sejam transportadas para a parte financeira do plano de negócios, nas projeções de custo mensal para o fluxo de caixa (PINSON; JINNETT, 1996). Se o imóvel for da empresa, seu valor será transferido para o balanço patrimonial. Como argumento adicional, liste outros locais possíveis e diga por que deu preferência a eles. Você pode incluir cópias da planta do imóvel, fotos ou desenhos do local na seção "Anexos".

Utilize o questionário a seguir de análise de localização (adaptado de PINSON; JINNETT, 1996) para que sua decisão de onde instalar a empresa seja tomada por meio de um estudo de vários fatores considerados críticos no processo de escolha.

Questionário de análise de localização da empresa

1. O valor do aluguel é competitivo? (Cuidado: nem sempre o menor valor de aluguel significa melhor custo/benefício.)
2. A área é adequada para as necessidades de ocupação da empresa? (Analise o número atual de funcionários e as perspectivas de crescimento da empresa, estacionamento etc.)
3. No caso de empresa comercial/varejo: o local fica em uma região de grande tráfego de pedestres?
4. Existe estacionamento para os clientes?
5. As instalações telefônicas e de internet são de fácil disponibilidade no local? Como é a qualidade das instalações elétricas e hidráulicas?
6. O tipo de negócio que você quer montar pode ser instalado nessa região da cidade? (Verifique na prefeitura.)

139

7. O local é de fácil acesso para fornecedores e para o escoamento de produção? (No caso de empresas de manufatura, distribuição, atacado...)
8. O local é de fácil acesso para os funcionários?
9. O imóvel é novo e tem boa aparência?
10. O imóvel é seguro e bem protegido?

Manutenção de registros

A contabilidade de sua empresa é feita internamente ou é terceirizada? Se for terceirizada, quem é o terceiro contratado e como você se relaciona com ele? Quem, na empresa, é responsável pela avaliação do serviço do contador? A contabilidade é uma parte importante do negócio, e você deve saber utilizar os serviços do contador de forma inteligente, visando a um gerenciamento mais eficaz do fluxo de caixa. Muitos contadores apenas comunicam as datas e os valores dos desembolsos que o empresário precisa fazer para pagar taxas e impostos, geralmente no início e no meio do mês. Bons contadores auxiliam o empresário, indicando as melhores formas de gerenciar o caixa, com informações atualizadas, não apenas informando datas e valores a pagar. O empresário deve escolher um escritório de contabilidade de sua confiança e que seja referência na comunidade. Caso contrário, deverá optar por implementar um sistema contábil interno.

Seguro

É importante que o empreendedor considere os custos envolvidos com o seguro do negócio, o que inclui o seguro do imóvel, dos bens (máquinas, equipamentos, computadores, móveis), das mercadorias produzidas, de automóveis etc. No caso do transporte dos bens produzidos pela empresa (os produtos finais), a contratação do seguro da carga também é indispensável. Precaver-se é a melhor forma de evitar imprevistos e surpresas desagradáveis. Os valores envolvidos com a contratação do seguro devem constar das projeções do fluxo de caixa da empresa. No plano de negócios, deve-se apenas citar se há seguro contratado (tipo da apólice, período, valor), com qual seguradora e para que itens do negócio.

Segurança

Dados da Câmara Americana de Comércio mostram que cerca de 30% das falências ocorrem por desonestidade de funcionários e clientes, incluídos não somente os furtos de mercadorias, mas também de informações (PINSON; JINNETT, 1996). Inclua o assunto "segurança" em seu plano

Criando um plano de negócios eficiente

de negócios. Antecipe-se aos problemas de segurança que possam ocorrer em áreas sujeitas a riscos e diga que medidas adotou e por que escolheu essa forma de garantir a segurança. Se sua empresa for especializada em desenvolvimento de aplicativos para internet, por exemplo, e se a área de desenvolvimento de *software* necessitar ficar conectada à internet continuamente, um sistema de segurança computacional de alta confiabilidade deverá ser implementado na empresa, para evitar a invasão de *hackers*. Outro exemplo refere-se à segurança quanto a roubos, para a qual se aconselha, em geral, a contratação de empresas de segurança para monitorar as instalações da empresa, principalmente em fins de semana e feriados.

Terceiros

Que outros terceiros serão necessários ao negócio? Já foi citado o caso da contabilidade, em que para a maioria das micro e pequenas empresas é terceirizada junto a escritórios de contabilidade. Cite, neste tópico, outros terceiros imprescindíveis ao negócio, como assessoria de imprensa/comunicação, assessoria jurídica, outras empresas terceirizadas que fornecem peças ou componentes do produto a ser produzido, empresas de consultoria e treinamento, de manutenção preventiva (no caso de sua empresa possuir muitos equipamentos e máquinas no parque fabril), empresas que fornecem a alimentação dos funcionários (também se aplica ao caso de terceirização do refeitório), escritório de engenharia (no caso de empresas de construção civil que optem por terceirizar os projetos). Enfim, cada caso terá suas peculiaridades, e o empreendedor deverá saber analisar seu caso particular e procurar a melhor maneira de descrever os terceiros do negócio, enfatizando por que os escolheu e quais benefícios trazem para a empresa.

Parceiros estratégicos

Às vezes, um fornecedor ou terceiro da empresa ou, ainda, um cliente pode ser um parceiro estratégico para o negócio. Em conjunto com parceiros estratégicos, a empresa pode ganhar uma licitação ou concorrência, fechar um grande contrato, discutir a entrada em um importante mercado em crescimento, impedir a entrada de outros competidores potenciais no mercado etc. Apesar de ser o último item a ser listado nessa parte do plano de negócios, estrategicamente pode ser o principal, pois, dependendo do tipo de aliança estabelecida e do mercado no qual o negócio se insere, a empresa crescerá, se manterá viva ou não terá muitas chances de sobrevivência. Dê especial atenção para este item do plano. Se for o caso, utilize os dados citados nesta parte para suportar a análise estratégica do negócio, apresentada adiante.

● Produtos e serviços

Diga quais são os produtos e serviços de sua empresa, por que ela é capaz de fornecê-los e como eles são fornecidos, quais as características da equipe de produção e em quais aspectos seu produto/serviço difere dos da concorrência. Exponha as características únicas de seu negócio e o que ele tem de especial para oferecer aos clientes. Se você tem tanto um produto como um serviço (por exemplo, as empresas de entrega de pizza, em que contam tanto a qualidade do produto como a do serviço de entrega), não deixe de mencionar isso no plano de negócios. Diga onde obterá seus suprimentos e por que determinados fornecedores foram escolhidos (se você tratou disso no tópico sobre terceiros da seção "descrição da empresa", refira-se ao mesmo).

Liste os produtos ou serviços futuros que você planeja fornecer quando a empresa crescer. Especifique os direitos autorais, patentes ou registros de marcas nesta seção. Você precisará fundamentar suas declarações com cópias de fotos, diagramas e certificados na seção "Anexos".

Fabricantes ou atacadistas:

- Faça uma descrição detalhada do desenvolvimento do produto a partir do recebimento da matéria-prima, até o produto acabado. A representação processual nesse caso é muito interessante, pois permite uma visualização gráfica de cada etapa do processo de produção. Existem vários programas de computador (*softwares*) que permitem a construção desses diagramas de processo de forma bem simples. Podem-se inserir nesses diagramas dados como quantidade de matéria-prima, funcionários em cada etapa do processo, duração da atividade, entradas e saídas etc.
- Descreva as necessidades de matéria-prima, suas características (são fornecidas em lotes, de forma unitária etc.), custos, fornecedores, se há escassez em algum período do ano, se existem fornecedores alternativos ou, ainda, matéria-prima alternativa, em caso de falta da principal. Faça uma previsão de compra de matéria-prima para ser incluída na projeção de fluxo de caixa.
- Descreva quais equipamentos são utilizados no processo produtivo, quais os custos de manutenção, quantos operários são necessários na

Criando um plano de negócios eficiente

operação deles e em quantos turnos de trabalho, qual o índice de refugo de matéria-prima etc.

Varejistas:

- Descreva os produtos ou famílias de produtos vendidos por sua empresa e seus principais fornecedores, por que foram escolhidos (qualidade, preço, proximidade, único fornecedor etc.), onde se localizam e o prazo em que você recebe cada lote de pedidos.
- Como você controla o estoque de produtos? Como define quando deve ser feito um novo pedido de compra, as margens que devem ser praticadas na venda do produto, o estoque ótimo de produtos que deve permanecer na loja, o estoque mínimo e o máximo e a reposição do estoque? Existe um *software* que controla esse processo?

Ciclo de vida do produto

Normalmente, os produtos possuem um ciclo de vida, passando por quatro etapas clássicas de desenvolvimento: introdução (nascimento), crescimento, maturação e declínio. Cada etapa apresenta as seguintes características (Figura 6.3).

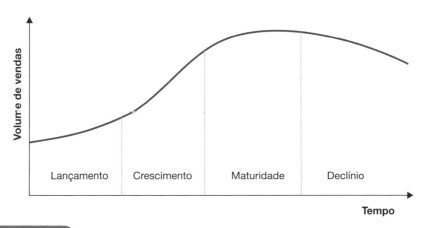

Figura 6.3 Ciclo de vida do produto.

1. *Etapa introdutória*: quando um produto é lançado, há a necessidade de investimento de grandes montantes em promoção, visando tornar sua marca conhecida. O crescimento das vendas do produto é lento e quase não se obtém lucro, em virtude dos gastos com o lançamento.

143

2. *Crescimento*: começa a haver um aumento de demanda pelo produto, já testado pelos clientes, com consequente aumento nos lucros.

3. *Maturação*: o crescimento das vendas começa a reduzir, pois a grande parcela da clientela já optou pelo produto. O lucro também tende a se estabilizar, pois há a necessidade de investir novamente em propaganda, nesse estágio, para evitar que o consumidor opte pela concorrência, levando a uma redução de preços.

4. *Declínio*: as vendas decrescem, e os lucros desaparecem, levando à retirada do produto do mercado.

Você deve especificar em qual estágio do ciclo de vida encontram-se os produtos de sua empresa. Dependendo do estágio, a empresa deverá adotar diferentes estratégias de marketing, como será visto adiante.

Estratégia de produto

Qual a estratégia de desenvolvimento de produtos da empresa? A empresa deve especificar as maneiras que utiliza para determinar os produtos futuros em função do desempenho dos atuais e, assim, projetar novas maneiras de desenvolvê-los, produzi-los e distribuí-los aos clientes.

A descrição do produto no plano de negócios deve ressaltar suas características e seus benefícios. Deve ficar claro para o empreendedor quais são as diferenças entre esses dois atributos: características estão relacionadas geralmente com aspectos físicos (tamanho, peso, formato, cor) e funcionalidades (feito de, usado para, aplicado como), enquanto os benefícios estão relacionados com a satisfação do cliente e com o que o produto lhe proporciona (conveniência, segurança, garantia, facilidade de uso, felicidade). Se possível, faça uma comparação com os atributos dos produtos da concorrência. No caso de serviços, deve-se seguir a mesma regra.

É interessante que se faça uma boa análise da situação atual da carteira de produtos da empresa, bem como de suas perspectivas no mercado em que estão inseridos. Para isso, existe uma técnica muito utilizada em marketing, que pode ajudar o empreendedor nesse trabalho, apresentada a seguir.

Trata-se da Matriz BCG, do Boston Consulting Group, que possibilita a análise da carteira de produtos com base em dois grandes fatores: crescimento de mercado e participação relativa de mercado.

- *Crescimento de mercado*: identifica como o mercado de determinada linha de produtos cresce e serve para definir o que será feito com o portfólio

Criando um plano de negócios eficiente

de produtos da empresa. Se o mercado apresenta altas taxas de crescimento, poderá ser muito promissor para a empresa, caso seus produtos ocupem considerável participação nesse mercado.

- *Participação relativa de mercado*: neste caso, o produto ou linha de produtos de uma mesma família deve ser comparado em termos de participação de mercado em relação aos principais concorrentes da empresa.

Dependendo da situação em relação aos dois fatores anteriores, seus produtos podem ser (TIFFANY; PETERSON, 1999):

- *Dúvida*: trata-se de produtos com baixa participação em um mercado em alto crescimento. Muitas vezes, estão relacionados com negócios nascentes que ainda não têm bem definidos os caminhos a seguir, sem muita experiência de mercado. Como se encontram em mercados em expansão, a manutenção da atual participação de mercado demanda altos investimentos, mas suas vendas relativamente baixas tendem a gerar pouca ou nenhuma receita. Se for possível aumentar significativamente a participação de mercado ao longo do tempo, o que implica investir mais, os produtos-dúvida podem se tornar estrelas.

- *Estrela*: os produtos-estrela são aqueles que possuem alta participação em mercados em crescimento. São os produtos ideais, que toda empresa gostaria de vender. Normalmente, demandam grandes investimentos para financiar a expansão contínua de mercado e eliminar concorrentes em potencial. Uma vantagem é que sua grande participação de mercado se reverte em geração de receita para a empresa, com altas margens de lucro. Em geral, são autossustentáveis, pois geram e consomem grandes quantias. Devem ser sempre uma prioridade e não deve haver dúvidas em se fazerem investimentos em produtos-estrela.

- *Vaca leiteira*: são produtos que possuem importante participação em mercados de baixo crescimento. Em razão de suas vantagens de participação de mercado, costumam gerar muito dinheiro e, o melhor de tudo, é que não demandam muito investimento. Como o mercado é de baixo crescimento, geralmente está mais consolidado, e os produtos já estão bem estabelecidos. É interessante fazer os produtos-vaca leiteira gerarem mais caixa e, assim, usar os recursos para investir em outros produtos de alto potencial.

- *Abacaxi*: são produtos com pouca participação em mercados em baixo crescimento. As receitas e os lucros são muito pequenos, e os produtos consomem muito dinheiro. Como exigem investimentos periódicos,

145

esses produtos normalmente não proporcionam muito retorno e, em geral, devem ser descartados.

Figura 6.4 Matriz BCG.

Não há necessidade de inserir a matriz BCG no interior do plano de negócios, mas pode estar contida na seção "Anexos". A utilização desse recurso pode ajudar o empreendedor a entender melhor a situação atual de sua linha de produtos em relação à concorrência, dando-lhe subsídios para definir uma estratégia mais eficaz de desenvolvimento de novos produtos ou de aperfeiçoamento dos atuais. O empreendedor pode utilizar a matriz BCG para auxiliá-lo na seleção dos produtos que devem ser priorizados, mantidos no mercado e os que devem ser retirados de cena. Às vezes, mesmo que um produto não dê tanto retorno à empresa, como aconteceu em um momento passado, é interessante mantê-lo no mercado até que a empresa promova sua substituição, deixando os consumidores satisfeitos.

Tecnologia

Hoje em dia, a empresa que desenvolve produtos com teor tecnológico, tanto no processo de produção, como no produto em si, deve sempre procurar dominar o máximo da tecnologia possível. Se a empresa for detentora da tecnologia, isso deverá ser enfatizado no plano de negócios como diferencial competitivo em relação à concorrência. No entanto, se a empresa depender de fornecedores ou parceiros tecnológicos, ela deverá demonstrar como fará para diminuir ou eliminar essa dependência. Se não for possível, deverá então estabelecer estratégias que garantam

Criando um plano de negócios eficiente

maior segurança e menor suscetibilidade aos eventos externos, o que não é fácil.

Se o produto for novo e único no mercado e a empresa detiver a tecnologia, uma boa saída, antes de partir para a comercialização, é requerer o depósito de patente desse produto. Se a tecnologia já estiver disseminada no mercado, a empresa deverá demonstrar que não terá problemas com sua utilização. Se a empresa possuir parceiros fortes, como institutos de pesquisa ou universidades, deverá citá-los e explicar como ocorre essa interação. Os detalhes podem ser apresentados no tópico "Pesquisa e Desenvolvimento", a seguir.

Pesquisa e desenvolvimento

Qualquer empresa que comercialize produtos de base tecnológica, necessariamente, deve possuir uma política interna de pesquisa e desenvolvimento. Empresas de pequeno porte geralmente não possuem recursos para instalar laboratórios de P&D dentro da própria empresa, mas podem recorrer a parceiros, como institutos de pesquisa e universidades. É preciso que o orçamento preveja uma parcela significativa para P&D.

No início da década de 1990, logo após a liberalização econômica do país e sua adesão à globalização, os empresários brasileiros em geral acreditavam que deter a tecnologia não era importante, pois era possível comprar de tudo no exterior. Sabe-se, porém, que o desenvolvimento econômico está intimamente ligado ao desenvolvimento tecnológico, e as empresas que não procurarem independência tecnológica estarão destinadas ao fracasso e à exclusão natural do mercado. É fundamental e importante que se mostre no plano de negócios como a empresa considera a questão de pesquisa e desenvolvimento e qual a importância desse aspecto no desenvolvimento de novos produtos. Em síntese, o que a empresa está fazendo para se manter tecnologicamente atualizada (em relação aos processos internos e aos produtos)?

Produção e distribuição

Como é o processo de produção da empresa? Quais são os recursos utilizados (matéria-prima, funcionários, fornecedores, máquinas)? Como é composto o custo do produto final? Como esse produto é distribuído? Quais os custos envolvidos no processo de distribuição do produto? É aconselhável que, nesta parte do plano de negócios, o empreendedor exponha, de forma objetiva (descrevendo o fluxo do processo de produção, de preferência, graficamente), todos os custos envolvidos na obtenção do produto.

Os cálculos detalhados podem ser inseridos na seção "Anexos". Itens como salários, horas/homem, horas/máquina, especificações técnicas dos produtos e das máquinas, capacidade de produção, condição das instalações, custo de aquisição de matéria-prima, custo e tipos de embalagens, custo de utilização de laboratórios, inspeção de qualidade, índice de refugo, produtividade etc. devem ser considerados nesta seção.

Se a empresa possuir uma política de qualidade e aplicá-la ao setor de produção, cite isso no plano de negócios. Não se esqueça de ser objetivo, colocando detalhes nos Anexos. Lembre-se ainda de mostrar se seus custos são competitivos e se a empresa tem capacidade para atender ao aumento na demanda.

Caso a empresa dependa de terceiros no processo de produção, isso também deve ser considerado, descrevendo onde cada terceiro se insere no processo e os custos envolvidos. Deve-se mencionar ainda por que os terceiros foram escolhidos e por que a empresa optou pela terceirização.

● Mercado e competidores

A análise de mercado é considerada por muitos uma das mais importantes seções do plano de negócios e também a mais difícil de fazer, pois toda a estratégia de negócio depende de como a empresa abordará seu mercado consumidor, sempre procurando se diferenciar da concorrência, agregando maior valor a seus produtos/serviços, com o intuito de conquistar clientes continuamente. É importante que a empresa conheça muito bem o mercado no qual atua ou pretende atuar, pois, só assim, conseguirá estabelecer uma estratégia de marketing vencedora. Esta seção do plano de negócios deve ser a primeira a ser elaborada, pois dela dependerão todas as outras.

Muitos empreendedores, quando perguntados a respeito da concorrência, procuram logo dizer que seus produtos ou serviços são únicos, sem similares no mercado e, portanto, não possuem concorrentes. Esse é um dos erros clássicos mais comumente praticados pelos empreendedores iniciantes e até pelos mais experientes.

A análise da concorrência é de suma importância em qualquer plano de negócios. A concorrência (competidores) de uma empresa não se limita aos concorrentes diretos, aqueles que produzem produtos similares. Devem ser considerados também os competidores indiretos, aqueles que, de alguma

Criando um plano de negócios eficiente

forma, desviam a atenção dos clientes, convencendo-os a adquirir seus produtos. Um bom exemplo são as locadoras de filmes, que já foram um grande sucesso e hoje praticamente não existem mais. Quais seriam os concorrentes de uma locadora de filmes? A primeira resposta que vem à mente de qualquer pessoa seria: outra locadora, localizada no mesmo bairro ou região. Sem dúvida, essa locadora vizinha é uma concorrente direta do negócio, mas e os concorrentes indiretos da empresa, aqueles que fazem os clientes da locadora deixarem de alugar o filme no fim de semana e optarem por outros programas? E os concorrentes com soluções substitutas? Hoje em dia, as pessoas alugam filmes e os assistem pela internet e raramente vão a locadoras em busca de filmes em mídia física. A questão, nesse caso, é muito mais complexa, pois parece que o negócio locadora, como existia no passado, está em extinção, e o empreendedor deve saber analisá-lo. Além disso, a concorrência envolve o mercado de entretenimento. Cinemas, parques temáticos, clubes etc. são concorrentes indiretos do negócio locação de filmes.

Obviamente, quando estiver analisando o nicho de mercado no qual a empresa está inserida, o empreendedor deve procurar mostrar como esse mercado está segmentado, as tendências do setor e de seu segmento específico, as tendências de consumo (nos casos em que lidam com os consumidores diretamente), os novos ingressantes nesse mercado (novos competidores), os substitutos (TV por assinatura com programação sob demanda, *pay-per-view* e TV via internet são um substituto à locadora de filmes tradicional, além da Netflix), os fornecedores, entre outros.

Um bom roteiro para a análise das oportunidades e dos riscos do mercado pode ser o apresentado a seguir. Lembre-se de que, nos Capítulos 3 e 4, a análise das oportunidades foi bastante explorada e pode ser utilizada aqui como ponto de partida

1. Identificar as tendências ambientais ao redor do negócio (oportunidades e ameaças), de ordens demográfica, econômica, tecnológica, política, jurídica, social e cultural.
2. Descrever o setor no qual o seu negócio está inserido: qual é o tipo de negócio, tamanho do mercado atual e futuro (projetado), quais são os segmentos de mercado existentes, qual seu segmento específico e quais as tendências desse segmento, qual o perfil dos consumidores.
3. Analisar os principais competidores: descrição de seus produtos/serviços, posicionamento no mercado, suas forças e fraquezas, práticas de marketing utilizadas (política de preços, canais de distribuição, promoção), fatia de mercado que domina e participação de mercado (*market share*).

4. Efetuar comparação com os competidores: mostrar quais são seus diferenciais em relação aos principais competidores (aqueles com os quais sua empresa compete diretamente, de forma mais acirrada).

A melhor forma de apresentar a análise de mercado é por meio de tabelas e gráficos que permitam análises comparativas e identificação visual das tendências do mercado. É importante ainda que se atualizem esses dados continuamente para que a análise não se torne obsoleta. A entrada de um novo competidor, por exemplo, pode mudar totalmente uma análise de mercado anterior.

A análise do ambiente de negócios (oportunidades e ameaças) mostra como o mercado se apresenta para a empresa. No entanto, é preciso que a empresa conheça seus pontos fortes e fracos, para que consiga definir as oportunidades de negócio mais atrativas e a quais riscos (ameaças) está mais suscetível, para então definir objetivos e metas, bem como a estratégia de negócio. Uma boa técnica para identificar essas oportunidades e ameaças, forças e fraquezas, além de seus relacionamentos, é a elaboração de uma análise SWOT da empresa. Na seção que trata de análise estratégica, a elaboração de uma matriz SWOT é apresentada em detalhes.

Análise da indústria/setor

Deve ser feito um breve histórico desse mercado nos últimos anos e a análise das tendências do setor para os próximos anos. Procure responder às seguintes perguntas, antes de colocar as informações de mercado no plano de negócios:

- Quais fatores estão influenciando as projeções de mercado?
- Por que o mercado se mostra promissor?
- Qual é o tamanho do mercado em reais, número de clientes e competidores?
- Como o mercado está estruturado e segmentado?
- Quais são as oportunidades e as ameaças (riscos) desse mercado?

Descrição do segmento de mercado

Após uma análise macro do setor, você deve partir para uma análise particular do segmento de mercado de sua empresa. No exemplo anterior, a análise do setor corresponde à do mercado de entretenimento, enquanto a análise do segmento de mercado corresponde à locação de filmes. Você deve procurar mostrar o que está acontecendo com o setor e quais são as

Criando um plano de negócios eficiente

perspectivas para sua empresa nele. Uma conclusão imediata é que, em pouco tempo, ocorrerá a substituição total dos filmes em mídia física pelos *downloads* e vídeos sob demanda na internet, mas quais são os números que mostram essas tendências? Não adianta apenas argumentar sem mostrar as fontes que respaldam as informações.

As fontes de informação para o empreendedor podem ser variadas e encontradas de diferentes formas: pesquisas já prontas, dados dispersos, gráficos, tabelas, banco de dados etc. Podem ser providas por instituições ou empresas, por meio das quais se pode obter, muitas vezes gratuitamente, os dados que ratificarão as premissas de mercado estabelecidas. O empreendedor deve saber coletar e selecionar as informações que lhe serão úteis, recorrendo a essas fontes, denominadas fontes secundárias. Alguns exemplos de fontes secundárias de informação são:

- Associações comerciais e industriais da cidade, da região ou do estado.
- Prefeituras municipais.
- Entidades de classe.
- Sebrae.
- Internet.
- Empresas de pesquisa de mercado.
- Órgãos do governo (IBGE, ministérios e secretarias, fundações).
- Universidades.
- Institutos de pesquisa.
- Revistas, jornais, periódicos, livros, documentários.

Além das fontes secundárias, existe uma forma que pode ser considerada das mais eficazes para conhecer as tendências de um mercado e as preferências do consumidor: as pesquisas de mercado primárias. Grandes empresas efetuam várias pesquisas com clientes em potencial antes de decidir lançar determinado produto. E como as pequenas empresas deveriam proceder? O ideal é que as empresas de pequeno porte também realizem pesquisas abrangentes, a ponto de fornecer-lhes suporte para a estratégia da empresa, mas é sabido que a limitação de recursos financeiros impede ações mais amplas por parte do pequeno empreendedor. Nesse caso, a criatividade, mais uma vez, deve ser colocada em prática, e o empreendedor deve saber trabalhar com material e recursos disponíveis. Pesquisas-piloto podem ser feitas pelo próprio empreendedor e seus sócios (no caso de empresas nascentes), abordando diretamente clientes-alvo, fornecedores, amigos,

151

família etc. Empresas mais maduras podem usar sua rede já estabelecida para testar produtos e serviços, por meio de pesquisas de mercado com o ambiente que a cerca: clientes, fornecedores, os próprios funcionários, distribuidores, vendedores, consultores e parceiros.

As pesquisas primárias devem ser feitas de forma objetiva, com poucas questões, de preferência de múltipla escolha e que consigam atingir o objetivo definido pelo empreendedor. Não existem regras para se elaborar um questionário de pesquisa de mercado, mas, antes de testar qualquer pesquisa elaborada pelo próprio empreendedor que já não tenha feito algo semelhante, aconselha-se que se apresente o questionário a um especialista em marketing (consultor autônomo, empresas de consultoria, professores de marketing, Sebrae). Isso ajudará o empreendedor a corrigir eventuais erros de abordagem metodológica e a aprimorar sua pesquisa, garantindo melhores resultados.

Antes de partir para a pesquisa de mercado, focalizada em identificar o potencial de consumo para seu produto ou serviço, o empreendedor deve saber com quais clientes em potencial a pesquisa deve ser feita, ou seja, qual será seu mercado-alvo e como ele está segmentado, o que permite intensificar esforços e definir o foco da pesquisa. Se a empresa quiser testar o potencial de consumo de um novo calçado infantil, destinado a crianças de até três anos, por exemplo, ela deverá focar a pesquisa em jovens mães, pois não lhe interessará a opinião de adolescentes, de mulheres mais maduras, de homens (com raras exceções, não são os homens que definem a compra de calçados para as crianças) e das próprias crianças (que, nessa idade, ainda não definem a compra). Assim, a pesquisa ajudará o empreendedor a confirmar ou não o potencial para seu produto/serviço no mercado escolhido.

E como o segmento de mercado pode ser definido? Há várias formas – por exemplo, o estilo de vida das pessoas (dos consumidores) e atributos como idade, sexo, renda, profissão, família, personalidade, lazer, esporte preferido etc. Além disso, outros fatores, como hábitos regionais de consumo, fatores culturais, localização geográfica, também podem servir de base para a segmentação. Quando se define um segmento de mercado, está-se definindo um grupo de pessoas com características similares, necessidades e desejos comuns e que serão o foco de vendas da empresa. No caso de empresas que tenham outras empresas como clientes, a ideia é a mesma, e o segmento de mercado será definido por empresas com características similares, as quais deverão comprar os produtos/serviços que sua empresa disponibilizará no mercado.

Criando um plano de negócios eficiente

Algumas perguntas podem ser úteis na definição do segmento de mercado:

- Qual é o perfil do comprador?
- O que ele está comprando atualmente?
- Por que ele está comprando?
- Quais fatores influenciam na compra?
- Quando, como e com que periodicidade é feita a compra?

Conhecendo-se os hábitos de consumo, o estilo de vida e o lugar onde vivem, fica mais fácil segmentar os grupos de consumidores para seu produto ou serviço. Tente identificar os seguintes aspectos (TIFFANY; PETERSON, 1999):

Em relação aos consumidores:

- Geografia (onde os consumidores moram?)
  - País, região, estado, cidade, bairro etc.
  - Moram isolados ou convivem com muitos vizinhos?
  - Na região, prevalecem temperaturas baixas ou altas? Em que épocas do ano?
  - A região tem boa infraestrutura rodoviária, aeroviária, portuária etc.?
- Perfil (como eles são?)
  - Pessoas: idade, sexo, tamanho da família, educação, ocupação, renda, nacionalidade, religião, time de futebol, partido político etc.

    Empresas: setor, porte da empresa, número de funcionários, tempo de existência, faturamento, clientes etc.
- Estilo de vida (como vivem e o que fazem?)
  - Pessoas: passatempos, hábitos ao assistir à televisão, hábitos de consumo (alimentação, vestuário, diversão), atividades sociais e culturais, afiliação a clubes, o que gostam de fazer nas férias etc.
  - Empresas: proteção do meio ambiente, doações a eventos beneficentes, investimento em cultura e esportes, investimento no treinamento dos funcionários, benefícios aos funcionários etc.
- Personalidade (como eles agem?). Pode-se classificar em cinco os tipos básicos de personalidade:

153

- *Inovadores (5% da população)*: correm todos os riscos; geralmente são jovens e bem-educados; são familiarizados e fascinados por novas ideias e tecnologias; têm computadores portáteis e estão conectados a redes, comunidades, internet e celular; são bem-informados.
- *Primeiros adeptos (10% da população)*: são líderes de opinião em suas comunidades e avaliadores cautelosos; são abertos a argumentos bem justificados e respeitados por seus companheiros.
- *Maioria inicial (35% da população)*: evitam riscos sempre que possível; agem de forma deliberada; não experimentam novos produtos, a menos que se tornem populares.
- *Maioria tardia (35% da população)*: são céticos, extremamente cautelosos, desapontados com outros produtos, relutantes com novos produtos; respondem apenas à pressão de amigos.
- *Retardatários (15% da população)*: esperam até o último momento; às vezes, esperam até os produtos ficarem desatualizados e, mesmo assim, ainda hesitam.

O que o consumidor está comprando?

Identificar o que os consumidores estão comprando pode servir de base para promover melhorias e adaptações em seus produtos e serviços, para que fiquem adequados às necessidades desses consumidores. Dessa forma, você poderá analisar atributos relacionados com o produto para depois definir como ele será apresentado aos consumidores potenciais. Entre esses atributos, encontram-se: características (e especificações) físicas do produto, formato e tipo de embalagem, preço (baixo ou alto) e como são entregues os produtos/serviços (canais de distribuição). Além disso, você pode identificar também o que os consumidores estão fazendo com os produtos adquiridos, como e quando o utilizam.

Outro fator que pode envolver segmentação de mercado é a embalagem do produto, que, além de servir para protegê-lo, pode diferenciá-lo e atrair certos segmentos de consumidores, mais ou menos sofisticados.

O fator preço também define segmentos de mercado, classes de consumo e posicionamento do produto no mercado, sendo um dos atributos do composto de marketing, como será visto na seção "Marketing e vendas". Por isso, muitas empresas, quando optam por concorrer em relação ao preço, têm necessariamente de abrir mão da alta qualidade e vice-versa, pois preço e qualidade são dois extremos em termos de estratégia. Na análise de mercado, isso também pode e deve ser identificado.

Criando um plano de negócios eficiente

A maneira como o produto é levado até o cliente (se a compra é feita por catálogos ou via distribuidores, se o consumidor deve adquirir o produto em lojas de varejo ou via internet), o prazo e a qualidade do serviço de entrega também são fatores de segmentação de mercado.

Por que o consumidor está comprando os produtos/serviços?

Devem-se identificar quais necessidades dos clientes estão sendo satisfeitas, para que sua empresa faça o mesmo e supere as expectativas do cliente. Procure identificar o que os consumidores estão buscando quando compram o produto, o que os leva à compra, que critérios usam para definir qual produto comprar e por que compram. Mais uma vez, você estará segmentando o mercado e identificando quais clientes se enquadram nesse segmento e como deverá abordá-los, definindo o melhor posicionamento para o produto/serviço.

Análise da concorrência

Conhecer a concorrência é dever de qualquer empreendedor que queira competir e vencer no mercado. A importância de uma análise criteriosa dos principais concorrentes fica evidente quando a empresa precisa estabelecer uma estratégia de marketing e conhecer quais alternativas de produtos/serviços existem no mercado no qual sua empresa atua e, ainda, por que seus clientes-alvo optam por outro produto. Essa análise deve ser feita de forma comparativa, em que os atributos de sua empresa são avaliados tendo como referência os competidores principais. Ao identificar os principais pontos fracos de seus competidores, o empreendedor deve saber explorá-los para proporcionar melhores resultados para a empresa.

Esses atributos podem ser: diferenciais e benefícios do produto/serviço para o cliente, participação de mercado em vendas, canais de venda utilizados, qualidade do produto, preço, localização, eficácia da publicidade, *performance*, tempo de entrega, métodos de distribuição, garantias, capacidade de produção e atendimento da demanda, organização interna da empresa (qualidade e competência dos funcionários, saúde financeira, métodos de produção, métodos gerenciais etc.), estratégia de cada competidor, posicionamento em relação ao mercado, capacidade de adaptação às exigências do mercado (flexibilidade), diferenciais tecnológicos, vantagens competitivas, pontos fortes e fracos.

Muitos empreendedores se queixam de que é difícil identificar quais são seus competidores principais e obter informações a respeito deles. Porém,

155

existem fontes de informação que poderão esclarecer essas questões, como os fornecedores e distribuidores em comum, os clientes, os relatórios setoriais, ou seja, a própria análise de mercado feita até o momento proverá a empresa e o empreendedor de dados para a análise da concorrência, de maneira bastante completa.

Procure analisar também as possibilidades de surgirem novos ingressantes no mercado-alvo, os riscos do surgimento de novos e bem-estruturados competidores, para que a empresa estabeleça uma estratégia alternativa para superá-los, caso isso venha a ocorrer.

Um exemplo de como apresentar a análise da concorrência no plano de negócios é mostrado no Quadro 6.1. Selecione pelo menos seus três principais competidores (aqueles que disputam o mercado diretamente com você) para constarem da tabela. Naturalmente, existem mercados com muitos e mercados com poucos competidores. Então, a seleção de quais concorrentes deverão ser analisados com mais detalhes dependerá de qual será a participação de sua empresa no mercado e a daquelas com as quais você disputa cada "fatia do bolo".

Quadro 6.1 Análise dos principais competidores

Atributos	Seus diferenciais	Diferenciais do competidor A	Diferenciais do competidor B	Diferenciais do competidor C
Produto/serviço				
Participação de mercado em vendas				
Canais de venda utilizados				
Qualidade				
Preço				
Localização				
Publicidade				
Performance				
Tempo de energia				
Métodos de distribuição				
Garantias				

(*Continua*)

Criando um plano de negócios eficiente

(Continuação)

Atributos	Seus diferenciais	Diferenciais do competidor A	Diferenciais do competidor B	Diferenciais do competidor C
Capacidade de produção e atendimento da demanda				
Funcionários				
Métodos gerenciais				
Métodos de produção				
Saúde financeira				
Posicionamento estratégico				
Flexibilidade				
Tecnologia				
Pesquisa e desenvolvimento				
Vantagens competitivas				
Pontos fortes				
Pontos fracos				

Caso a tabela se apresente muito extensa, coloque-a nos Anexos e apresente no plano de negócios o resumo de seus diferenciais competitivos e o de seus competidores, mostrando como sua empresa fará para superá-los.

● Marketing e vendas

As estratégias de marketing são os meios e métodos que a empresa deverá utilizar para atingir seus objetivos. Essas estratégias geralmente se referem ao composto de marketing, ou os 4Ps (quatro *pês*): produto, preço, praça (canais de distribuição) e propaganda/comunicação. A empresa pode adotar estratégias específicas, atuando sobre o composto de *marketing*, de forma a obter melhor resultado em relação aos competidores. A projeção de vendas da empresa está diretamente ligada à estratégia de marketing estabelecida, pois depende de como o produto será posicionado no mercado, qual será sua política de preços, as promoções e os canais de venda que serão utilizados e, ainda, como o produto chegará ao cliente. No caso de serviços, a analogia é a mesma. Veja algumas alternativas a seguir (WESTWOOD, 1996).

Produto

- Promover mudanças na combinação/portfólio de produtos.
- Retirar, adicionar ou modificar o(s) produto(s).
- Mudar *design*, embalagem, qualidade, desempenho, características técnicas, tamanho, estilo, opcionais.
- Consolidar, padronizar ou diversificar os modelos.

Preço

- Definir preços, prazos e formas de pagamentos para produtos ou grupos de produtos específicos, para determinados segmentos de mercado.
- Definir políticas de atuação em mercados seletivos.
- Definir políticas de penetração em determinado mercado.
- Definir políticas de descontos especiais.

Praça (canais de distribuição)

- Usar canais alternativos.
- Melhorar o prazo de entrega.
- Otimizar a logística de distribuição.

Propaganda/comunicação

- Definir novas formas de vendas; mudar equipe e canais de vendas.
- Mudar política de relações públicas.
- Mudar agência de publicidade e definir novas mídias prioritárias.
- Definir quais feiras/exposições serão priorizadas.

Como foi exposto, para que a empresa defina sua estratégia, atuando sobre o composto de marketing, ela deve antes definir seus objetivos de marketing, que precisarão responder à seguinte questão: Aonde quero ir? Sendo mais específico: qual participação de mercado a empresa quer atingir, quanto quer vender, quanto quer lucrar, em quais segmentos e regiões, com que penetração de mercado, para quais consumidores e em qual prazo. Na próxima seção, que trata da análise estratégica, a definição

Criando um plano de negócios eficiente

de objetivos será mais bem detalhada e exemplificada, mostrando quais características devem estar presentes quando se estabelece um objetivo estratégico e, ainda, que tipo de estratégias a empresa pode adotar.

Produto (posicionamento)

Posicionar o produto no mercado significa direcioná-lo para atender às expectativas e às necessidades do cliente-alvo escolhido, no segmento de mercado definido. Com isso, a empresa estabelece uma imagem do produto junto aos clientes, tentando se diferenciar, de alguma forma, da concorrência. Isso pode ser feito pela criação de variações de produto, opcionais, acessórios, *kit* completo, peças individuais etc. Muitas companhias aéreas americanas (e, mais recentemente, as brasileiras também) posicionam-se como alternativa de baixo custo para o cliente com a venda de passagens econômicas, em que não está incluso o serviço de bordo. Nesse caso, a empresa claramente se posiciona como alternativa mais econômica, e o cliente estará ciente disso.

Preço

O preço talvez seja a maneira mais tangível de se agir no mercado, pois, pela política de preços, a empresa pode criar demanda para o produto, segmentar o mercado, definir a lucratividade da empresa, mudar a penetração do produto no mercado, sempre tendo como referência o valor que o consumidor vê no produto, não o preço que a empresa acha que ele deva ter. Um erro que muitos empreendedores cometem é dizer e disseminar a ideia de que seus produtos são os de melhor qualidade ao menor preço do mercado. Alta qualidade e preço baixo normalmente são difíceis de encontrar em um mesmo produto, com raríssimas exceções.

A estratégia de preços que a empresa adota para um produto ou uma família de produtos interfere diretamente na imagem do produto no mercado e no segmento que irá consumi-lo. Por isso, a empresa deve estabelecer seu objetivo de mercado de forma clara e definir como irá atuar em relação à concorrência. Se, por um lado, o mercado-alvo escolhido tiver como característica a concorrência estritamente em relação a preços, a empresa terá de ser muito eficiente para colocar o produto com o preço mais competitivo possível nesse mercado. Por outro lado, se o diferencial for qualidade, o fator "preço" não será o grande incentivador das vendas, mas a forma como o produto irá exceder as expectativas do cliente, que, nesse caso, é muito mais exigente.

159

Quando um produto é lançado no mercado, seu preço pode ser estabelecido abaixo do valor de mercado, visando conquistar uma quantidade razoável de clientes rapidamente, e aumentado de forma gradual após a promoção inicial. Essa é uma prática comum em vários mercados, mas as regras do jogo devem estar claras, para que o consumidor não deixe de utilizar o produto após essa fase inicial. Outras estratégias adotadas por muitas empresas são as do tipo "leve 3, pague 2", ou, ainda, o parcelamento da compra em três, seis, 12 meses ou mais. Para a definição da estratégia de preços mais adequada, a utilização dos resultados da análise de mercado, na qual se identificam as características, o comportamento e os anseios do consumidor, deve ser considerada uma premissa básica.

Praça (canais de distribuição)

Os canais de distribuição envolvem as diferentes maneiras que a empresa pode adotar para levar o produto até o consumidor. Referem-se aos canais de marketing, à distribuição física e aos serviços ao cliente. A empresa pode vender seus produtos diretamente ao consumidor final ou usar atacadistas ou distribuidores para fazê-lo. No primeiro caso, dá-se o nome de venda direta, em que o consumidor e o vendedor interagem pessoalmente. No segundo caso, a venda é caracterizada como indireta. Esses são os dois extremos possíveis, já que a empresa pode usar formas intermediárias nesse processo, como telemarketing, catálogos, mala direta e, mais recentemente, a internet, em que não há contato direto entre vendedor e consumidor.

As características do produto/serviço interferem diretamente nos canais de distribuição que podem e devem ser adotados pela empresa. Bens de consumo imediato geralmente são disponibilizados ao consumidor via varejistas ou distribuidores e atacadistas. Já os bens de capital de grande porte, os bens de maior valor agregado, utilizam venda direta por meio de uma equipe de vendas. Podem-se ainda mesclar vários canais de distribuição para um mesmo tipo de produto, como é o caso de bens de consumo duráveis, insumos industriais básicos, bens de capital de pequeno porte etc. (WESTWOOD, 1996). Aspectos como características de armazenagem, localização dos depósitos, meios de transporte utilizados para levar o produto até o cliente e embalagem do produto também devem ser considerados para definir os canais de distribuição mais adequados.

Propaganda/comunicação

Três fatores devem ser considerados no plano de propaganda/comunicação da empresa: o pessoal envolvido, a propaganda e as promoções.

Criando um plano de negócios eficiente

A quantidade de pessoas e suas qualificações vão depender dos canais de distribuição escolhidos. Se a opção for a venda direta, o efetivo de vendas deverá ser muito maior que em qualquer outro caso. Já a propaganda tem o objetivo de fazer com que uma mensagem atinja uma audiência selecionada, com o propósito de informar, convencer e reforçar o conceito do produto junto aos consumidores.

A propaganda pode ser feita por meio de vários veículos de comunicação. A escolha de cada um depende do público que se quer atingir. Mesmo em cada veículo, pode-se segmentar o público-alvo, focando ainda mais a audiência, selecionando horários específicos, dias da semana, épocas do ano etc. Uma campanha publicitária na TV, para o lançamento de um novo brinquedo, por exemplo, deve ser veiculada durante o dia, quando as crianças assistem aos programas infantis. A publicidade não é utilizada necessariamente para vender o produto ao consumidor final. Também pode ser usada para divulgar a empresa e seus produtos, com intuito informativo e não comercial, para públicos distintos.

Os veículos de comunicação mais utilizados são televisão, rádio, mala direta, *outdoors* (não mais permitidos na cidade de São Paulo), distribuição de panfletos e brindes, patrocínios a eventos, internet, *displays* em pontos de venda, *busdoor* (anúncios em ônibus), anúncios em guias setoriais/revistas/jornais, participação em feiras, entre outros. Fazer propaganda geralmente custa caro, e a escolha dos veículos adequados, a quantidade e a periodicidade da propaganda são fundamentais para que a empresa otimize o capital investido. Às vezes, a propaganda também pode destruir um produto, e o empreendedor deve estar atento a esse aspecto. A empresa pode anunciar o produto em televisão, que tem um alcance considerável, e não estar preparada para produzir a quantidade necessária para atender à demanda gerada, levando o consumidor a optar pelo produto concorrente.

As promoções de vendas também ajudam a estimular a venda de produtos e são muito usadas no lançamento de novos produtos no mercado, para se desfazer de produtos estocados, estimular a repetição da compra, aumentar o volume de vendas no curto prazo, desfazer-se de versões/modelos antigos do produto ou para barrar o crescimento das vendas do concorrente. Resume-se em oferecer uma vantagem adicional ao cliente, como desconto no preço, brinde, produto extra. As palavras mais utilizadas na campanha serão: "ganhe", "economize", "grátis", "imperdível", "pechincha", "loucura", "aproveite" e outras similares.

Projeção de vendas

A projeção de vendas deve ser feita com base na análise de mercado, na capacidade produtiva e na estratégia de marketing da empresa. Dessa forma, essa projeção será mais realista e terá maior probabilidade de ocorrer conforme o planejado. Deve-se atentar para o fato da sazonalidade, quando influir nas vendas. Note o exemplo de empresas que vendem enfeites natalinos, que se preparam o ano todo para vender toda a produção em dois ou três meses no final do ano. Uma boa forma de obter projeções de vendas é fazer projeções mensais em termos de volume de vendas e preços praticados, levando em consideração também os índices de retenção dos clientes (quantos continuarão comprando o produto/serviço). O Quadro 6.2 apresenta uma maneira prática de fazer a projeção de vendas no plano de negócios, com um exemplo de projeção do volume de vendas de uma pequena empresa que produz sapatos. O uso de gráficos também é útil.

Quadro 6.2 Exemplo de projeção do volume de vendas (quantidade) de sapatos

Produto	Jan.	Fev.	Mar.	Abr.	Maio	Jun.	Jul.	Ago.	Set.	Out.	Nov.	Dez.	Total
Sapato feminino	1.000	1.000	1.200	1.300	1.400	1.200	1.000	1.000	1.300	1.400	1.500	1.200	14.500
Sapato masculino	800	800	800	900	1.000	800	1.100	1.100	1.200	1.200	1.200	1.000	11.900
Sapato infantil	300	200	300	400	300	400	500	500	500	500	400	400	4.700
Total	2.100	2.000	2.300	2.600	2.700	2.400	2.600	2.600	3.000	3.100	3.100	2.600	31.100

● Análise estratégica

O termo "estratégia" é muito utilizado pelos empreendedores para definir como agir em uma negociação, fechar uma parceria, entrar em um novo mercado, lançar um novo produto, mas sempre de maneira subjetiva, não processual. Uma análise estratégica da empresa deve incluir um misto de racionalidade e subjetividade, seguindo um processo básico, que pode ajudar o empreendedor a entender melhor a situação atual de seu negócio e as melhores alternativas ou meios para atingir os objetivos e metas estipulados.

O gráfico poderia ter o formato apresentado na Figura 6.5.

Criando um plano de negócios eficiente

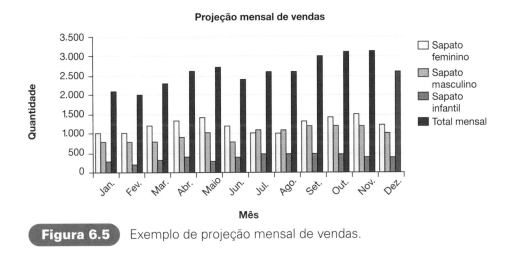

Figura 6.5 Exemplo de projeção mensal de vendas.

O processo de planejamento estratégico do negócio pode servir de base para essa análise. Esse processo é exemplificado na Figura 6.6. Inicia-se pela definição da visão e missão da empresa, passando por uma análise dos ambientes externo (oportunidades e ameaças) e interno (forças e fraquezas) e pela definição de objetivos e metas, para, então, chegar às estratégias adotadas.

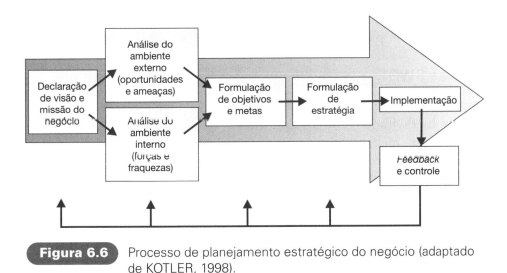

Figura 6.6 Processo de planejamento estratégico do negócio (adaptado de KOTLER, 1998).

No plano de negócios, deve ser dada ênfase à análise dos ambientes externo e interno, nos quais se medem os riscos inerentes ao negócio, as oportunidades de mercado identificadas, os pontos fortes da empresa (seus diferenciais) e, ainda, seus pontos fracos (em que pontos a empresa precisa melhorar). Só depois de uma análise ambiental criteriosa, a empresa poderá estabelecer seus objetivos e metas, bem como as estratégias que implementará para atingi-los.

A declaração de visão define aonde a empresa quer chegar, a direção que pretende seguir e o que ela quer ser. Já a declaração de missão deve refletir a razão da existência da empresa, o que ela é e o que faz. Não há a necessidade de elaborar frases com as declarações de visão e missão do negócio para constar do plano de negócios, mas o empreendedor deve entender esses conceitos para poder estabelecer a estratégia da empresa e analisar a situação atual, visando cumprir os objetivos e metas definidos.

Para estabelecer objetivos e metas é preciso entender os ambientes externo e interno. Essa análise é um dos pontos mais importantes do plano de negócios, pois mostrará se a empresa está preparada para seguir em frente, os desafios que se apresentam e os riscos que correrá, dos quais os executivos deverão estar cientes. Se o empreendedor não conhece os riscos que envolvem seu negócio, é sinal de que ele não está totalmente preparado para as adversidades futuras. O plano de negócios deve mostrar que o empreendedor conhece sua empresa internamente e o que deve fazer para driblar os fatores externos, sobre os quais não consegue agir diretamente. Por isso, a análise SWOT (*Strengths, Weaknesses, Opportunities, Threats* – forças, fraquezas, oportunidades e ameaças) é extremamente útil para traçar um panorama da situação atual e prevista para o negócio.

Análise SWOT

Uma maneira de representar a análise SWOT é pela construção de um retângulo, dividido em quatro partes, em que as forças, fraquezas, oportunidades e ameaças são colocadas separadamente em cada parte, como mostra o exemplo do Quadro 6.5. Mas como identificar as oportunidades e as ameaças? E os pontos fortes e fracos? A análise de oportunidades já foi bastante discutida, mas existe uma forma prática de se relacionar as oportunidades e as ameaças que o ambiente reserva ao negócio.

Procure identificar os cenários de ordem macroambiental (demográficos, econômicos, tecnológicos, político-jurídicos, socioculturais) e os fatores microambientais importantes (consumidores, concorrentes, canais de distribuição, fornecedores) que afetam diretamente a empresa. Use o bom senso para selecionar fatores realmente importantes. Não adianta apenas enumerar uma porção de fatores e não saber o que fazer com eles. Uma boa dica é usar uma tabela, na qual se devem colocar todos os

Criando um plano de negócios eficiente

fatores importantes possíveis. Depois, selecionam-se e transportam-se os mais críticos para a matriz SWOT. O Quadro 6.3 exemplifica esse processo, que ajudará a empresa a identificar e monitorar as tendências que afetarão o negócio e as oportunidades e ameaças associadas a cada uma.

Quadro 6.3 Análise do ambiente externo: oportunidades e ameaças

Cenário	Oportunidades	Ameaças
Político-jurídico	1.	1.
	2.	2.
	3.	3.
Tecnológico	1.	1.
	2.	2.
	3.	3.
Sociocultural	1.	1.
	2.	2.
	3.	3.
Econômico	1.	1.
	2.	2.
	3.	3.
Demográfico	1.	1.
	2.	2.
	3.	3.
Empresarial	1.	1
	2.	2.
	3.	3.
Outros	1.	1.
	2.	2.
	3.	3.

Após a análise do ambiente externo (oportunidades e ameaças), a empresa deve fazer uma análise do ambiente interno (suas forças e fraquezas). É muito importante que o empreendedor seja honesto consigo mesmo ao efetuar essa análise, sem medo de expor os pontos fracos da empresa.

165

Identificar pontos fracos não significa incompetência, mas que a empresa conhece suas fragilidades e tem intenção de minimizá-las. Não é porque o empreendedor identificou vários pontos fracos que ele tem obrigação de acabar com todos. Deve priorizar seus esforços na eliminação daqueles que mais afetam negativamente o negócio.

Em relação aos pontos fortes, a analogia é a mesma. De nada adianta o empreendedor querer enganar a si e aos outros, mostrando no plano de negócios vários pontos fortes, pois todos serão cobrados dele depois, já que deverá mostrar como pretende adquirir vantagem competitiva com os pontos fortes identificados. No Quadro 6.4, é apresentado um modelo de *checklist* que o empreendedor pode utilizar para procurar identificar seus pontos fortes e fracos. Como cada negócio tem suas peculiaridades, o *checklist* pode ser alterado de acordo com cada situação e não deve ser entendido como uma regra a ser seguida. Nesse exemplo, foram focadas as competências de marketing, finanças, produção e organização, classificadas em termos de força (importante, sem importância e neutro) e de fraqueza (importante ou sem importância). Após a conclusão do *checklist*, o empreendedor também deve transportar os principais pontos fortes e fracos para a matriz SWOT, para concluí-la.

Quadro 6.4 *Checklist* de pontos fortes e fracos (KOTLER, 1998)

Checklist para análise de desempenho de forças e fraquezas								
Desempenho						Grau de importância		
	Força importante	Força não importante	Neutro	Fraqueza importante	Fraqueza não importante	Alta	Média	Baixa
Marketing								
1. Reputação da empresa								
2. Participação de mercado								
3. Qualidade do produto								
4. Qualidade do serviço								
5. Eficácia do preço								
6. Eficácia da distribuição								

(*Continua*)

Criando um plano de negócios eficiente

(*Continuação*)

Checklist para análise de desempenho de forças e fraquezas								
	Desempenho					Grau de importância		
	Força importante	Força não importante	Neutro	Fraqueza importante	Fraqueza não importante	Alta	Média	Baixa
7. Eficácia da promoção								
8. Eficácia da força de vendas								
9. Eficácia da inovação								
10. Cobertura geográfica								
Finanças								
11. Custo/Disponibilidade de capital								
12. Fluxo de caixa								
13. Estabilidade financeira								
Produção								
14. Instalações								
15. Economia de escala								
16. Capacidade								
17. Habilidade da força de trabalho								
18. Habilidade de produção pontual								
19. Habilidade teórica de produção								
Organização								
20. Visão de liderança								
21. Dedicação do funcionário								
22. Orientação empreendedora								
23. Flexibilidade/Responsabilidade								

Existem maneiras mais elaboradas de fazer a matriz SWOT, combinando as forças com as oportunidades e ameaças com elas relacionadas, e fazendo o mesmo com as fraquezas. O Quadro 6.5 apresenta um exemplo de análise SWOT de uma empresa que atua no setor de turismo receptivo *on-line* com foco no Brasil, ambientado no ano de 2011. Note que a ameaça de crise mundial se tornou realidade quase dez anos depois, com a pandemia de Covid-19, que afetou em demasia o setor de turismo.

Quadro 6.5 Exemplo de análise SWOT para um *site* de turismo focado no turista estrangeiro que visita o Brasil*

Forças	Fraquezas
• Informações completas sobre os principais destinos turísticos do país • Focado no Brasil (especialidade da empresa) • Modelo de receita ancorado em três fontes de receita, com redução do risco: publicidade, assinatura e comércio eletrônico	• Marca (ainda) desconhecida • Negócio em fase inicial e sem histórico no mercado • Equipe precisa provar que entende do setor e que sabe escalar uma empresa inovadora • Poucos recursos financeiros e necessidade de busca de aporte financeiro no mercado
Oportunidades	**Ameaças**
• Setor de turismo cresce no mundo de maneira consistente e crescerá ainda mais, em particular no Brasil, devido aos dois grandes eventos de 2014 e 2016 (Copa do Mundo e Olimpíadas) • Não há concorrência focada no mercado brasileiro (em língua inglesa)	• Negócio de turismo *on-line* é dominado por grandes empresas, que podem rapidamente estruturar uma operação com foco no Brasil • Empresas locais, que já atuam no Brasil, no mercado não *on-line* e em língua portuguesa, podem migrar para o modelo *on-line* em inglês • Nova crise mundial pode abalar o setor de turismo, diminuindo o fluxo de estrangeiros para o Brasil

* Este exemplo de Análise SWOT foi extraído do livro *Plano de negócio – Seu guia definitivo*. Informações em *www.josedornelas.com.br*.

Com a análise SWOT definida, a empresa poderá identificar seus fatores críticos de sucesso, que deverão ser o foco de atenção de sua gestão. Assim, os objetivos e as metas podem ser definidos com mais precisão e coerência.

Objetivos e metas

Os objetivos e as metas são o referencial do planejamento estratégico, o que a empresa busca atingir, e devem ser escritos de forma que possam ser medidos, comparados e avaliados. Os objetivos são os anseios de ordem macro, aqueles que a empresa define de forma a cumprir sua missão de negócio, em busca de sua visão.

Os objetivos indicam intenções gerais da empresa e o caminho básico para chegar ao destino que você deseja. São definidos com palavras e frases. Já as metas são as ações específicas mensuráveis que constituem os passos para se atingir um objetivo. São definidas com números e resultados a se obter (TIFFANY; PETERSON, 1999).

Um objetivo pode ter várias metas específicas que, em conjunto, cumprem o objetivo estipulado. Podem-se definir os objetivos de uma empresa com frases como "tornar-se líder de mercado" ou "ser a que oferece os menores preços", ou, ainda, "atingir o ponto de equilíbrio em agosto de 2023" e "obter o retorno sobre determinado investimento em 24 meses".

Os objetivos são resultados abrangentes com os quais a empresa assume um compromisso definitivo. Devem ser ousados, levando a empresa a um esforço acima do normal, buscando a superação. Caso contrário, não terão significado e não motivarão a equipe de funcionários.

Metas devem ser SMART, ou seja:

e**S**pecíficas

Mensuráveis

Atingíveis

Relevantes

Temporais

Resumindo (TIFFANY; PETERSON, 1999):

- Objetivos são resultados mais abrangentes que a empresa assume o compromisso de alcançar.
- Metas são as etapas necessárias para alcançar os objetivos.

Definição da estratégia

Os objetivos e as metas indicam o que a empresa deseja atingir. Já a estratégia de negócio indica como a empresa pretende alcançá-los. Estratégias empresariais podem ser de vários tipos: de ataque, de desenvolvimento, de defesa etc. (WESTWOOD, 1996).

Estratégias defensivas visam manter os clientes existentes. Alguns exemplos: melhorar a imagem da empresa; melhorar a qualidade dos produtos; melhorar o desempenho nos serviços prestados e diminuir as falhas dos produtos.

Estratégias de desenvolvimento visam oferecer mais opções aos atuais clientes. Alguns exemplos: aumentar a variedade de produtos oferecidos; desenvolver novos produtos e encontrar novas utilidades para os produtos existentes.

Estratégias de ataque visam aumentar a participação de mercado da empresa, conquistando novos clientes. Alguns exemplos: entrar em novos mercados; usar novos canais de venda e mudar a política de preços.

Michael Porter (1980) resumiu as estratégias de uma empresa em três tipos genéricos: liderança total em custos, diferenciação e foco. Alguns exemplos de estratégias e de objetivos e metas associados a elas são apresentados a seguir.

- *Penetração de mercado*: o objetivo associado a esse exemplo ocorre quando se deseja aumentar o *market share* da empresa, ou seja, a participação de mercado. Um exemplo hipotético para uma indústria de sucos de laranja pode ser "conquistar 25% do mercado de suco de laranja, na Região Centro-Oeste, até 2025". Para isso, a empresa estabelece as seguintes metas: "desenvolver nova embalagem para o produto até julho/2023", "implantar sistema de distribuição computadorizada em todas as regionais, a cada dois meses, até dezembro/2023" e "ampliar a capacidade produtiva da planta de Abaeté em 10% até julho/2024".

- *Manutenção de mercado*: o objetivo associado a esse caso ocorre quando a empresa está satisfeita com sua situação atual e com a *performance* que apresenta. Um exemplo de objetivo seria "manter a participação de mercado nos níveis atuais (30%) para os próximos dois anos". Metas associadas: "investir R$ 1 milhão até 2024 em treinamento e reciclagem de mão de obra" e "aumentar volume de vendas à taxa de 10% ao ano para os próximos dois anos". Note que manter mercado não significa não crescer. Pelo contrário, dependendo do mercado no qual a empresa atua, a manutenção do *market share* pode pedir um crescimento expressivo do negócio.

- *Expansão de mercado*: o objetivo associado a este exemplo é parecido com o caso de penetração de mercado, só que, aqui, o foco é um mercado novo para o produto. Exemplo para uma empresa que atua só na Região Sudeste: "conquistar 40% do mercado do Nordeste em três anos". Metas associadas: "cadastrar dez novas revendas a cada seis meses até dezembro/2024" e "investir R$ 3 milhões em publicidade na Região Nordeste até julho/2024", entre outras.

170

Criando um plano de negócios eficiente

- *Diversificação*: ocorre quando a empresa entra em um novo mercado com novos produtos ou serviços, devido à estagnação do mercado atual ou ainda ao fato de não haver mais possibilidades de crescimento no nele. No plano de negócios, uma boa forma de resumir a análise estratégica da empresa é a apresentação da análise SWOT, seguida da estratégia de negócio e de um cronograma, na qual as ações principais, bem como objetivos e metas, são apresentados com um horizonte de tempo para ocorrer. É interessante também estabelecer alguns marcos intermediários (*milestones*) para que a empresa possa acompanhar o andamento das ações.

Plano financeiro[3]

A parte financeira é, para muitos empreendedores, a mais difícil do plano de negócios, pois deve refletir em números tudo o que foi escrito até então nas outras seções do plano, incluindo investimentos, gastos com marketing, despesas com vendas, gastos com pessoal, custos fixos e variáveis, projeção de vendas, análises de rentabilidade do negócio etc. Todavia, após alguma prática e um perfeito entendimento dos objetivos do negócio, a parte financeira do plano acaba sendo feita de maneira simples e fácil, mas, ainda assim, de forma um pouco trabalhosa. É aconselhável que o empreendedor recorra a uma assessoria contábil e financeira para auxiliá-lo nessa tarefa.

O que não se deve fazer é a adequação do plano aos dados financeiros, e sim o contrário, pois são os objetivos e as metas do negócio, além da estratégia e da projeção de vendas, que geram as planilhas financeiras do plano de negócios.

Os principais demonstrativos a serem apresentados em um plano de negócios são: balanço patrimonial, demonstrativo de resultados e demonstrativo de fluxo de caixa, todos projetados com um horizonte mínimo de três anos, sendo que o usual é um período de cinco anos. No caso do fluxo de caixa, deve ser detalhado mensalmente. Por meio desses demonstrativos, é possível efetuar uma análise de viabilidade do negócio e o retorno financeiro proporcional. Para essas análises, geralmente se usam os seguintes métodos: análise do ponto de equilíbrio, prazo de *payback*, TIR (Taxa Interna de Retorno) e VPL (Valor Presente Líquido).

---

[3] Esta seção foi atualizada e ampliada a partir da versão original escrita com base em: Dornelas, J. C. A.; Casagrande, E.; Rantin, E. *Plano de negócios: estruturas e elaboração*. Apostila. São Carlos, 1999.

As decisões empresariais são tomadas a partir da combinação de informações quantitativas e qualitativas e de experiências, que, juntas, fornecem os elementos para o cálculo econômico. As demonstrações financeiras são informações valiosas para gerentes e empreendedores. A utilidade reside em informar os resultados das decisões empresariais executadas e possibilitar sua avaliação e correção.

No Brasil, o sucesso de um empreendimento depende muito da capacidade de administrar financeiramente um negócio, em razão dos ciclos recessivos que têm atingido a economia. Os administradores justificam suas decisões em termos numéricos, mostrando como conseguem valorizar o volume de recursos físicos e financeiros disponíveis de maneira adequada, produzindo lucros. Em um cenário de incerteza, o acompanhamento sistemático das finanças de uma atividade é o que permite a tomada de decisões acertadas (DORNELAS *et al.*, 1999).

Finalmente, o empreendedor deve estabelecer quais são as metas financeiras do negócio e, por meio de instrumentos financeiros, acompanhar seu êxito. Com as demonstrações financeiras e o planejamento financeiro, é possível estabelecer e cumprir as respectivas metas ou redefini-las, se necessário.

Balanço patrimonial

O balanço patrimonial reflete a posição financeira da empresa em determinado momento e é constituído por duas colunas, a do ativo e a do passivo e patrimônio líquido.

O ativo corresponde a todos os bens e direitos de uma empresa. O passivo é uma obrigação ou a parcela de financiamento obtido de terceiros. O patrimônio líquido corresponde aos recursos dos proprietários aplicados na empresa. O valor do patrimônio se altera quando a empresa tem lucro ou prejuízo no período ou ainda quando ocorre investimento por parte dos sócios.

O ativo da empresa representa as aplicações de recursos, que se dividem em circulantes, de longo prazo e permanentes. O passivo, assim como o patrimônio líquido, representa as origens de recursos. Portanto, o balanço patrimonial, ou o equilíbrio entre origens e aplicações, é representado pelas seguintes equações:

$$Ativo = Passivo + Patrimônio líquido$$
$$ou$$
$$Ativo - Passivo = Patrimônio líquido$$

Criando um plano de negócios eficiente

A organização das contas do ativo segue os critérios de liquidez, de acordo com os quais as contas são classificadas segundo o grau de liquidez e o prazo que possuem. Em contabilidade, curto prazo significa o período de até um ano. A partir desse conceito, é apresentado, a seguir, sinteticamente, o balanço patrimonial.

Quadro 6.6 Balanço patrimonial

Ativo	Passivo
● Circulante: são contas constantemente em giro, sendo que a conversão do dinheiro será, no máximo, no próprio exercício social.	● Circulante: são obrigações exigíveis, liquidadas no próprio exercício social.
	● Exigível no longo prazo: obrigações liquidadas com prazo superior a um ano.
● Realizável no longo prazo: bens e direitos que se transformarão em dinheiro no próximo exercício.	**Patrimônio líquido**
	● São os recursos dos proprietários aplicados na empresa.
● Permanente: são bens e direitos que não se destinam à venda e têm vida útil; no caso dos bens, vida longa.	

A seguir, apresenta-se um exemplo de demonstrativo de balanço de uma empresa comercial fictícia, a Noel Enfeites Natalinos Ltda.

Quadro 6.7 Balanço patrimonial – Noel Enfeites Natalinos Ltda. 31 de dezembro de 2022

Ativo		Passivo	
Circulante		**Circulante**	
Caixa	10.000,00	Contas a pagar	8.000,00
Contas a receber	5.000,00	Impostos a recolher	6.000,00
Estoques	5.000,00	Outras dívidas	1.000,00
Total de circulante	**20.000,00**	Total de circulante	**15.000,00**
Realizável no longo prazo		**Exigível no longo prazo**	
Títulos a receber	**20.000,00**	Financiamentos	**30.000,00**
Permanente		**Patrimônio líquido**	
Investimentos	30.000,00	Capital investido	30.000,00
Estoques	20.000,00	Lucros acumulados	15.000,00
Total de circulante	**50.000,00**	Total de patrimônio líquido	**45.000,00**
Total	**90.000,00**	**Total**	**90.000,00**

173

Um dos aspectos importantes do balanço é que ele revela, pelo passivo, a estrutura de capital de um negócio. A estrutura é composta por capital próprio e de terceiros. Quanto maior for o capital de terceiros, maior o endividamento. Detectam-se ainda, observando o passivo, o prazo do endividamento, o custo e os credores. A qualidade do endividamento é julgada a partir de seus prazos. Dívidas de longo prazo, normalmente, são melhores que as de curto prazo.

Um segundo aspecto importante é o montante de capital de giro ou capital circulante nas empresas. Esse valor é calculado subtraindo-se o passivo circulante do ativo circulante (CCL), que indica a parte do ativo não comprometida com o passivo circulante. Quanto maior for o CCL, maior será a flexibilidade financeira da empresa. A característica desse recurso é sua reversibilidade, ou seja, pode ser aumentado ou diminuído segundo as decisões dos administradores.

O ativo permanente é utilizado pela empresa em suas operações produtivas. O constante investimento nesse ativo revela as decisões empresariais de manter o nível de modernização do parque produtivo da empresa.

Demonstração de resultados

A demonstração de resultados é uma classificação ordenada e resumida das receitas e das despesas da empresa em determinado período. Da receita total obtida, devem ser subtraídos impostos, abatimentos e devoluções concedidas, resultando na receita líquida. Dessa receita líquida, deduzem-se os custos dos produtos vendidos (comércio), dos produtos fabricados (indústria) ou dos serviços prestados (serviços), para se chegar ao lucro bruto. Em seguida, subtraem-se do lucro bruto as despesas operacionais. Essa denominação "despesas operacionais" se dá pelo fato de representarem os gastos necessários para que as receitas sejam alcançadas. Como uma empresa pode obter receita ou ter despesa não provenientes de suas operações, é convenção separá-las das atividades operacionais. Finalmente, é calculado o valor do imposto de renda, contabilizando-se, no final, a soma de lucros ou prejuízos que, se não forem distribuídos aos sócios, serão incorporados ao patrimônio líquido, alterando, por consequência, o próprio balanço.

Um exemplo ilustrativo de demonstrativo de resultados, em 31 de dezembro de 2022, para uma empresa fictícia, poderia ser o apresentado a seguir.

Criando um plano de negócios eficiente

Quadro 6.8 Exemplo de demonstrativo de resultados

Item	Explicação
Receita bruta	→ Total geral das vendas
(–) Deduções	→ Impostos, devoluções e abatimentos
= Receita líquida	
(–) Custos do período	→ Gastos referentes à produção e à comercialização ou aos serviços prestados
= Lucro bruto	
(–) Despesas	→ São gastos necessários para que a atividade seja desenvolvida (atividades administrativas, de vendas e financeiras)
= Lucro operacional	
(+/–) Receita/Despesa não operacional	→ Não proveniente das operações
= Lucro antes do imposto de renda	
(–) Imposto de renda	
= Lucro líquido	

Receita de vendas	35.000,00
– Custo dos produtos vendidos	25.000,00
Lucro bruto	**10.000,00**
– Despesas operacionais	5.500,00
vendas	1.500,00
gerais e administrativas	2.000,00
depreciação	2.000,00
Lucro operacional	**4.500,00**
– Despesas de juros	700,00
Lucro antes do imposto de renda	**3.800,00**
– Imposto de renda	1.045,00
Lucro líquido	**2.755,00**

Fluxo de caixa

O fluxo de caixa é a principal ferramenta de planejamento financeiro do empreendedor. Fazendo uma analogia com a conta-corrente de uma pessoa física em um banco de varejo, administrar o fluxo de caixa de uma empresa é compilar os dados de entrada e de saída de caixa (depósitos e retiradas, no caso da conta-corrente) projetados no tempo. Quando uma pessoa faz compras a prazo e paga com cheques, ela terá de administrar seu fluxo de caixa pessoal e anotar a dívida feita, para saber quando (dia e mês) precisa honrar seus compromissos (dívidas). Se ela recebe o salário no final de cada mês, poderá gerenciar seu fluxo de caixa de forma a ter dinheiro na época de pagar as dívidas. Isso é feito intuitivamente pela maioria das pessoas, que gerenciam seu fluxo de caixa diário, efetuando aplicações em banco, pagando contas etc.

A principal diferença no caso de uma empresa é que a quantidade de itens a ser gerenciada é muito maior, mas o princípio é o mesmo. As principais preocupações devem ser honrar os compromissos com fornecedores, credores, gastos com o pessoal (salários), impostos etc. e definir as melhores formas de venda do produto/serviço, visando obter a receita necessária para que a empresa não fique com o caixa negativo e não precise recorrer a empréstimos bancários continuamente. Assim, ao analisar o fluxo de caixa de sua empresa, o empresário poderá saber se é viável vender os produtos a prazo, dar descontos ou eliminar estoques para fazer caixa, por exemplo. Trata-se de uma ferramenta estratégica que auxilia o empreendedor no gerenciamento e no planejamento das ações que serão tomadas no dia a dia e no futuro da empresa.

O período coberto pelo fluxo de caixa é normalmente dividido em intervalos. O número de intervalos depende da natureza do negócio. Empresas que enfrentam sazonalidades devem, em princípio, trabalhar com fluxos semanais, mensais e trimestrais. De qualquer maneira, o horizonte coberto pelo fluxo de caixa é estabelecido em função de objetivos e metas definidos pela administração. A seguir, ilustra-se a estrutura de um fluxo de caixa detalhado mensalmente, composto de:

- Receitas: valor das vendas recebidas.
- Vendas: volume monetário do faturamento.
- Custos e despesas variáveis: custos que variam na mesma proporção das variações no volume de produção ou em outra medida de atividade.
- Custos e despesas fixos: valores que se mantêm inalterados, independentemente das variações da atividade ou das vendas.

Ponto de equilíbrio

No ponto de equilíbrio, não há lucro nem prejuízo. É o ponto no qual a receita proveniente das vendas equivale à soma dos custos fixos e variáveis. É de grande utilidade, pois possibilita ao empresário saber em que momento seu empreendimento começa a obter lucro e, assim, torna-se uma importante ferramenta gerencial.

$$PE = (\text{Custos fixos totais}/\text{Margem de contribuição}) \times \text{Receita}$$

no qual:

$$\text{Margem de contribuição} = \text{Receita} - \text{Custos variáveis}$$

então:

$$PE = \frac{\text{Custo fixo}}{1 - (\text{Custo variável}/\text{Receita total})}$$

Para obter o ponto de equilíbrio (PE) em quantidades de produtos, basta dividir o resultado anterior pelo preço de venda unitário do produto.

O gráfico da Figura 6.7, a seguir, pode ser obtido pela projeção de fluxo de caixa e é extremamente útil para avaliar a necessidade de capital total que um negócio terá e o momento em que a empresa começará a reverter a situação em direção à obtenção de lucro, ou seja, quando ocorrerá o ponto de equilíbrio financeiro. É interessante ressaltar que, diferentemente do que pensam muitos empreendedores, a empresa em fase inicial, em geral, precisará de investimento por vários meses, não apenas no momento zero ou no dia de sua abertura. O gráfico torna esse ponto bastante claro. É importante que o empreendedor considere a inserção desse gráfico em seu plano de negócios, indicando os seguintes itens: o investimento inicial (ponto A); a máxima necessidade de investimento ou maior exposição de caixa (ponto B); a data do primeiro fluxo de caixa positivo (ponto C); e quando ocorrerá o retorno do investimento (ponto D).

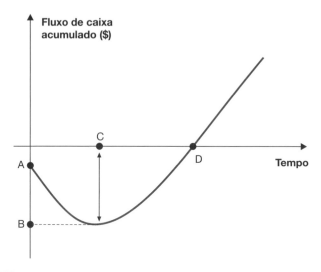

Figura 6.7 Gráfico de exposição do caixa.

Índices financeiros

Os índices financeiros indicam como está a situação financeira da empresa e a capacidade de honrar seus compromissos no prazo. Existem quatro grupos básicos de indicadores: liquidez, atividade, endividamento e lucratividade. Esses índices são calculados a partir dos itens do balanço patrimonial e das demonstrações de resultado.

Os índices de liquidez mostram se a empresa é capaz de saldar suas dívidas, e os credores ficam atentos a eles. O índice de liquidez propriamente dito representa quanto a empresa possui para saldar o passivo circulante. Se uma empresa tem um índice 3, por exemplo, significa que ela pode saldar seus passivos circulantes com pequena parcela dos ativos (33%), pois são três vezes maiores que o passivo. Para medir o índice de liquidez a seco, devem-se deduzir os estoques do cálculo, já que são os ativos menos líquidos.

Por meio do giro de estoque e do ativo total, pode-se medir o grau de atividade de uma empresa. São dados úteis para medir quão rápido as contas são convertidas em vendas. O giro do estoque demonstra a velocidade na qual o estoque é renovado em determinado período, e o giro do ativo permite medir a eficiência com que a empresa é capaz de usar seus ativos para gerar vendas.

Já os índices de endividamento demonstram, como o próprio nome diz, o grau de endividamento da empresa, ou seja, quanto do total de ativos é

Criando um plano de negócios eficiente

Quadro 6.9 Exemplo de fluxo de caixa mensal

	Jan.	Fev.	Mar.	Abr.	Maio	Jun.	Jul.	Ago.	Set.	Out.	Nov.	Dez.	Total
Recebimentos													
Receitas à vista													
Receitas a prazo													
Faturamento (vendas)													
Pagamentos													
Custos/Despesas variáveis													
Compras à vista													
Compras a prazo													
Frete													
Comissão													
Impostos variáveis													
Terceirização													
Custos fixos													
Salários													
Encargos sociais													
Aluguel													
Água													
Energia elétrica													
Telefone													
Despesas de contador													
Despesas bancárias/ juros													
Pro labore													
Investimentos													
Impostos fixos													
Outras despesas													
Custo total													
Saldo de caixa													

179

financiado pelos credores da empresa (denominado "índice de participação de terceiros"), e o total de recursos fornecidos pelos credores e pelos proprietários da empresa (denominado "índice exigível-patrimônio líquido").

As medidas de lucratividade mostram quanto uma empresa é atraente do ponto de vista de um investidor, pois esses índices são usados para justificar os investimentos. Todas as medidas estão relacionadas com os retornos da empresa (retorno bruto, operacional e líquido), tendo como base suas vendas. O ROI, retorno sobre o ativo total, determina a eficiência global da empresa, ou seja, quanto ela consegue gerar de lucro com os ativos que possui.

1. *Liquidez*

Capital circulante líquido	= Ativo circulante − Passivo circulante
Liquidez corrente	= Ativo circulante/Passivo circulante
Liquidez seco	= (Ativo circulante − estoque)/Passivo circulante

2. *Atividade*

Giro do estoque	= Custo das mercadorias/Estoques
Giro do ativo total	= Vendas/Ativo total

3. *Endividamento*

Participação de terceiros	= Passivo total/Ativo total
Relação exigível/Patrimônio líquido	= Exigível/Patrimônio líquido

4. *Lucratividade*

Margem bruta	= Lucro bruto/Vendas
Margem operacional	= Lucro operacional/Vendas
Margem líquida	= Lucro líquido/Vendas
ROI	= Lucro líquido/Ativo total

Técnicas de análise de investimentos

Existem algumas perguntas (LONGENECKER *et al.*, 1997) que os investidores podem fazer a respeito de um projeto de investimento, de um novo negócio ou de um negócio existente, respondidas por meio de técnicas específicas, apresentadas a seguir. As respostas a essas perguntas são de extrema importância e devem constar do plano de negócios.

Criando um plano de negócios eficiente

1. Retorno contábil sobre o investimento: responde à pergunta: "Quantos reais em média são gerados por real médio de investimento?".
2. Prazo de *payback*: responde à pergunta: "Qual o prazo em que será recuperado o desembolso do investimento original?".
3. Técnicas do fluxo de caixa descontado: respondem à pergunta: "De que modo o valor presente dos benefícios futuros do investimento se compara com o desembolso do investimento?".

Retorno contábil sobre o investimento

É um critério de lucro e pode ser calculado da seguinte forma:

$$\text{Rentabilidade} = \frac{\text{Lucro anual médio}}{\text{Valor declarado médio do investimento}}$$

Sua deficiência encontra-se no fato de que a medição do retorno ignora o valor do dinheiro em relação ao tempo. Portanto, apesar de ser extremamente simples de ser calculado, não consegue satisfazer a regra de se dar preferência por mais dinheiro recebido mais cedo e com menos risco.

Prazo de *payback*

A técnica de *payback* mede o tempo necessário para a recuperação do capital inicialmente investido. Assim, diferentemente da técnica de retorno contábil sobre o investimento, a técnica de *payback* utiliza o fluxo de caixa, sendo mais precisa. Um projeto de investimento é mais atraente quanto menor for o tempo para recuperar o investimento inicial, ou seja, quanto menor for o prazo de *payback*.

Apesar de se basear em fluxos de caixa em vez de nos lucros, essa técnica apresenta duas fraquezas fundamentais (LONGENECKER *et al.*, 1997): não leva em consideração o aspecto tempo em relação ao valor do dinheiro, nem os fluxos de caixa recebidos após o prazo de *payback*. As técnicas de fluxo de caixa descontado são as melhores formas de se avaliarem as decisões de investimento.

Técnicas de fluxo de caixa descontado

Essas técnicas comparam o valor presente dos futuros fluxos de caixa com o montante inicial investido. Essa análise pode ser feita por meio de dois métodos: Valor Presente Líquido (VPL) e Taxa Interna de Retorno (TIR).

181

Valor presente líquido

Para medir o VPL de um projeto, faz-se uma estimativa do valor atual para os futuros fluxos de reais gerados pelo projeto e deduz-se o investimento feito inicialmente. Para isso, descontam-se os futuros fluxos de caixa após impostos para seu valor presente e depois se subtrai o investimento inicial. Se o VPL for positivo, o projeto será viável, pois o valor presente dos futuros fluxos de caixa será maior que o investimento inicial. Caso contrário, o projeto deve ser rejeitado.

$$VPL = \left[\frac{F_1}{(1+K)^1} + \frac{F_2}{(1+K)^2} + \frac{F_3}{(1+K)^3} + ... + \frac{F_n}{(1+K)^n} \right] - INV$$

em que:

VPL = valor presente líquido

F_n = fluxo de caixa após imposto no ano n

n = vida do projeto, em anos

K = taxa de desconto (taxa de retorno exigida para o projeto)

INV = investimento inicial

Taxa interna de retorno

Para o cálculo da TIR, deve-se descobrir a taxa de desconto (K), que fornece um VPL igual a zero. Quando isso ocorre, o valor presente dos futuros fluxos de caixa é exatamente igual ao investimento efetuado. Assim, a TIR é obtida da fórmula do VPL, igualando-se essa a zero e procurando-se o valor para K, que, nesse caso, será a TIR do projeto. Como envolvem cálculos mais apurados e complexos, a TIR requer uso de calculadoras científicas ou planilhas eletrônicas, como o Microsoft Excel©, que já vêm com as fórmulas disponíveis para serem usadas. Na falta dessas opções, a alternativa seria o empreendedor tentar adivinhar vários valores para K e observar quando o VPL se torna negativo ou próximo de zero, obtendo-se uma TIR aproximada.

No plano de negócios, é importante que se mostre tanto o VPL do projeto quanto a TIR e o prazo de *payback*, pois são os primeiros índices que os investidores observam.

● Resumo do capítulo

Este capítulo é o mais longo do livro e tratou dos aspectos envolvidos na elaboração de um plano de negócios eficiente. Cada seção do plano de

Criando um plano de negócios eficiente

negócios foi pormenorizada, dando ênfase aos aspectos considerados mais importantes, os quais o empreendedor não pode se esquecer de incluir em seu plano. Foram abordadas as preocupações com a confecção da capa do plano, passando pela construção do sumário e do sumário executivo, pela descrição da empresa e seus produtos/serviços, pela análise do mercado e dos competidores, pela elaboração de uma estratégia de marketing e pela análise estratégica da empresa, até os aspectos financeiros do plano de negócios. Procurou-se usar uma linguagem simples e objetiva, para facilitar a compreensão por parte do empreendedor. Conselhos e dicas foram, sempre que possível, passados ao leitor com base em experiências práticas e na utilização efetiva do plano de negócios. Como exemplo, na área de materiais complementares (área de *download* em *www.josedornelas.com.br*) do livro, planos de negócios completos são apresentados para serem minuciosamente analisados.

● Questões para discussão

1. Por que a análise de mercado é considerada uma das partes mais importantes do plano de negócios? Se um empreendedor não tiver recursos para elaborar uma pesquisa de mercado, como ele deve proceder para que seu plano de negócios fique bem fundamentado?

2. O que você faria para obter informações dos competidores de um negócio a ser criado, se as respectivas informações não fossem de fácil acesso? Por que é importante conhecer os competidores e suas estratégias de negócios?

3. Pesquise na internet alguns *sites* que auxiliam na elaboração de planos de negócios. Encontre um exemplo de plano de negócios que possa ser analisado. Verifique se o sumário executivo responde às perguntas básicas listadas neste capítulo. (Um *site* que contém diversos exemplos de plano de negócios é o *www.josedornelas.com.br.*)

4. No Apêndice 2, encontra-se um *checklist* para elaboração de plano de negócios. Aplique-o ao plano de negócios que você e seu grupo estão elaborando como projeto de final do curso. Quais são suas conclusões?

7

Colocando o Plano de Negócios em Prática: a Busca de Financiamento

O plano de negócios é o cartão de visitas do empreendedor em busca de financiamento.

Muitos empreendedores se queixam de que obter financiamento no Brasil é o principal problema enfrentado por suas empresas, em virtude das exigências estabelecidas pelos agentes financiadores (bancos de varejo principalmente), das altas taxas de juros cobradas e das dificuldades em pagar os empréstimos depois de concretizado o acordo.

Realmente, o Brasil não é exemplo de como financiar a pequena empresa, mas algumas atitudes por parte do empreendedor também deveriam ser tomadas com o intuito de mudar esse cenário. O fato de não existirem políticas públicas claras, que apoiem o empreendedorismo no país, não justifica jogar toda a culpa do insucesso do empreendimento no governo. O empreendedor deve utilizar sua capacidade de planejamento e habilidade de negociação, bem como seu *networking*, para identificar as melhores alternativas do mercado para injetar capital em seu negócio.

A informação é a alma do negócio. Muitos empreendedores não conhecem as alternativas para capitalizar sua empresa, nascente ou em desenvolvimento. O problema é que a maioria deles recorre apenas aos bancos de varejo, quando poderiam ser mais bem-informados sobre as várias formas de financiamento existentes antes de tomar a decisão de qual (ou quais) utilizará e em que momento.

Os tipos de financiamento são basicamente divididos em dívida ou equidade. No primeiro caso, o dinheiro emprestado é assegurado de alguma forma, com algum tipo de propriedade (garantias). Equidade, por outro lado, equivale a uma quantia de capital injetado no negócio, usualmente em dinheiro ou em forma de ativo. A maioria dos novos negócios opta por dívidas de longo prazo ou por constante equidade de capital para preparar o crescimento da empresa.

A vantagem do empréstimo é que o processo é relativamente simples e rápido, e o empreendedor não precisa abrir mão de ações da empresa (ter vários sócios). A desvantagem, no entanto, é que o risco envolvido quando se contrai uma dívida é muito maior, já que não se tem certeza de que a empresa vai crescer o suficiente para honrar seus compromissos.

Não existe uma regra que determine qual é a melhor opção. O que ocorre geralmente é um misto entre as duas, ou seja, os empreendedores de sucesso combinam dívida e equidade. Para isso, o empreendedor deve conhecer as opções que existem e os riscos que cada uma traz ao negócio, bem como o custo que ele terá para obter o capital solicitado.

Quando uma empresa está no estágio inicial, sendo criada, geralmente as melhores opções para o empreendedor são os empréstimos e as economias pessoais da família, de amigos e de investidores pessoas físicas

Colocando o plano de negócios em prática: a busca de financiamento

(investidores-anjo), entrar em incubadoras de empresas, participar de aceleradoras de empresas (um misto de incubadora e fundo de investimento), os programas especiais do governo etc. Mesmo porque os bancos de varejo, as empresas de *leasing* etc. exigem muita contrapartida para efetuar o empréstimo a altas taxas de juros, inviabilizando-o, e empresas de capital de risco dificilmente investirão em empresas nascentes devido ao alto risco do negócio. Empresas em estágios mais avançados, com dois ou três anos de existência, recém-saídas das incubadoras de empresas, por exemplo, são mais atrativas para os capitalistas de risco, pois passaram pela difícil fase inicial de inserção no mercado e necessitam de mais capital para um rápido crescimento, com boas expectativas de valorização e retorno do investimento.

Nesses casos, o plano de negócios é a principal ferramenta do empreendedor em busca de capital, pois é pela análise do plano que os investidores decidirão ou não pelo investimento na empresa. A seguir, são apresentadas algumas das várias fontes de financiamento existentes no Brasil, referentes tanto ao formato dívida quanto à equidade.

● Economia pessoal, família, amigos

É o tipo de financiamento mais comum, geralmente conseguido devido a fatores pessoais e do ambiente que cerca o empreendedor. Nesse caso, vale mais a amizade e a confiança que as outras pessoas têm no empreendedor que um plano de negócios.

A decisão de emprestar ou não o dinheiro não se dará com base em fatores relacionados com o rendimento do dinheiro, mas como forma de auxílio a um amigo conhecido e que inspira credibilidade. Isso, às vezes, pode prejudicar a própria amizade, caso, no futuro, o empreendedor não consiga honrar seus compromissos com a família e os amigos. O financiamento pode se dar por meio de empréstimo (dívida) ou equidade (participação no negócio).

Além de recorrer à família e aos amigos, o empreendedor também pode utilizar as economias pessoais. Algumas alternativas são: dinheiro do fundo de garantia por tempo de serviço (FGTS), venda de imóvel (casa, sítio etc.), venda de automóvel ou outro bem, utilizar o cartão de crédito para financiamento de curto prazo.

● *Angel investor* (investidor-anjo)

O investidor-anjo, ou investidor pessoa física, é um capitalista de risco que possui dinheiro e busca alternativas para obter melhor rentabilidade para esse dinheiro. É ele quem coloca o *seed money* (dinheiro "semente inicial") necessário para a criação de muitos negócios. Mas, para isso, analisa muito bem o plano de negócios da empresa e seu potencial. Geralmente, esse dinheiro é concedido em troca de uma participação acionária na empresa ou de uma quota do capital social da empresa que está sendo criada. Esse tipo de investidor começa a se tornar mais conhecido no Brasil, principalmente devido ao movimento crescente das aceleradoras de negócios de tecnologia e internet, mas, há alguns anos, essa figura praticamente não existia por aqui. A principal argumentação para essa mudança positiva é o fato de o país estar passando por um período de estabilidade econômica, de inflação controlada, o que não ocorria havia muitos anos. Há cerca de 25 anos, era preferível aplicar no mercado financeiro, que oferecia rendimentos vultosos, com riscos praticamente nulos.

O investidor-anjo, ou *angel*, é mais comum nos Estados Unidos, onde é um dos grandes responsáveis pelo financiamento das empresas *startups*. Em sua maioria, são homens que já obtiveram sucesso empresarial na vida, com idade entre 40 e 60 anos e com educação superior. Em geral, são ex-empreendedores em busca de retornos acima da média do mercado (e, por isso, aceitam o risco). Não se envolvem na gestão do negócio, mas gostam de opinar e de ser conselheiros. Gostam de negócios cuja base é a inovação e procuram o retorno do capital investido em, no máximo, três a cinco anos. Para encontrá-los, o empreendedor deve usar sua rede de contatos e comunicar-se com todos à sua volta, pois os investidores-anjo não se expõem. Mais recentemente, têm surgido clubes e associações de investidores-anjo brasileiros, como é o caso de *www.GaveaAngels.org.br*, entre outros.

● Fornecedores, parceiros estratégicos, clientes e funcionários

O empreendedor pode achar estranho o fato de encontrar fornecedores, parceiros, clientes e funcionários na lista de fontes de financiamento. Mas a pequena empresa deve necessariamente utilizar todas as alternativas possíveis para manter seu capital de giro e o fluxo de caixa positivo. Uma boa negociação com fornecedores, com parcelamento da compra da matéria-prima e até mesmo a obtenção de carência para o pagamento, pode ajudar substancialmente a empresa.

Colocando o plano de negócios em prática: a busca de financiamento

O mesmo costuma ocorrer com parceiros estratégicos, que poderão ajudar a empresa sabendo que serão recompensados no futuro próximo. Essas são alternativas de financiamento indireto e de curto prazo. Existem os casos de ótimos clientes que antecipam o pagamento das mercadorias em troca de descontos ou outros benefícios, financiando indiretamente a produção dos bens adquiridos. Os funcionários também podem ser uma boa fonte de financiamento para a empresa. Muitos deles possuem espírito empreendedor e estão dispostos a abrir mão de um salário maior em troca de participação nos resultados ou mesmo de ações da empresa (optam por ações: *stock option*), ficando mais motivados e trabalhando além do normal, na expectativa de grandes resultados à frente.

● Capital de risco

O termo "capital de risco" (*venture capital*) nunca esteve tanto em discussão no Brasil, o que não implica estar em uso na mesma proporção. Principalmente após a grande expansão no número de empresas pontocom criadas no país, o *venture capital* tornou-se conhecido e disputado por jovens empreendedores, sedentos por capital para suas *startups*.

As empresas que investem em capital de risco são geralmente grandes bancos de investimento, compostas por profissionais de altíssimo nível e experiência no mercado financeiro, que administram grandes quantias. A função principal dessas empresas é encontrar empresas e negócios com alto potencial de desenvolvimento em cerca de três a cinco anos, que experimentem retornos sobre o capital investido (rentabilidade do capital) muito acima da média do mercado. Por isso, o nome "capital de risco". Essas empresas geralmente formam uma carteira de investimentos, com negócios com alto potencial de retorno, mas com altos riscos também. Existe um mito nesse mercado, que mostra que, em cada dez empresas investidas, cerca de duas dão o retorno esperado. Entretanto, quando isso ocorre, o retorno proporcionado pelos 20% investidos compensa a perda dos outros 80%.

Dificilmente uma empresa iniciante recebe capital de risco. Esse tipo de investimento é mais indicado para empresas que já estejam saindo da fase *startup* e que precisam crescer rapidamente. Empresas de base tecnológica e com foco em inovação são o principal alvo dos capitalistas de risco. Alguns exemplos: *software*, internet, biotecnologia, química, genética, eletroeletrônica, telecomunicações etc. Para conseguir convencer um capitalista de risco a injetar dinheiro em sua empresa, o empreendedor deve mostrar que seu negócio tem, pelo menos, quatro características:

189

7 Colocando o plano de negócios em prática: a busca de financiamento

1. Excelente equipe de gestão.
2. Bom plano de negócios.
3. Mercado-alvo expressivo e em crescimento.
4. Ideia realmente inovadora.

Ao se entender como são as principais fases de investimento em empresas, fica mais claro em quais estágios o capital de risco está mais presente. Às vezes, existem várias rodadas de investimento, os chamados *first round*, *second round* etc., e, em cada rodada, os capitalistas anteriores procuram realizar seus lucros ao vender parte de sua participação na empresa. De forma resumida, os principais estágios de investimento de risco em empresas, desde a concepção, são descritos na Figura 7.1.

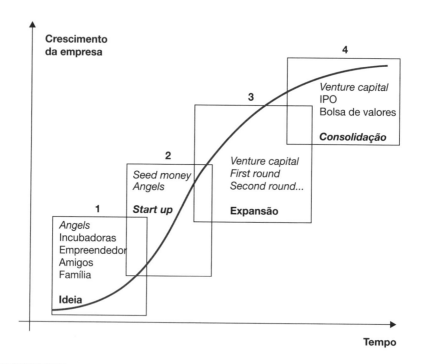

Figura 7.1 Estágios de investimento em empresas emergentes (adaptado de Inovar, 2000).

5. *Fase pré-inicial ou da ideia*: uma quantidade inicial de capital, proveniente do próprio empreendedor, de amigos, investidores-anjo, entre outros, é investida para validar a ideia e finalizar o desenvolvimento do produto, desenvolver o protótipo etc. Muitas empresas incubadas e aceleradas (que participam de aceleradoras) encontram-se nesta fase.

Colocando o plano de negócios em prática: a busca de financiamento

6. *Fase inicial* (*startup*): a empresa já está constituída, o produto está sendo melhorado e a aceitação-piloto em alguns mercados está sendo analisada. Nessa fase, talvez o capitalista de risco invista na empresa, mas é muito difícil, devido ao alto risco do negócio. Geralmente o *seed money* (dinheiro semente) virá de *angels*. A empresa geralmente tem menos de um ano de existência.

7. *Expansão*: a empresa já está se desenvolvendo e precisa de mais capital para financiar o seu rápido crescimento. Esse capital necessário é maior que o *seed money* e virá da primeira rodada de investimento de capital de risco, o *first round*. As negociações com o capitalista de risco são muito importantes nesta fase, pois as cobranças por resultados serão muito grandes. A empresa geralmente estará com dois a três anos de existência.

8. *Consolidação e saída dos* angels *e capitalistas de risco*: nesta fase, a empresa busca uma expansão ainda maior, negocia uma aquisição, parcerias, outras rodadas de investimento com outros fundos etc. e começa a gerar os resultados almejados pelos investidores iniciais, que realizam seu lucro e saem da empresa. Começa um novo ciclo, com a consolidação do negócio e a possibilidade de abrir o capital em Bolsa de Valores, o chamado IPO ou oferta pública inicial de ações.

Os capitalistas de risco geralmente não participam diretamente da gestão do negócio investido, mas têm participação garantida no Conselho de Administração, poder de sugerir ou vetar executivos, direcionar a estratégia do negócio e cobrar do empreendedor, em busca de resultados. O empreendedor deve estar ciente disso quando optar por essa alternativa, pois não será mais 100% independente e, muitas vezes, terá de aceitar os conselhos dos capitalistas, mesmo não concordando com eles. Os capitalistas agirão como sócios minoritários do negócio, mas por tempo determinado, previamente acordado, ao final do qual ocorrerá sua saída do negócio. Independentemente do resultado obtido, ambas as partes podem estabelecer um novo acordo por um novo período, com outras condições. Muitos empreendedores se sentem pressionados pelos capitalistas e não aceitam essa condição. Mas eles devem entender que o capitalista quer que a empresa dê certo, no menor tempo possível, pois colocou dinheiro no empreendimento. Além de auxiliar o empreendedor com o capital necessário para financiar a empresa, os bancos de investimento também podem identificar parceiros estratégicos e auxiliar o empreendedor no estabelecimento dessas parcerias, pois possuem espetacular *networking*.

Uma dúvida que muitos empreendedores têm a respeito do investimento feito pelos capitalistas de risco é como mensurar a quantia do capital acionário da empresa que deve ser cedida aos capitalistas. Mais uma vez, não existe um padrão, mas uma boa estratégia é a utilização das projeções financeiras contidas no plano de negócios da empresa, no qual devem estar claros índices como o VPL, a TIR e o valor do investimento necessário. Essa pode ser uma boa referência para o início das negociações. O empreendedor deve tomar o cuidado de não se comprometer com o que não poderá cumprir, pois os capitalistas se preparam muito bem para cada negociação da qual participam, o que deveria ocorrer com o empreendedor também. No *site* da Associação Brasileira de Private Equity & Venture Capital, *www.abvcap.com.br,* pode-se obter uma lista completa e atualizada dos principais fundos de capital de risco do Brasil. No livro *Criação de novos negócios,*[1] há mais informações sobre o setor de capital de risco no Brasil e dicas de negociação com investidores e de valoração do negócio, bem como uma relação completa das principais fontes de recursos para empreendedores.

● Programas do governo brasileiro

Apesar de não aparecerem de forma estruturada, existem diversas fontes de financiamento provenientes dos governos municipais, estaduais e federal, dos quais, muitas vezes, os empreendedores nunca ouviram falar. Talvez essa seja uma falha que devesse ser sanada no curto prazo, para garantir o acesso à informação para a maioria dos empreendedores do país. Mas os empreendedores mais atentos procuram se informar e estão sempre a par das várias formas de obter financiamento via órgãos do governo. Muitos desses programas destinam recursos a fundo perdido (não reembolsável) para as empresas ou a um custo subsidiado, ou seja, muito abaixo do praticado no mercado. Alguns exemplos serão apresentados na sequência e devem ser considerados continuamente pelos empreendedores quando identificarem a necessidade de capitalizar sua empresa.

Programas da Financiadora de Estudos e Projetos (FINEP) e de Fundações Estaduais de Amparo à Pesquisa (FAPs)

● *Incubadora de fundos da FINEP e Programa Inovar*: a Financiadora de Estudos e Projetos (FINEP), agência de inovação do Ministério de Ciência e

---

[1] Parte desta seção foi baseada no livro *Criação de novos negócios.* Informações em *www.josedornelas.com.br.*

Tecnologia, tem focado esforços no desenvolvimento do Projeto Inovar. Trata-se da continuação do programa de apoio ao mercado de *venture capital* no Brasil promovido pela instituição desde 2000. As ações ocorrem em parceria com o Banco Interamericano de Desenvolvimento (BID), promovendo a realização de atividades de estímulo ao setor, como rodadas de negócios, seminários e campanhas de divulgação. Segundo a FINEP:

Com o Inovar, a instituição pretende preencher uma lacuna existente no apoio ao empreendedorismo nacional. Atualmente, investimentos públicos e privados atendem majoritariamente a empresas em crescimento e expansão. Há um vazio no apoio a projetos ainda incipientes. Por isso, a FINEP cada vez mais concentrará esforços na indústria de capital semente, modalidade de investimento voltada para empreendimentos nascentes, muitas vezes ainda dentro de incubadoras e universidades.

"Com essa estratégia, a FINEP criou uma incubadora de fundos de investimento, que visa à criação de novos fundos de capital semente (capital de risco para empresas nascentes) com foco local e regional em diversas regiões do país. Nessa modalidade, a financiadora investe parte dos recursos destinados à criação dos fundos, que, por sua vez, devem buscar no mercado o restante dos investimentos." Com os mais de 30 fundos já constituídos, vários aportes de recursos foram feitos em mais de 140 empresas com alto potencial de desenvolvimento.

- *Programa de subvenção econômica*: a FINEP lançou este programa em 2006, com o intuito de promover a aplicação de recursos públicos não reembolsáveis (ou seja, não se trata de financiamento nem de aporte de capital em troca de participação acionária) diretamente em empresas, para compartilhar com elas os custos e riscos inerentes a atividades de pesquisa, desenvolvimento tecnológico e inovação. *"O marco regulatório que viabiliza a concessão de subvenção econômica foi estabelecido a partir da aprovação da Lei nº 10.973, de 2 de dezembro de 2004, regulamentada pelo Decreto nº 5.563, de 11 de outubro de 2005 (Lei da Inovação), e da Lei nº 11.196, de 21 de novembro de 2005, regulamentada pelo Decreto nº 5.798 de 07 de junho de 2006 (Lei do Bem)"*. Segundo a FINEP: *"Esse novo cenário é vocacionado para a promoção da inovação nas empresas no país e tem na FINEP, empresa pública vinculada ao Ministério de Ciência e Tecnologia, seu principal agente."* A partir de 2013, a novidade é que começaram a ser lançados editais temáticos de subvenção. No *site* da FINEP (*www.finep.gov.br*), o empreendedor poderá obter os formulários necessários para submeter seu projeto e ainda saber dos prazos e dos requisitos detalhados, bem como as áreas nas quais a subvenção é apoiada pela FINEP. É importante destacar que os projetos devem ser inovadores, ou seja, apresentar diferenciais e trazer novidades aos mercados nos quais a solução será aplicada. Os recursos devem ser usados para desenvolver a inovação e colocá-la no mercado. Trata-se de um apoio fundamental e sem precedentes na história recente de apoio ao empreendedorismo brasileiro. Os empreendedores devem aproveitar a oportunidade e priorizar a inovação em suas empresas. O mais importante é que se trata de recurso público aplicado nas empresas, que não precisarão retornar os recursos aos cofres públicos diretamente, pois o projeto de subvenção econômica aposta no sucesso das inovações desenvolvidas e, assim, na geração futura de empregos, impostos e riqueza. Uma aposta de risco do governo e um estímulo a mais aos empreendedores.

- *FINEP Startup*: Segundo a FINEP, este programa "tem por objetivo apoiar a inovação em empresas nascentes intensivas em conhecimento através do aporte de recursos financeiros para execução de seus planos de crescimento. O foco do Programa é cobrir o *gap* de apoio e financiamento existente entre o aporte feito por programas de aceleração, investidores-anjo e ferramentas de financiamento coletivo (*crowdfunding*) e o aporte feito por Fundos de Seed Money e Venture Capital".

- *Programas das Fundações Estaduais de Amparo à Pesquisa*: FAPs estaduais, que visam apoiar projetos de pesquisa e desenvolvimento de produtos e processos, elaboração de planos de negócios e estudo de mercado, prioritariamente em empresas de base tecnológica, sob a responsabilidade de pesquisadores que atuem diretamente ou em cooperação com elas. Segundo o Manual de Inovação do Movimento Brasil Competitivo, *"a operação deste programa baseia-se no apoio direto ao pesquisador, associado a uma empresa já existente, ou em criação, pelo financiamento de seu projeto de pesquisa de criação de um novo produto ou processo. São apoiados, no âmbito deste Programa, projetos que estejam em fases que precedam a comercialização. Os itens financiáveis são preferencialmente: custeio do pesquisador (auxílio ou bolsa); material de consumo relacionado com a atividade de pesquisa e serviços de terceiros; serviços de consultoria para o projeto; equipamentos e material permanente, sobretudo quando se mostrarem essenciais à sua execução"*.

Para solicitar apoio, o empreendedor e o pesquisador devem entrar em contato com as FAPs de cada estado, nas quais estarão disponíveis os editais para as chamadas.

Como exemplo, no Estado de São Paulo, a entidade responsável pelo programa é a Fundação de Amparo à Pesquisa do Estado de São Paulo (FAPESP, *www.fapesp.br*), e o Programa recebe o nome de Programa de Inovação em Pequenas Empresas (PIPE). O PIPE é dividido em três fases, com os seguintes objetivos:

Colocando o plano de negócios em prática: a busca de financiamento

- Fase 1: realização de pesquisas sobre a viabilidade das ideias propostas. Nessa fase, podem-se conseguir até R$ 200.000 em recursos não reembolsáveis, além de bolsas para o pesquisador e sua equipe.

- Fase 2: fase de desenvolvimento da parte principal da pesquisa, cujos recursos serão concedidos aos projetos de maior sucesso na Fase 1. Nessa fase, pode-se conseguir até R$ 1 milhão em recursos não reembolsáveis, além de bolsas para o pesquisador e sua equipe.

- Fase 3: para desenvolvimento de novos produtos comerciais baseados nas Fases 1 e 2. A FAPESP não concede apoio financeiro para essa fase, mas colabora na obtenção de apoio de outras fontes (faz a ponte com empresas de capital de risco, por exemplo), caso os resultados da pesquisa comprovem a viabilidade técnica das ideias e o potencial de retorno comercial ou social dos novos produtos desenvolvidos.

Um aspecto interessante do PIPE é que o empreendedor não precisa ter a empresa já criada ao submeter seu projeto na Fase 1, apenas após o projeto ser aprovado. Isso possibilita aos empreendedores que tenham ideias ainda em fase de desenvolvimento a conseguirem apoio para colocá-las em prática e, assim, criarem suas empresas.

Programa Criatec do Banco Nacional de Desenvolvimento Econômico e Social (BNDES)

O Banco Nacional de Desenvolvimento Econômico e Social (BNDES) criou, em 2007, o Programa Criatec, que visa investir recursos de capital de risco em empresas inovadoras. Os bons resultados obtidos pelo primeiro fundo Criatec estimularam a continuidade do Programa. Segundo o BNDES, "*atualmente, várias das* startups *já estão operando no mercado após o desenvolvimento de produtos inovadores e de tecnologia de ponta. O Criatec I possui 36 empresas em sua carteira, espalhadas pelas sete regionais de atuação do fundo. O período de investimentos no fundo já foi encerrado, embora seu prazo de duração seja de dez anos, e conta com compromissos de aportes do BNDES de R$ 80 milhões e outros R$ 20 milhões do BNB. O Criatec II envolve R$ 186 milhões, sendo que a participação do BNDES poderá alcançar até 80% desse valor, limitado a R$ 136 milhões. O Banco do Nordeste do Brasil (BNB) comprometerá até R$ 30 milhões. O Criatec III apresentará a estruturação idêntica ao Fundo Criatec II, com exceção dos polos de atuação, que terão um gestor nos seguintes estados: Paraná e/ou Santa Catarina, São Paulo, Minas Gerais, Rio de Janeiro, Amazonas e/ou Pará, Pernambuco e/ou Paraíba*". Mais informações podem ser obtidas no *site* do banco (*bndes.gov.br*).

Programa RHAE Inovação

O Programa de Capacitação de Recursos Humanos para Atividades Estratégicas (RHAE) foi criado em 1987 com o objetivo de apoiar projetos de inovação por meio da inserção de recursos humanos em atividades de pesquisa e desenvolvimento nas empresas. O Programa é gerido pelo Conselho Nacional de Desenvolvimento Científico e Tecnológico (CNPq) desde 1997, tendo passado por diversas mudanças até a sua atual configuração como RHAE Inovação. O RHAE consiste na concessão de bolsas a empresas para: empregar especialistas envolvidos em projetos de desenvolvimento tecnológico; enviar especialistas para treinamento no país e no exterior; possibilitar a participação de especialistas nacionais e estrangeiros em projetos de pesquisa. As bolsas podem ser de curta duração (até três meses) ou longa duração (até 36 meses). Mais informações podem ser obtidas no *site* do CNPq (*www.gov.br/cnpq*).

Microcrédito

O microcrédito é uma forma recente no Brasil de apoio aos pequenos empreendimentos, pois envolve empréstimos de menores quantias a juros mais acessíveis, sendo ainda um instrumento estratégico para a inclusão social do governo. Outra característica dessa modalidade é que pode apoiar negócios informais. Geralmente, a administração dessa modalidade de crédito é feita por uma Organização Não Governamental (ONG), que atua em determinada região. O Ministério da Economia tem atuado no desenvolvimento de uma metodologia que minimize os custos dos procedimentos operacionais para as instituições que operam com microcrédito, promovendo sua permanência no mercado de forma mais estável. As cooperativas de crédito, iniciativa crescente no país, destinam-se também a amparar empreendimentos informais e de pequeno porte na busca e acesso ao capital necessário às suas operações. Mais informações podem ser obtidas em *www.gov.br/economia*.

Progex

O Programa de Apoio Tecnológico à Exportação (Progex) tem como finalidade prestar assistência tecnológica às micro e pequenas empresas que queiram se tornar exportadoras ou àquelas que já exportam e desejam melhorar seu desempenho nos mercados externos. O Progex apoia a adaptação do produto ao mercado externo nos seguintes quesitos: melhoria da qualidade e do processo produtivo, redução de custos, atendimento às

Colocando o plano de negócios em prática: a busca de financiamento

normas técnicas, superação de barreiras técnicas, *design*, embalagens. O apoio tecnológico para cada produto é feito em duas etapas:

1. Estudo de viabilidade técnica: profissionais de uma entidade tecnológica visitam a empresa e fazem o primeiro diagnóstico. A partir daí, constam análises do produto e do processo produtivo, identificação dos principais problemas técnicos a serem resolvidos, estimativas dos custos e investimentos necessários para implementar as soluções sugeridas.
2. Adequação tecnológica: profissionais da entidade tecnológica, em conjunto com a empresa, implementam as soluções dos problemas diagnosticados. O responsável técnico do Progex garante sigilo total sobre as informações confidenciais às quais tiver acesso nas empresas.

As entidades tecnológicas são instituições de pesquisas tecnológicas que possuem comprovada experiência, contam com equipes altamente qualificadas em várias áreas do conhecimento e acervo de normas técnicas internacionais. Mais informações podem ser obtidas em *www.finep.gov.br*.

Programa Sebraetec e Sebrae Mais

Dos vários programas de auxílio às pequenas empresas, mantidos pelo sistema de Serviço de Apoio às Micro e Pequenas Empresas Brasileiras (Sebrae), podem-se destacar o Sebraetec e o Sebrae Mais. O Programa Sebrae de Consultoria Tecnológica (Sebraetec) *"é um mecanismo coordenado pelo Sebrae para permitir que as micro e pequenas empresas e empreendedores possam acessar os conhecimentos existentes no país, por meio de consultorias, visando à elevação do patamar tecnológico da empresa"*. O público-alvo do programa é composto de micro e pequenas empresas e empreendedores dos setores da indústria (inclusive agroindústria), do comércio, de serviços e agropecuário (rural), preferencialmente inseridas em arranjos produtivos, conforme critérios estabelecidos no Estatuto das Micro e Pequenas Empresas.

O Sebraetec auxilia as empresas com consultoria subsidiada nos seguintes itens: diagnóstico tecnológico, oficinas Sebraetec, suporte tecnológico, apoio tecnológico à exportação, atendimento tecnológico *in loco*, aperfeiçoamento tecnológico, inovação tecnológica e clínicas tecnológicas. O Sebraetec poderá apoiar de 80% a 100% dos custos do projeto; o restante fica sob a responsabilidade da empresa assistida.

O Sebrae possui ainda o programa Sebrae Mais, que *"oferece soluções para ajudar pequenas empresas a implantar modelos avançados de gestão empresarial, ampliar sua rede de contatos e implantar estratégias para estimular a inovação na empresa. Além disso, orienta a analisar os aspectos fundamentais da gestão financeira e melhorar o processo de tomada de decisões gerenciais"*. Mais informações no *site www.sebrae.com.br*.

● Resumo do capítulo

Neste capítulo, foram apresentadas algumas alternativas de financiamento de que o empreendedor pode utilizar para capitalizar sua empresa nascente ou já constituída. Inicialmente, discorreu-se sobre os dois tipos básicos de financiamentos existentes: dívida e equidade. Em seguida, apresentaram-se, entre outros, o tão cobiçado capital de risco e suas peculiaridades, bem como os cuidados que devem ser tomados pelo empreendedor que optar por essa opção de financiamento, apesar de ser restrita apenas a negócios com foco em inovação e de rápido crescimento. Finalmente, alguns dos vários programas do governo brasileiro voltados às micro e pequenas empresas também foram expostos de forma descritiva. Com isso, após ter elaborado um bom plano de negócios, o empreendedor pode começar a elaborar sua estratégia para obter os investimentos necessários para dar início às atividades de sua empresa.

● Questões para discussão

1. Quais são as diferenças básicas entre os dois tipos de financiamento: dívida e equidade? Quando o empreendedor deve utilizar um ou outro?

2. Pesquise nos *sites* do governo (por exemplo, *www.bndes.gov.br, www.finep.gov.br*, entre outros) outras formas de financiamento da pequena empresa e discuta com seus colegas quais são as mais adequadas para a capitalização da empresa para a qual o grupo desenvolveu o plano de negócios.

3. Tendo definidas as melhores opções de financiamento (na questão 2), entre em contato com as entidades de fomento e verifique qual o procedimento necessário para a concretização do financiamento. Discuta com o grupo se esses procedimentos são adequados ou muito burocráticos. Use argumentos convincentes.

Colocando o plano de negócios em prática: a busca de financiamento

4. Por que o capital de risco e os clubes de investidores-anjo ainda são restritos a poucas empresas no Brasil? O que já é feito para incentivar o investimento de risco no país (ações por parte do governo, empreendedores e sociedade em geral)? Que outras ações você e seu grupo proporiam?

5. Liste, pelo menos, três clubes de investidores-anjo que atuam no Brasil. Acesse o *site* de cada clube a analise os critérios para submeter ideias e quais os setores da economia são priorizados para investimento. Quais as semelhanças e diferenças entre os critérios utilizados e setores priorizados por cada clube de investidores-anjo? Discuta com seus colegas.

Estudo de caso 4

O ex-campeão de tênis profissional que se tornou referência na venda de açaí – Marcelo Cesana, da Frooty

Marcelo Cesana sempre gostou de esportes. Desde cedo, já praticava futebol e tênis no clube Hebraica em São Paulo. *"Como me destacava mais no tênis, resolvi parar o futebol e me dedicar somente às raquetes."* Com 7 anos, já treinava todos os dias à tarde, e, com 9 anos, ganhou seu primeiro campeonato, do total de 140 troféus adquiridos na carreira de tenista. *"Eu estudava de manhã e treinava todas as tardes. Com 12 anos, comecei a viajar pelo Brasil com a equipe do clube para disputar torneios nacionais. Já era o número 1 de São Paulo na minha idade. Na escola, nunca fui de ter amizades muito fortes. Eu me relacionava mesmo com pessoal do circuito do tênis pelo Brasil. Aos 14 anos, fui campeão sul-americano!"*

O tênis lhe proporcionou grande experiência e embutiu cedo em Marcelo a vontade de vencer: *"Aprendi muito com o esporte a ter disciplina, me alimentar direito, lidar com a competitividade e ter a garra de vencer. Aos 16 anos, enquanto todos meus amigos estavam indo a festinhas e namorando, eu estava treinando e me preparando para iniciar na carreira profissional. Parei de estudar com 16 anos para me dedicar integralmente a viagens e consegui me profissionalizar aos 17 anos. Joguei mais seis meses depois, até interromper a carreira profissional quatro meses antes de completar 18 anos."*

Os motivos da interrupção da até então promissora carreira no tênis até hoje são questionáveis. Mas Marcelo fala abertamente a respeito. *"Talvez tenha sido medo, estafa, enfado, despreparo mental, (falta de) altura, namoradas, (falta de) dinheiro, cansaço das viagens etc."* A alternativa foi voltar para a escola e acabar o colegial em um curso supletivo. Ao mesmo tempo, Marcelo começou a ajudar o pai na empresa de exportação de frutas que possuía. *"Fiquei sem pegar em uma raquete por 12 anos, mas nunca parei de fazer outros esportes!"*

Seu sonho de criança era ser famoso por meio do esporte, mas sua vida mudou totalmente quando a carreira profissional foi interrompida. *"Eu queria jogar a Copa Davis pelo Brasil e disputar o torneio de Grand Slam, sendo um profissional de tênis de prestígio. Não tive um grande herói que me fizesse seguir a carreira. Porém, quando criança, algumas vezes vi o Bjorn Borg e o Jorn McEnroe jogando na TV, com entusiasmo e admiração. Acho que meu*

Colocando o plano de negócios em prática: a busca de financiamento

prazer pelo tênis era mais de jogar que de ver. Achava lindo uma plateia vendo dois competidores se matando dentro de uma quadra. Só depois, fui perceber o quanto era duro estar toda semana competindo e ganhando ou perdendo dia após dia. Não é fácil conviver com derrotas. Tem uma pesquisa que fala que um jogador entre os 80 melhores do mundo perde 60% dos jogos. Se ele estiver na posição 80 do mundo, o que pouquíssimos brasileiros conseguiram, e perder 60% dos jogos, imagina como deverá ser frustrante a vida dele? Tem de ter a cabeça muito boa para ser forte e persistente para conseguir se manter no circuito por muito tempo.”

A experiência com o tênis ajudou Marcelo em sua vida empresarial e na carreira como empreendedor. Lidar com vitórias e derrotas é tão comum no mundo do empreendedorismo como no tênis. *“Era para eu ter desistido lá atrás, quando comecei a Frooty. Perdi dinheiro no começo da empresa por, pelo menos, cinco anos, até que a Frooty começou a deslanchar; e, mesmo assim, continuei tentando, até ela engrenar!”*

A Frooty começou meio por acaso. Marcelo trabalhava ajudando o pai na empresa de exportação de frutas, quando seu pai resolveu abrir uma loja de *frozen yogurt*, atribuindo a Marcelo a missão de cuidar do negócio. *“A partir daí, assumi o negócio totalmente até hoje. Pelo fato de não ter me formado nem me preparado profissionalmente para o mundo corporativo, não me enxergo trabalhando em uma multinacional hoje, por exemplo. Acredito que, se eu pudesse ter adquirido experiência como empregado antes de abrir meu próprio negócio, eu teria perdido menos dinheiro e aprendido mais rápido e me preparado melhor profissionalmente.”*

Ao assumir o negócio de *frozen yogurt*, Marcelo começou, sem perceber na época, o embrião do que seria seu grande negócio, a Frooty. *“Acabei desenvolvendo o fornecedor das matérias-primas até a abertura da loja de* frozen yogurt. *Fiz cursos na Associação Brasileira de Franchising (ABF) e consegui vender cinco franquias. Com a ajuda financeira de meu pai, construímos uma fábrica para produção do frozen yogurt e sorvetes e, após três anos de trabalho forte na abertura de clientes, conseguimos alcançar o ponto de equilíbrio.”* Após esse primeiro ciclo do negócio, Marcelo percebeu o potencial para trabalhar um produto ainda novo no mercado paulista. *“Em 1999, o açaí estava começando em São Paulo, vindo do Rio de Janeiro com uma presença já bem forte junto ao público consumidor. Usei a estrutura que tinha de fabricação de sorvete para fazer um potinho de açaí. Comecei a abrir distribuidores em outras cidades e criei a categoria de açaí em supermercados. Com a explosão do consumo do açaí em todos os lugares e a forte aceitação de nossa formulação, tivemos um sucesso muito grande do público em geral, aumentando assim a quantidade de consumidores por todos os cantos do país.”* A empresa

201

aproveitou o crescimento do mercado de produtos naturais e com benefícios nutritivos. Desde o início, houve grande preocupação em consolidação da marca e em investir em material promocional no ponto de venda. *"Treinávamos e cobrávamos todo nosso comercial a não só vender, mas a conseguir expor nossa marca nos pontos de venda. O retorno foi tanto que, hoje, quando se pensa em açaí, a marca Frooty aparece naturalmente na cabeça da maioria das pessoas."* De fato, a Frooty tornou-se sinônimo de qualidade, e isso tem feito o negócio crescer a cada dia, consolidando-se como uma das principais referências no setor.

Bate-bola com Marcelo Cesana

Sociedade nos negócios

"Meu sócio atual entrou no negócio em 2004. Foi quando apareceu a oportunidade de comprar uma fábrica de sorvete com estrutura maior que a minha, e, com isso, a gente podia aumentar o faturamento. Como eu não tinha o capital na época, ofereci a um amigo a oportunidade de sociedade, em contrapartida a investir recursos para a compra da fábrica. Com a compra dessa fábrica, fechei a anterior e juntamos os dois negócios, economizando alguns custos em dobro. Em 2005, contratamos uma pessoa que, anos mais tarde, receberia como bônus outros 2% da empresa, por merecimento. Todos nós nos damos bem e nos respeitamos muito. Enquanto sou mais agressivo e arrojado, meu sócio segura um pouco o ritmo e, assim, o termômetro fica saudável."

O que pensa sobre inovação

"Inovar é estar o tempo todo pensando em como melhorar a qualidade, economizar custos, aperfeiçoar o processo, mesmo que esteja dando certo no momento presente. Temos batalhado muito nos últimos anos para dar conta de produzir o necessário para atender à grande demanda pelo consumo do açaí Frooty. Montamos uma fábrica mais moderna e enxugamos custos para produzir mais e melhor. Investimos em sistemas, infraestrutura e em profissionais de qualidade para atender melhor a nossos distribuidores e clientes em geral. Sempre estamos aumentando a capacidade para poder economizar na produção e entrar no próximo verão mais bem preparados. É um investimento atrás do outro, que não acaba nunca!"

O que pensa sobre sustentabilidade

"É muito gratificante saber que usamos uma fruta que em nada prejudica a Floresta Amazônica. Pelo contrário, o aumento no consumo de açaí trouxe melhores condições

Colocando o plano de negócios em prática: a busca de financiamento

para a população local. A tendência é que, cada vez mais, eles se beneficiem dessa geração de renda que o açaí trouxe para suas famílias. Cada vez mais, escolas são abertas dentro das cooperativas, e a infraestrutura básica chegou nas comunidades mais carentes da Amazônia. Energia, saneamento básico e melhor alimentação são alguns dos progressos oriundos da extração da fruta."

Diferenças entre empreender hoje e no passado

"Em minha opinião, antigamente, qualquer atividade inicial contava com poucos ou nenhum concorrente; então, as chances de sucesso eram muito grandes. Hoje em dia, como há já muitas empresas fazendo de quase tudo, as chances de se fazer algo totalmente pioneiro estão cada vez mais difíceis. Daí a necessidade de um estudo e planejamento bem-feitos para evitar perda de tempo e dinheiro."

Sobre a realização como empreendedor

"Ainda não me sinto realizado! Estou trilhando um caminho bastante promissor. Construí uma empresa de sucesso, uma marca forte, e ajudei a construir o consumo de um novo produto pelo Brasil todo. Ainda estou longe de estar satisfeito e realizado. Como pessoa física, ainda não consegui ter qualquer patrimônio. Tudo que a empresa lucra é destinado ao pagamento dos investimentos para seu crescimento. Portanto, estou no meio de um caminho longo, mas que deverá me gerar bons resultados e me deixar bastante realizado em um futuro próximo."

O que pensa sobre aposentadoria

"Quero continuar fazendo bastante esporte e viajar bastante para conhecer lugares que ainda não visitei. Mais do que tudo, também quero poder curtir meus filhos e netos, sem me preocupar com dinheiro. Não almejo ser milionário, apenas ter o bastante para viver minha velhice com folga, sem necessitar de ajuda de ninguém."

Sobre voltar atrás, mudar algo (algum arrependimento) e sobre se faria tudo de novo

"Se eu pudesse voltar no tempo, teria tido uma experiência como funcionário antes de começar um negócio próprio tão cedo. Faltaram-me experiência prévia e bons professores na minha vida profissional. Teria sido muito bom ter algumas experiências em grandes empresas para eu aprender um pouco com bons e experientes gestores. Hoje, olhando para trás, enxergo o quanto eu poderia ter feito melhor e

203

7 — Colocando o plano de negócios em prática: a busca de financiamento

mais rápido, se tivesse aprendido com alguém antes. Fui fazendo tudo por intuição, sem instrução nem ajuda alguma. Por pura persistência e muito suor, consegui atravessar a maré e entrar para a seleta lista das empresas que ultrapassaram os primeiros anos de vida."

Conselhos a quem pretende ser dono do próprio negócio no Brasil

"Antes de começar, faça pesquisas, planejamento, cursos etc. Estude bastante o setor no qual irá entrar, conheça os concorrentes, a situação do mercado e avalie seus conhecimentos em geral. É muito importante também gostar da área. Não adianta detestar trabalhar à noite e abrir um restaurante bistrô. Se você não estiver lá, acompanhando o dia a dia (noite a noite!), possivelmente não dará certo."

Sobre a Frooty

A Frooty nasceu em 1994, com a ideia de trazer o *frozen yogurt* ao Brasil. A primeira loja de rua foi aberta na Rua Pamplona, em São Paulo, e, a partir daí, houve a expansão por meio de franquias. Em 1999, com o lançamento do pote de 200 g de açaí e do balde de 3,6 kg, iniciou-se a venda para distribuidores e supermercados. Ao longo dos anos posteriores, esses distribuidores foram se multiplicando e o consumo nos supermercados foi crescendo. Com a popularidade do açaí na tigela entre jovens por todo o país, a Frooty encontra-se em milhares de pontos de venda em todo o Brasil e exporta para dez países. A Frooty lidera o mercado local e fatura mais de R$ 120 milhões anuais, vendendo milhões de quilos de creme de açaí.

Mais informações em *www.frooty.com.br.*

Questões referentes ao Estudo de caso 4

1. A paixão de Marcelo sempre foi o esporte, e ele chegou a se destacar como tenista profissional quando adolescente. O sonho de ser famoso como tenista não aconteceu, mas sua carreira como empreendedor tem lhe proporcionado grandes resultados e reputação no mercado no qual atua. Como você avalia o caminho traçado por Marcelo e o fato de ter desistido de uma carreira promissora no tênis? O que você pensa sobre o empreendedor

seguir seu sonho mesmo quando há grandes adversidades ao longo do caminho?

2. O negócio da Frooty aconteceu por acaso, segundo o próprio empreendedor. Porém, quando questionado sobre suas recomendações a quem pretende empreender, Marcelo sugere muito estudo, planejamento, preparação etc. Caso Marcelo tivesse desenvolvido um plano de negócios, o que ele poderia ter previsto e o que não mudaria na estratégia de crescimento da Frooty, sabendo que o próprio pai colocou o recurso inicial, e, depois, um amigo investiu na segunda fase de crescimento da empresa?

3. Marcelo acredita que, se tivesse tido uma experiência prévia como empregado em uma grande empresa, sua fase inicial como empreendedor teria sido menos difícil. O que você pensa a respeito? O jovem recém-formado deve primeiro trabalhar como empregado, adquirir experiência e depois criar o próprio negócio (se esse for seu desejo) ou pode/deve criar o próprio negócio mesmo sem essa experiência prévia? Quais os prós e os contras de cada decisão?

4. Apesar de a Frooty ser bem-sucedida e faturar milhões de reais anualmente, Marcelo relatou que levou vários anos para a empresa chegar ao ponto de equilíbrio, e que, financeiramente, ele ainda não está realizado. Como o empreendedor deve lidar com a realização financeira? Esse deve ser um objetivo a ser atingido ou uma consequência do trabalho desenvolvido? Cite exemplos de empreendedores que têm um objetivo financeiro deliberado (que você conheça pessoalmente ou que tenha lido a respeito na mídia). Com qual tipo de empreendedor você mais se identifica? Por quê?

8

Buscando Assessoria para o Negócio

O empreendedor não é uma ilha isolada no oceano. Por meio de sua rede de contatos, ele deve identificar os melhores profissionais e entidades para assessorá-lo.

8 Buscando assessoria para o negócio

Tão importantes quanto conseguir o financiamento inicial para o começo do negócio, são as assessorias que ajudarão o empreendedor a ultrapassar a primeira e, em geral, a mais difícil fase do empreendimento: a da sobrevivência. No início, empresas costumam ser frágeis, não têm marca, não são conhecidas e tampouco conhecem muito bem o mercado em que atuam, devendo ser cautelosas em suas ações, o que não significa dizer que devam ser lentas. O empreendedor, por mais otimista que seja, caso não esteja devidamente amparado na fase inicial do negócio, pode se ver em dificuldades, e seu sonho pode tornar-se pesadelo em pouco tempo.

Nos capítulos anteriores, falou-se bastante das características dos empreendedores, da necessidade de identificar uma oportunidade singular e de saber elaborar um bom plano de negócios, das alternativas de financiamento e de que o empreendedor deve estabelecer uma rede de contatos que o ajude a fazer a empresa crescer. Essa rede de contatos serve ainda para o empreendedor identificar em quais aspectos o negócio precisará de assessoria externa. Por melhor e mais completo que seja o empreendedor, ele sempre necessitará de ajuda externa. Algumas assessorias são citadas a seguir e devem ser consideradas no momento da criação do negócio ou em outros momentos críticos.

● Incubadoras de empresas

Desde o surgimento do primeiro parque tecnológico de que se tem notícia, no final da década de 1940, em Palo Alto, na Califórnia, caracterizado pelo estreito relacionamento com a Universidade de Stanford (BROADHURST, 1988) e que serviu de modelo para outros países desenvolverem seus próprios polos tecnológicos (TORKOMIAN, 1992), conceitos como capital de risco, empreendedorismo e incubadoras de empresas são considerados condições básicas para o desenvolvimento econômico regional, por meio de transferência de tecnologia e inovação tecnológica (GIBB, 1992; SPOLIDORO, 1999; DORNELAS *et al.*, 2000). É importante notar que a participação dos governos no incentivo às empresas de base tecnológica tem sido fundamental, assim como no caso dos parques e polos tecnológicos, direcionando os esforços de pesquisa para setores considerados prioritários, como ocorreu nos Estados Unidos (MEDEIROS *et al.*, 1992), no Japão, na França, no Canadá, na Alemanha, na Itália, na Inglaterra e, mais recentemente, em países em desenvolvimento, como Israel (KHAVUL *et al.*, 1998), China e México (LALKAKA; BISHOP, 1996).

No Brasil, os primeiros polos tecnológicos foram criados a partir de 1984, por meio de convênios do CNPq com instituições localizadas em São Carlos (SP), Joinville (SC), Campina Grande (PB), Manaus (AM) e Santa Maria (RS), com o intuito de criar empresas de base tecnológica nessas regiões (MEDEIROS *et al.*, 1992; TORKOMIAN, 1992). Essas experiências iniciais motivaram o surgimento de parques e polos tecnológicos em outras regiões do Brasil, que atualmente possui dezenas dessas iniciativas. Com a criação dos polos e parques tecnológicos, o surgimento do conceito de incubadoras de empresas de base tecnológica foi natural, já que, para abrigar as iniciativas empreendedoras, havia a necessidade de constituir espaços que proporcionassem um perfeito desenvolvimento desses negócios inovadores e acelerassem a sua consolidação.

As incubadoras de empresas são entidades sem fins lucrativos, destinadas a amparar o estágio inicial de empresas nascentes que se enquadram em determinadas áreas de negócios. Uma incubadora de empresas pode ser definida como um ambiente flexível e encorajador no qual são oferecidas facilidades para o surgimento e o crescimento de novos empreendimentos (ANPROTEC, 1998). Além de assessoria na gestão técnica e empresarial da organização, a incubadora oferece a possibilidade de serviços compartilhados, como laboratórios, telefone, internet, copiadoras, correio, luz, água, segurança, aluguel de área física e outros. Assim, uma incubadora de empresas é um mecanismo – mantido por entidades governamentais, universidades, grupos comunitários, entre outros – de aceleração do desenvolvimento de empreendimentos (incubados ou associados), por meio de um regime de negócios, serviços e suporte técnico compartilhado, além de orientação prática e profissional.

A empresa incubada não encontrará fora da incubadora as facilidades existentes dentro dela, a preços tão competitivos e de forma tão integrada. Por isso, a taxa de mortalidade de empresas incubadas é muito menor que a das micro e pequenas empresas em geral, e a procura por vagas em incubadoras, por parte das empresas nascentes, vem aumentando no país.

Mas o principal objetivo de uma incubadora de empresas deve ser a produção de empresas de sucesso, em constante desenvolvimento, financeiramente viáveis e competitivas em seu mercado, mesmo após deixarem a incubadora, em geral em um prazo de dois a quatro anos. Ou seja, todo empreendedor e sua empresa passam por um processo de seleção para serem admitidos em uma incubadora, devendo apresentar, entre outros documentos, um plano de negócios do empreendimento.

O número de incubadoras de empresas tem crescido rapidamente nos últimos anos, tanto no exterior como no Brasil. Nos Estados Unidos, até o início da década de 1980, havia apenas cerca de dez incubadoras (RICE; MATTHEWS, 1995). Esse número cresceu rapidamente na década seguinte, e, em 1997, já havia mais de 500 incubadoras (BUSINESS INCUBATION WORKS, 1997). Atualmente, o número de incubadoras nos Estados Unidos é superior a 1.000 (NBIA, 2000-2004). Na China, há mais de 500 incubadoras, e o governo chinês planeja acelerar para chegar rapidamente aos patamares americanos e até superá-los. No Brasil, mais recentemente, vem ocorrendo algo semelhante. A primeira incubadora de empresas do país foi criada em São Carlos (SP), em 1984, e está vinculada à Fundação Parque de Alta Tecnologia de São Carlos, entidade mantenedora da incubadora. Desse período até os dias atuais, o número de incubadoras de empresas no país aumentou consideravelmente. É importante ressaltar que essas incubadoras são de caráter bastante eclético: tecnológicas (que abrigam empresas de base tecnológica, por exemplo, *software*, eletrônica, biotecnologia etc.), convencionais (que abrigam empresas industriais e de serviços nas quais a tecnologia não é o fim, mas pode ser utilizada no processo de produção do bem ou serviço, por exemplo, vestuário, calçados, entre outros) e mistas (que abrigam ambos os tipos de empresas). Outros tipos de incubadoras têm surgido nos últimos anos, como é o caso das culturais, agroindustriais, de artes e as cooperativas.

Em todo o país, existem cerca de 370 incubadoras de empresas (fonte: Anprotec). A principal justificativa para o explosivo crescimento desse número no país deve-se ao fato de o Sebrae nacional e os estaduais terem financiado grande parcela dessas incubadoras nascentes, com renovação anual dos convênios firmados.

Para saber se existe uma em sua região, acesse o *site* da Anprotec, entidade que representa o movimento de incubadoras no Brasil, *www.anprotec.org.br*, que contém uma relação dos parques tecnológicos e das incubadoras de empresas brasileiras.

● Aceleradoras

As aceleradoras ou incubadoras de empresas pontocom (baseadas na internet) foram concebidas na década de 1990 e são diferentes das incubadoras tradicionais citadas na seção anterior. Naquela época, uma empresa pontocom podia optar por pleitear uma vaga em uma incubadora

Buscando assessoria para o negócio

tecnológica mantida por entidades, como as citadas anteriormente, ou optar por uma vaga nas várias incubadoras pontocom que surgiram no país.

A principal diferença é que essas incubadoras voltadas exclusivamente às empresas pontocom são privadas, visam ao lucro e atuam como capitalistas de risco, ou seja, além de oferecerem infraestrutura, suporte e auxílio na gestão, também entram com o capital necessário para começar o negócio. Mas isso tem um preço: a empresa deve ceder uma parte das ações à aceleradora, em troca de todo esse pacote de benefícios. Em geral, as aceleradoras selecionam os empreendedores e seus negócios em um fim de semana ou em encontros/concursos, usando como base a proposição do modelo de negócio da empresa (são raras as que solicitam um plano de negócios), o histórico da equipe de gestão, um protótipo, caso exista, e avaliam se a ideia é inovadora. As aceleradoras buscam geralmente atrair jovens criativos e, então, selecionam os melhores projetos para participar de seus programas de investimento.

● Sebrae

O Serviço Brasileiro de Apoio às Micro e Pequenas Empresas é a principal entidade que apoia os empreendedores brasileiros. Foi criado por lei de iniciativa do Poder Executivo, mas é predominantemente administrado pela iniciativa privada. A instituição é resultante de uma decisão política, que atende aos anseios dos empresários e do Estado, que se associaram para criá-la e cooperam na busca de objetivos comuns. Sua criação ocorreu em 1990, pelas Leis nos 8.029 e 8.154, sendo regulamentado no mesmo ano pelo Decreto no 99.570.

Está espalhado por todos os estados da Federação, com dezenas de agências em várias cidades do país. Desde conselhos sobre a forma de abertura da empresa, passando por consultorias básicas e pontuais, até cursos sobre gestão da qualidade, fluxo de caixa, marketing, finanças, entre outros, o Sebrae está sempre ao lado das empresas. Organiza ainda caravanas para participação das empresas em feiras e eventos nacionais e internacionais (como expositores ou visitantes), promove rodas de negócios, auxilia o empresário em questões relacionadas com o comércio exterior, apoia as incubadoras de empresas e demais eventos voltados às pequenas empresas, entre outros. Para saber onde encontrar uma agência do Sebrae e obter mais informações sobre a entidade, acesse o *site www.sebrae.com.br*.

● Assessoria jurídica e contábil

É de extrema importância que o empreendedor seja muito bem assessorado, desde o início, em relação aos aspectos jurídicos e contábeis de seu negócio. Para isso, ele deve recorrer a advogados e contabilistas (contadores) que inspirem confiança, entendam do assunto e, mais que isso, auxiliem o empreendedor na gestão do empreendimento.

É muito comum alguns contadores apenas indicarem as datas e os valores dos impostos e tributos que o empreendedor deve pagar, não assessorando a empresa de forma a otimizar a administração de seu fluxo de caixa, por exemplo. O empreendedor deve fazer uma boa pesquisa antes de optar por um ou outro profissional ou escritórios de advocacia e contabilidade e esclarecer todos os direitos e deveres de cada um, antes de definir a escolha.

Geralmente, a escolha é feita por motivos pessoais e indicações de amigos e conhecidos. Nesses casos, o empreendedor deve procurar conhecer algumas empresas assessoradas pelo profissional antes de contratá-lo, sem tomar a decisão final antes disso. Outro detalhe refere-se ao preço da assessoria: os que cobram muito abaixo da média geralmente não oferecem serviço completo; e nem sempre os que cobram acima da média do mercado são os melhores. Por isso, uma boa pesquisa de mercado também é recomendada.

● Universidades e institutos de pesquisa

O empresariado brasileiro não tem o hábito de recorrer às universidades e aos institutos de pesquisa para solucionar problemas de tecnologia em suas empresas ou mesmo para promover inovação tecnológica. No cntanto, o Brasil oferece boas opções para isso, e os empreendedores devem estar atentos a elas, principalmente aqueles ligados a empresas de base tecnológica. Um modelo de transferência de tecnologia bastante utilizado em vários países europeus e na América do Norte trata das parcerias entre institutos de pesquisa e universidades com empresas, tanto de pequeno porte como empresas maiores e com grande presença em seu mercado de atuação.

No Brasil, existem algumas iniciativas que merecem destaque. Uma delas é o Programa Disseminação Tecnologia, ou DT (antigo Disque Tecnologia), da Universidade de São Paulo (USP). Por focar principalmente as empresas de pequeno porte, o DT acabou se transformando em uma forma simples e eficaz de resolver problemas que não requerem alto teor tecnológico, do ponto de vista acadêmico, mas que otimizam de forma substancial processos e produtos em pequenas empresas, que não possuem *know-how* para fazê-lo. Um dos fatores que talvez tenha sido

Buscando assessoria para o negócio

importante para a validação do modelo foi a participação das diversas empresas juniores da USP no projeto, atuando como agentes de ligação entre o meio acadêmico e as pequenas empresas. Dessa forma, e por meio de programas como o Sebraetec do Sebrae-SP, que arca com parte dos custos da consultoria às empresas, o DT, além de solucionar os problemas das empresas, é uma forma de baixo custo e acessível a qualquer pequena empresa com problemas tecnológicos.

Nota-se que esse modelo envolve vários atores: de um lado, estão os pesquisadores, detentores do conhecimento e da tecnologia; de outro, as empresas carentes de soluções para otimizar seus produtos e processos; e, como agentes intermediários e facilitadores do processo, estão as empresas juniores, formadas por estudantes dos mais variados cursos de graduação oferecidos pela USP, empenhados na consolidação do modelo. Como não poderia deixar de existir, há ainda o agente financiador, o Sebrae-SP, que aporta recursos financeiros subsidiados com o objetivo de viabilizar a participação dos vários atores nesse processo.

Nas universidades públicas estaduais de São Paulo, a forma mais conhecida internamente de se promover a transferência de tecnologia ao setor privado são as fundações, entidades criadas a serviço das universidades e que atuam como elo entre o meio acadêmico e as empresas. Apesar de bastante conhecidas internamente, essas fundações não parecem ser a melhor forma de promover a transferência de tecnologia e a consequente inovação tecnológica nas empresas, pois, em geral, não têm caráter proativo, mas reativo, ou seja, esperam que o empresário procure a universidade ou que o pesquisador desenvolva um papel de vendedor de tecnologia. Assim, tornam-se apenas intermediários no processo, sem necessariamente agregar valor a ele. Apesar disso, são estruturas já estabelecidas nas universidades e que podem ser aproveitadas de forma mais eficiente, com uma ação mercadológica mais evidente e exercendo papel de agente facilitador para ambos os lados, a academia e a empresa, com melhor divulgação de suas ações. Precisam também recrutar uma equipe de pessoas especializadas e focadas na transferência de tecnologia, que atuem como identificadores de oportunidades e soluções para problemas tecnológicos nas empresas brasileiras. Mais recentemente, têm surgido as agências de inovação nas universidades brasileiras, que buscam justamente facilitar o processo de transferência de tecnologia e a promoção da inovação.

Existem ainda os institutos de pesquisa com administração independente, mas que possuem estreito relacionamento com as universidades. Esses institutos desenvolvem pesquisa de alto valor agregado e procuram promover a transferência de tecnologia para o setor privado, seja em forma de parcerias ou até mesmo induzindo a criação de novas empresas

213

de base tecnológica. Todavia, apesar da interação com o meio empresarial, esses institutos necessitam de substanciais recursos do governo para sua sustentação. Como o Brasil não possui uma política clara, definida e contínua de investimento em pesquisa e desenvolvimento, esses institutos não conseguem estabelecer planejamentos de longo prazo, haja vista as constantes reduções de verba que, em muitos casos, forçam os pesquisadores a redirecionar suas pesquisas e partir para soluções alternativas, que, nem sempre, são as melhores opções. Mesmo nos casos de institutos e centros de pesquisa reconhecidos nacional e até internacionalmente, como a Embrapa, com seus vários centros de pesquisa nos estados brasileiros, e o IPT, de São Paulo, essa constatação se torna evidente.

Apesar dos problemas, existem muitos empresários usufruindo dos benefícios proporcionados por institutos e universidades. Para isso, o empreendedor tem de ser ousado e procurar essas instituições, sem medo de parecer patético em relação a seu problema, mas tendo em mente que as instituições podem ser morosas na resolução. Em muitos casos, a parceria entre universidade e indústria é um sucesso; basta que as regras estejam claras desde o início, com os papéis de cada ator bem definidos.

Como citado, as empresas juniores, situadas dentro de universidades e faculdades, por serem formadas por alunos e não terem fins lucrativos, são uma alternativa de baixo custo e boa qualidade para as pequenas empresas, pois sempre têm o respaldo de professores que auxiliam os alunos na resolução dos problemas. O Brasil é referência mundial no assunto, com mais de 500 empresas juniores em atividade. As empresas juniores brasileiras atuam nos mais diversos ramos de atividade, de consultoria em gestão à resolução de problemas de engenharia ou química, e o número dessas empresas aumenta a cada ano. O empreendedor interessado em entrar em contato com essas empresas juniores pode se dirigir às universidades e faculdades com cursos sobre o tema de seu interesse. Muito provavelmente, haverá uma empresa júnior preparada para atendê-lo. Outra possibilidade é entrar em contato com a Confederação Brasileira de Empresas Juniores (Brasil Júnior), para obter informações das empresas juniores do país (*www.brasiljunior.org.br*).

● Instituto Empreender Endeavor

O Instituto Empreender Endeavor é uma entidade internacional, sem fins lucrativos, que atua no suporte ao empreendedorismo em países em desenvolvimento. Essa entidade chegou ao Brasil em 2000, e sua missão é eliminar os fatores que têm limitado o surgimento de empreendimentos inovadores. Entre esses fatores, estão a dificuldade de acesso a capital, a

Buscando assessoria para o negócio

desinformação e a carência de serviços de suporte qualificados. Outro ponto bastante explorado pela Endeavor é o apoio ao desenvolvimento de modelos de empreendimentos bem-sucedidos no Brasil que possam servir de referência para futuros empreendedores.

A sede da Endeavor é em Nova York, nos Estados Unidos. A entidade foi criada em 1997 por um grupo de ex-alunos da Universidade de Harvard que, após ter trabalhado em mercados emergentes (nos países em desenvolvimento), identificou a carência de programas que efetivamente apoiassem empreendedores. O início da atuação da Endeavor na América do Sul foi na Argentina e no Chile, em 1997. Mais informações podem ser encontradas em *www.endeavor.org.br*.

● *Franchising*

O *franchising* é um modelo de negócios que visa estabelecer uma estratégia para distribuição e comercialização de produtos e serviços. Existem dois atores principais no processo: o franqueador e o franqueado. Para que o sistema tenha êxito e todos saiam ganhando, é importante a relação de parceria. O movimento no país é representado pela Associação Brasileira de Franchising (ABF).

● *Franqueador*: é a empresa detentora da marca, que idealiza, formata e concede a franquia do negócio ao franqueado.

● *Franqueado*: é uma pessoa física ou jurídica que adere à rede de franquia, investindo recursos no próprio negócio, o qual será operado com a marca do *franqueador* e de acordo com todos os padrões estabelecidos e supervisionados por ele.

O primeiro *franchising* ocorreu nos Estados Unidos, e o caso mais conhecido de sucesso é o do McDonald's, que surgiu em 1954, tornando-se o maior franqueador do mundo. O Brasil é um dos países com maior número de franquias no mundo, nos mais variados setores. Aderir a esse sistema é uma boa possibilidade para os empreendedores brasileiros, que são assessorados pelo franqueador e, portanto, têm mais segurança na abertura do próprio negócio. A ABF possui vários programas voltados a auxiliar tanto franqueadores como franqueados e os possíveis candidatos a empreendedores no mundo do *franchising*. Esses programas têm o objetivo de fortalecer o sistema de franquias, dar suporte a questões de legislação e oferecer capacitação em gestão empresarial, crédito e assessoria técnica

215

8 — Buscando assessoria para o negócio

aos franqueados e franqueadores. Mais informações podem ser obtidas no *site www.portaldofranchising.com.br*.

● Resumo do capítulo

Neste capítulo, foram analisadas algumas maneiras pelas quais o empreendedor no Brasil pode receber assessoria sobre questões relativas à gestão de seu negócio. Desde a criação da empresa (com possibilidade de participação em uma incubadora ou como empresa franqueada) ao apoio nas fases iniciais e de crescimento da empresa (Sebrae), o auxílio na resolução de questões tecnológicas (universidades e institutos de pesquisa), jurídicas (assessoria jurídica) e contábeis (assessoria contábil), até o apoio na captação de recursos e no desenvolvimento de uma rede eficiente de contatos, o empreendedor teve a oportunidade de tomar contato inicial com entidades que provavelmente serão seus parceiros de negócios duradouros.

● Questões para discussão

1. Quais as vantagens de se instalar uma empresa nascente em uma incubadora de empresas ou participar de uma aceleradora? E as desvantagens?

2. Pesquise na internet, no *site* da Anprotec (*www.anprotec.org.br*), qual incubadora de empresas se encontra mais próxima de você. Reúna seu grupo e organize uma visita. Identifique como é o processo de seleção para empresas incubadas por ela. Utilize os conhecimentos adquiridos até aqui e analise quais aspectos são os mais importantes nesse processo (perfil empreendedor, plano de negócios etc.).

3. Visite, em conjunto com seus colegas de grupo, um escritório de contabilidade ou um contabilista autônomo e identifique quais serviços são oferecidos a um empreendedor iniciante. Como se dá o relacionamento entre as partes? Quais devem ser as responsabilidades de cada um (do empreendedor e do contabilista) para manter as obrigações da empresa em dia? Como o empreendedor deveria agir para manter um bom controle do serviço terceirizado ao contabilista?

Buscando assessoria para o negócio

Estudo de caso 5

O empreendedor serial apaixonado pela arte de empreender e atento às oportunidades de fazer acontecer – Rogério Ferreira

Rogério Ferreira pode ser considerado um típico empreendedor serial – aquele que cria e se envolve em vários negócios ao mesmo tempo ou sequencialmente –, e quando fala de suas empreitadas, fica claro que a paixão pela arte de empreender e a sede de vencer o moldaram desde muito cedo... *"Eu vim de uma família e condições de vida simples, trabalho desde os 12 anos de idade, onde iniciei em uma gráfica, e depois fui para a área de estoque de uma pequena distribuidora de medicamentos no interior de São Paulo. Trabalhei em algumas empresas, chegando ao cargo de diretor, adquirindo muito conhecimento e identificando oportunidades. Com isso, após algum tempo, foi natural eu me lançar no empreendedorismo do negócio próprio, não só com o objetivo de ganho financeiro, mas também para fazer a diferença nas vidas das pessoas que comigo trabalham."*

A curiosidade e a observação atenta das pessoas com as quais convivia no mundo dos negócios lhe trouxeram inspiração e muito aprendizado. *"O presidente de uma das empresas onde trabalhei foi minha grande inspiração. Um cara dinâmico e com grande poder de transformação. Ouvi dele que, para cargos estratégicos, ele procurava sempre profissionais melhores do que ele e, com isso, ele ganhava novos impulsos para crescer e muito aprendizado contínuo. Eu sigo muito desse pensamento no meu dia a dia também."*

Sem histórico na família de pessoas que empreenderam o negócio próprio, Rogério conta que, na verdade, ele passou a ser uma referência para os mais próximos. E tudo começou em um momento crítico de sua vida, como quase sempre ocorre com grandes empreendedores. *"Eu fui o primeiro de minha família a assumir o risco de criar uma empresa, o que muito me orgulha, pois passei a influenciar alguns familiares a empreender também. Eu havia sido demitido num domingo à noite em minha casa. Era recém casado e, naquele momento, veio a vontade de ter planos, alternativas, e principalmente ter um negócio próprio. Assim, comecei a desenhar o que seria o meu primeiro projeto."*

O primeiro negócio foi criado em uma área diferente de onde ele trabalhava, o que trouxe muito aprendizado. E com a veia empreendedora e a vontade de vencer crescentes, montou mais duas empresas no mesmo período, algo extremamente desafiador para quem empreende no Brasil. *"Como eu já tinha certa maturidade profissional e financeira como executivo, em 2008 comecei meu primeiro negócio fora da minha área de trabalho, plantando seringueira para produção de látex. Em 2009, comecei mais dois negócios no setor onde trabalhei por muitos anos: uma distribuidora de medicamentos focada em genéricos e similares, e uma empresa de tecnologia para atuar no seguimento de distribuição da indústria e varejo farmacêuticos."*

Rogério valoriza o conhecimento formal, mas ainda mais as relações e as experiências adquiridas em viagens e eventos, que sempre lhe proporcionaram conhecer pessoas-chave, aprender e identificar oportunidades. *"Minha formação foi em marketing, com MBA na FGV em Gestão Comercial, mas os grandes aprendizados vieram nas inúmeras visitas ao varejo e indústrias farmacêuticas, entendendo e transformando necessidades em oportunidades de negócios. Fiz também várias viagens técnicas internacionais, com o objetivo de conhecer e aprender com outros mercados: Estados Unidos, Canadá, Portugal, Itália, México, África do Sul etc."*

Quando fala do seu principal negócio, Rogério se recorda como identificou a oportunidade e estruturou o projeto inicial do que seria uma das principais distribuidoras de medicamentos do Brasil. *"Ainda como executivo no segmento de distribuição, após anos formando equipes, incontáveis visitas ao varejo farmacêutico, e inúmeros trabalhos em conjunto com fornecedores, as oportunidades ficaram bem claras. Com a crise econômica acentuada de 2008, houve um impulsionamento da venda de medicamentos genéricos no Brasil. Eu já tinha o mapeamento completo da cadeia de valor do setor e percebi que havia poucos concorrentes especializados para atuar com distribuição de genéricos. Pesquisei ainda mais com clientes próximos e alguns fornecedores e tomei a decisão. Não foi fácil, pois muita gente falava que seríamos mais um atuando no setor. O legal é que rompemos essa dúvida!"*

Quando questionado sobre como planejou o negócio de distribuição, Rogério deixa claro que fez um plano orçamentário. Mas houve também um evento inesperado e que impulsionou consideravelmente o negócio, transformando a distribuidora que muita gente achava que seria mais uma no mercado em uma das principais do país, empregando mais de 800 pessoas e com faturamento acima de R$ 700 milhões anuais... *"A gente fez uma projeção de vendas, considerando um pequeno mix de produtos e algumas indústrias-alvo, pois tínhamos baixo capital financeiro e*

Buscando assessoria para o negócio

praticamente nenhum lastro para financiamentos. Usamos o nosso maior ativo, que era, naquele momento, o nosso relacionamento e o conhecimento do setor. Com isso, atraímos pequenas indústrias e alguns varejistas, que nos apoiaram, contratando nossos serviços, e isso contribuiu para iniciarmos. Erramos com vários produtos, até formarmos o mix *de produtos ideal. Em resumo, muito do que planejamos foi alterado ao longo do processo... Após dois anos de operações, a gente percebeu que em nosso plano original tínhamos esquecido de mensurar algo intangível: a interferência do Governo nos nossos negócios, mudando o modelo tributário, que nesse caso foi positivo para a gente! Isso potencializou as vendas, o que nos fez entender mais sobre o ciclo financeiro e a gestão de fluxo de caixa, algo essencial no nosso negócio."*

Bate-bola com Rogério Ferreira

Sobre como a experiência anterior agregou à criação das empresas

"Eu não tinha experiência no agronegócio e comecei analisando o tamanho do mercado naquele momento no Brasil. O país produzia 25% do seu consumo interno de látex e a região onde comecei era propícia para o cultivo de seringueira. Como o retorno do investimento era a longo prazo e eu não tinha pressa, pensei que seria um projeto que se transformaria em alguns anos na minha própria previdência privada.

Já o negócio de distribuição é a minha área, onde trabalhei a maior parte de minha vida. Eu conhecia bem o setor, pois passei por todas as áreas, inclusive na faxina, lavando banheiros; isso me trouxe muita experiência, pois sempre fui curioso e com muita vontade de crescer profissionalmente.

A empresa de tecnologia também surgiu da observação das necessidades do mercado farmacêutico, e o foco principal sempre foi em ter a melhor execução no ponto de venda.

A empresa de consultoria surgiu de maneira parecida, pois nosso networking *no setor farmacêutico me fez vislumbrar a oportunidade de conectar pequenas e médias empresas de higiene e beleza com as grandes redes de farmácias. Os trabalhos envolvem transações comerciais, ações de* trade marketing *e* merchandising *no ponto de venda."*

Suas forças e fraquezas

"É difícil falar de si mesmo, mas sempre fazer uma autoavaliação é uma de minhas forças. Eu acredito que eu seja bom em relacionamentos, conectar pessoas

e identificar oportunidades; sou um observador e minhas habilidades foram moldadas ao longo desses anos na área comercial. Além disso, tenho muita vontade de aprender, persistência e resiliência. Penso que todo o resto é fraqueza, pois no mundo atual o aprendizado é contínuo. A experiência soma, mas tudo muda rapidamente, e a adaptação é fundamental no ambiente corporativo."

Sociedade

"Na empresa de distribuição, meu sócio foi um dos profissionais que contratei em uma das empresas onde trabalhamos juntos, também da área comercial. Pelo convívio e aproximação, fomos identificando habilidades que se complementaram e alguns objetivos em comum. Mas, passamos pelo desafio da convivência... No início, o fato de sermos donos da empresa e divergirmos em alguns aspectos quase causou rompimento da sociedade. O que nos ajudou muito foi a contratação de uma consultoria em 2014, e que nos levou a profissionalizar a empresa. Isso nos trouxe maturidade e principalmente nos fez aceitar nossas habilidades e complementaridade, pois a empresa já era relevante no mercado e tínhamos um patrimônio e pessoas para administrar. Fica claro, cada vez mais, que sozinhos não faríamos nada. As coisas fluem melhor com objetivos bem definidos, caminho compartilhado, transparência e aceitação."

Investimento inicial

"No caso da empresa de distribuição, começamos com pouco recurso. A aquisição de equipamentos e outros ativos foi mínima. Compramos alguns móveis usados e financiamos alguns novos. Pelo relacionamento e modelo de negócio, a maioria das indústrias nos concedeu prazo para quitar as compras, e nosso prazo para receber pelas vendas era menor. Isso ajudou no ciclo financeiro. Após seis meses, conseguimos o primeiro empréstimo bancário, voltado para o fluxo de caixa, oferecendo recebíveis como garantia. E assim em diante, fomos aprendendo e adaptando."

O simbolismo do primeiro cliente

"Como éramos do mercado, tínhamos vários clientes em potencial para abordar, mas o primeiro pedido foi feito por um cliente amigo, que comprou para nos prestigiar. Até hoje, agradecemos e reconhecemos a nota fiscal 01, que ele nos permitiu emitir."

Buscando assessoria para o negócio

Momento crítico

"Houve vários momentos críticos, que renderiam um livro! Mas, o mais relevante sempre foi a gestão do fluxo de caixa. Trabalhamos com giro intensivo, em um ambiente que varia constantemente. Por isso, reinvestimos 75% dos lucros na empresa ao longo de todos esses anos, e isso suportou a ampliação do negócio e seu crescimento."

Momento de maior satisfação

"Nosso crescimento tem ocorrido ano após ano e a nossa satisfação é constante pela nossa evolução, não só patrimonial, mas pelo projeto que hoje envolve diretamente aproximadamente 800 famílias."

Prós e contras de ser empreendedor

"Como tudo na vida, há os dois lados, e ser empreendedor não é diferente. Ser empreendedor não é questão de status; *para mim é execução. E isso exige muito estudo, trabalho e tempo. Mas, ter o reconhecimento financeiro e de pessoas que você remunera, é muito gratificante."*

Carreira de empreendedor e convívio com a família

"É muito desafiador. Já tive que me ausentar em vários momentos de datas familiares importantes. Mas, se seus objetivos e necessidades estiverem bem compartilhados com sua família, a adaptação fica mais facilitada. São escolhas, mas podemos conviver com elas da melhor forma."

Se faria tudo de novo

"Com certeza. Penso ser difícil olhar para trás e tentar mudar algo. O que está feito não se muda, então prefiro canalizar energia no agora. Com experiência, tenho melhor gestão de tempo, valorizando mais os momentos e a necessidade de cada integrante da família."

Como seria uma provável relação com sócios investidores

"Inevitavelmente, para que esse casamento dê certo, a empresa e seus sócios devem estar em um alto nível de gestão e maturidade. A frieza dos números sobrepõe qualquer opinião. Por isso, várias etapas devem ser superadas para que isso tenha viabilidade, desde a profissionalização, ter sistemas confiáveis, auditoria e um

221

planejamento estratégico consistente. Seria uma excelente oportunidade para a empresa mudar de patamar rapidamente, consolidando-se ainda mais no mercado."

Conselhos a quem quer empreender

"Conheça o negócio com profundidade, some forças, seja resiliente. O que parece clichê, se executado corretamente, acontece. Seja simples, mas bem informado. Se relacione, as pessoas valorizam quem tem conteúdo."

Sonhos e futuro

"Acredito que o sonho lá atrás era o mesmo da maioria das pessoas: ter estabilidade e melhores condições financeiras. Hoje, não posso pensar somente em mim. Há um sistema todo envolvido, muitas famílias, a sociedade e o mercado no qual estamos envolvidos. Sonho agora em manter tudo isso e continuar evoluindo junto com todos."

Respostas curtas e diretas

Paixão: *"Vinho e jogar futebol"*

Modelo de referência (quem admira): *"Ambev"*

Família: *"Base de tudo; meu porto seguro"*

Aptidões: *"Relacionamento/networking"*

Conhecimento: *"Me mantém em alto nível"*

Realização do empreendedor: *"Transformar pessoas"*

Empreender é...: *"Materializar sonhos e transformá-los em resultados, inclusive em $$$"*

Ganhar dinheiro: *"Hoje é consequência"*

Concorrência: *"No radar sempre"*

Planejar × executar: *"Planejamento é fundamental para uma boa execução; nos dias de hoje, eu diria ser impossível seguir sem planejamento"*

Aposentadoria: *"Quando morrer"*

Seu legado será...: *"Ter impulsionado e transformado pessoas"*

Típico dia de trabalho, estilo de vida, família: *"Muitas análises, revisões, bate-papo, esportes,* networking *e acelerando"*

Dia bom e dia ruim: *"Em dia bom, eu acelero; em dia ruim, eu aprendo"*

Os negócios de Rogério Ferreira

Distribuidora de produtos farmacêuticos, atuando há mais de 10 anos no varejo farmacêutico em vários estados brasileiros. Com um *mix* de produtos de 7 mil itens, emprega 800 colaboradores, atende 18 mil clientes e fatura R$ 700 milhões ao ano.

Empresa de tecnologia, atuando há mais de 10 anos no setor farmacêutico (indústria, distribuição e varejo). Tem como seus principais clientes indústrias brasileiras e multinacionais do Japão, dos Estados Unidos, da Índia, da Itália e da Alemanha.

Empresa de consultoria e assessoria comercial, atuando no mercado há alguns anos, tem como foco principal a conexão de pequenas e médias empresas de higiene, beleza e saúde. Alguns clientes: Raia Drogasil, DPSP, Ultrafarma, Nissei, Qualidoc, Farma Ponte, Bifarma.

Fazenda onde se iniciou o plantio de seringueira em 2008, com 21 mil árvores, em uma área total de 42 hectares, produzindo mais de 110 toneladas anuais de borracha, extraídas manualmente.

Questões referentes ao Estudo de caso 5

1. Quando questionado sobre um provável casamento com um fundo de investimento ou em ter sócios capitalistas envolvidos com a empresa, Rogério responde de forma positiva. Ao analisar o negócio de distribuição de medicamentos, o porte da empresa, o faturamento anual e sua importância no setor, quais seriam os potenciais sócios mais indicados para a distribuidora de produtos farmacêuticos? Justifique sua escolha com o que você considera o mais adequado para o perfil de Rogério.

    a. Uma empresa de distribuição de medicamentos de maior porte, promovendo uma fusão ou mesmo aquisição e os sócios atuais ficando no negócio.

    b. Um fundo de investimentos que entraria com dinheiro e suporte estratégico para sustentar os próximos anos do negócio.

    c. A venda da totalidade da participação dos sócios atuais para um fundo ou mesmo outra empresa do setor.

2. Rogério empreende vários negócios, porém muitos deles no mesmo setor, que conhece a fundo. Já a plantação de seringueira foi em um setor que ele conhecia pouco. Caso você fosse abrir uma empresa, após ter trabalhado por anos em determinada área como funcionário, o que iria escolher preferencialmente: um negócio em um setor que você não conhece ou um negócio na área onde você já atuava como funcionário? Por quê?

3. Considerando a definição de empreendedor serial apresentada no início do caso, analise os prós e os contras desse perfil de empreendedor para um negócio em fase inicial e o que um empreendedor serial deve fazer para conseguir ter todas as empresas nas quais está envolvido se desenvolvendo de maneira satisfatória. Você se vê um dia atuando como empreendedor serial? Justifique sua resposta.

9

Questões Legais de Constituição da Empresa

O processo de criação de uma empresa às vezes é tedioso e estressante, mas todo empreendedor deve entender a legislação na qual sua empresa está enquadrada, buscando sempre tirar vantagem competitiva desse processo.

● Criando a empresa

O novo Código Civil brasileiro adotou novas definições e novos tipos de sociedades para a constituição de empresas no país. A seguir, resume-se cada uma dessas possibilidades com base em informações contidas no *site* do Sebrae (*www.sebrae.com.br*), por meio do qual podem-se obter descrições completas sobre cada uma, bem como acessar um roteiro que guiará o empreendedor na abertura de sua empresa.

● Sociedade simples

"Sociedade simples é a sociedade constituída por pessoas que reciprocamente se obrigam a contribuir com bens ou serviços para o exercício de atividade econômica e a partilha, entre si, dos resultados, não tendo por objeto o exercício de atividade própria de empresário (artigos 981 e 982). São sociedades formadas por pessoas que exercem profissão intelectual (gênero, características comuns), de natureza científica, literária ou artística (espécies, condição), mesmo se contar com auxiliares ou colaboradores, salvo se o exercício da profissão constituir elemento de empresa (parágrafo único do artigo 966)." A sociedade simples é considerada pessoa jurídica; por exemplo: dois advogados constituem um escritório de advocacia. A sociedade simples poderá, se quiser, adotar as regras que lhe são próprias ou ainda um dos seguintes tipos societários: sociedade em nome coletivo, sociedade em comandita simples ou sociedade limitada.

● Sociedade empresária

"A sociedade empresária tem por objeto o exercício de atividade própria de empresário sujeito ao registro, inclusive a sociedade por ações, independentemente de seu objeto, devendo inscrever-se na Junta Comercial do respectivo estado. Isto é, sociedade empresária é aquela que exerce profissionalmente atividade econômica organizada para a produção ou circulação de bens ou de serviços, constituindo elemento de empresa". A sociedade empresária é considerada pessoa jurídica; por exemplo: duas ou mais pessoas constituem uma empresa de comércio e prestação de serviços na área de tecnologia.

A sociedade empresária pode ser constituída por meio de um dos tipos regulados nos artigos 1.039 a 1.092: (artigo 983):

Questões legais de constituição da empresa

a. Sociedade em nome coletivo.
b. Sociedade em comandita simples.
c. Sociedade limitada (mais comum).
d. Sociedade anônima.
e. Sociedade em comandita por ações.

● Sociedade limitada

Neste caso, a responsabilidade dos sócios é restrita ao valor de suas quotas, mas todos respondem solidariamente pela integralização do capital social. Algumas características:

- A sociedade limitada rege-se pelo novo Código Civil e, nas omissões, pelas normas da sociedade simples ou da sociedade anônima, se assim o contrato social estabelecer.
- O capital social divide-se em quotas, iguais ou desiguais, cabendo uma ou diversas a cada sócio.
- Os sócios não poderão distribuir lucros ou realizar retiradas, se distribuídos com prejuízos do capital.
- Pela exata estimação de bens conferidos ao capital social respondem solidariamente todos os sócios, até o prazo de cinco anos da data do registro da sociedade.

● Sociedade por ações

É mais utilizada por grandes empreendimentos, por conferir maior segurança aos acionistas, por meio de regras mais rígidas. O capital social é dividido em ações, e cada sócio ou acionista responde somente pelo preço de emissão das ações que adquiriu. Esta sociedade é regida pela Lei nº 6.404/76 e, nos casos omissos, pelas disposições do novo Código Civil.

● Sociedade estrangeira

Considera-se sociedade estrangeira a empresa constituída e organizada em conformidade com a legislação do país de origem, no qual também mantém sua sede administrativa. Necessita de autorização do Poder Executivo, protocolado no Departamento Nacional de Registro do Comércio (DNRC).

Sociedades cooperativas

Neste caso, a sociedade é definida com um número mínimo necessário de sócios a compor a administração da sociedade, sem limitação de número máximo. Existe ainda a limitação do valor da soma de quotas do capital social que cada sócio poderá tomar. Algumas características:

- As quotas do capital são intransferíveis a terceiros estranhos à sociedade, ainda que por herança.
- Cada sócio tem direito a um só voto nas deliberações, a despeito do valor de sua participação no capital societário, que pode não existir.
- A distribuição dos resultados ocorre proporcionalmente ao valor das operações efetuadas pelo sócio com a sociedade, podendo ser atribuído juro fixo ao capital realizado.
- A responsabilidade dos sócios pode ser limitada ou ilimitada.
- A cooperativa será sempre considerada sociedade simples.

Associações

Associação é uma entidade de direito privado, dotada de personalidade jurídica e caracteriza-se pelo agrupamento de pessoas para a realização e consecução de objetivos e ideais comuns, sem finalidade econômica, isto é, sem interesse de lucros. As associações somente poderão ser constituídas com fins não econômicos.

Fundações

Na criação de uma fundação, seu instituidor deverá fazer uma dotação (doação) especial de bens livres, por escritura pública ou testamento, especificando o fim a que se destina e declarando, se quiser, a maneira de administrar. Deve servir a fins de utilidade pública, como: morais, religiosos, culturais, de assistência etc. Há ainda a necessidade de patrimônio para a constituição da fundação.

O estatuto das micro e pequenas empresas

Em 14 de agosto de 2007, foi criada a Lei Complementar nº 127, que ratificou, com algumas modificações, o Estatuto Nacional das Microempresas

Questões legais de constituição da empresa

e Empresas de Pequeno Porte. O objetivo da lei foi a criação de regras e condições diferenciadas para as micro e pequenas empresas no âmbito dos poderes da União, dos estados, do Distrito Federal e dos municípios, com vistas a:

a. Desburocratizar a apuração e o recolhimento dos impostos e contribuições.
b. Facilitar o cumprimento de obrigações trabalhistas e previdenciárias.
c. Permitir o acesso ao crédito e ao mercado, inclusive quanto à preferência nas aquisições de bens e serviços pelos Poderes Públicos.

Com a Lei Geral, houve o aperfeiçoamento do Regime Especial Unificado de Arrecadação de Tributos e Contribuições – Simples Nacional, criando meios para a arrecadação unificada dos seguintes tributos e contribuições:

- *Tributos da competência federal*
  - Imposto sobre a Renda da Pessoa Jurídica (IRPJ)
  - Imposto sobre Produtos Industrializados (IPI)
  - Contribuição Social sobre o Lucro Líquido (CSLL)
  - Contribuição para o Financiamento da Seguridade Social (COFINS)
  - Contribuição para o PIS
  - Contribuição para a Seguridade Social (INSS)

- *Tributo da competência estadual*
  - Imposto sobre Operações Relativas à Circulação de Mercadorias e sobre Prestações de Serviços de Transporte Interestadual e Intermunicipal e de Comunicação (ICMS)

- *Tributo da competência municipal*
  - Imposto sobre Serviços de Qualquer Natureza (ISS)

No *site* da Receita Federal, *www.gov.br/receitafederal*, encontra-se um detalhamento das normas do Simples Nacional, e no *site* do Sebrae, *www.sebrae.com.br*, há informações completas sobre os benefícios que a Lei Geral tem trazido às micro e pequenas empresas. No Quadro 9.1, há um resumo das principais modificações provenientes da Lei Geral.

O objetivo aqui foi informar algumas possibilidades de constituir a empresa e as alternativas para o empreendedor. Antes de tomar a decisão final, o empreendedor deve procurar uma boa assessoria contábil e jurídica

229

9 Questões legais de constituição da empresa

e também recorrer ao Sebrae, que tem todas as informações necessárias para auxiliá-lo na melhor forma de abertura da empresa, os passos pormenorizados, todos os documentos exigidos, os tipos de empresa mais adequados, os impostos e tributos incidentes em cada caso, a opção ou não pelo Simples Nacional, as datas mais importantes, as obrigações que não podem ser esquecidas etc. Por serem tantos detalhes, o empreendedor normalmente precisa de ajuda externa. De fato, não seria exagero dizer que, para fornecer informações detalhadas sobre os problemas fiscais, seria necessário um livro à parte.

Quadro 9.1 Mudanças provenientes da Lei Geral da Micro e Pequena Empresa

O que mudou com a Lei Geral da Micro e Pequena Empresa

(Fonte: adaptado de conteúdo obtido no *site* do Sebrae, *www.sebrae.com.br*)

Alguns pontos da Lei Geral	Como era antes da Lei	O que mudou com a Lei
Alcance da Lei	A Lei do Simples estava voltada para os tributos federais, não envolvendo os estados e os municípios, o que criava dificuldades para as Micro Empresas (ME) e Empresas de Pequeno Porte (EPP)	A Lei Geral abrange as três esferas do poder público, trazendo mais eficácia a seus dispositivos. Cria um sistema jurídico uniforme, facilitando o entendimento e o cumprimento das obrigações
Conceito de Micro e Pequena Empresa (MPE)	Havia uma multiplicidade de conceitos. Os limites de receita bruta anual do Simples eram: ● ME: R$ 240.000 ● EPP: R$ 2,4 milhões De acordo com o Estatuto da MPE: ● ME: R$ 433.000 ● EPP: R$ 2,1 milhões Além disso, vários estados e municípios tinham conceitos próprios, o que causava maior confusão	Os limites de enquadramento, com base na receita bruta anual, são: ● ME: R$ 360.000 ● EPP: R$ 4,8 milhões

(*Continua*)

230

Questões legais de constituição da empresa

(Continuação)

Alguns pontos da Lei Geral	Como era antes da Lei	O que mudou com a Lei
Cadastro unificado e desburocratização de abertura de empresas	Para abrir uma empresa, o empreendedor era obrigado a se inscrever, isoladamente, em mais de dez órgãos e apresentar mais de 90 documentos. Eram necessários: ● 152 dias, em média ● R$ 2.000 de custos ● Excessiva quantidade de declarações Fonte: Banco Mundial (*www.doingbusiness.org*)	Há a utilização de princípios expressos que definam diretrizes objetivas para a implantação do cadastro unificado, entrada única de documentos, dentre outros. ● A abertura da empresa é efetuada mediante registro simplificado de seus atos constitutivos ● A empresa tem apenas um único nº de identificação (CNPJ) ● MPEs sem movimento há mais de três anos poderão encerrar atividades independentemente do pagamento de taxas ou multas
Simples Nacional	Só podiam aderir ao Simples Federal as empresas com receita bruta anual de até R$ 2,4 milhões, com vetos a determinadas empresas de atividades de prestação de serviço, o que representava quase 1 milhão de empresas	O critério de adesão, desde agosto de 2014, passou a ser o limite de faturamento, que é de R$ 4,8 milhões por ano, mas há exceções, devido à participação dos estados brasileiros no Produto Interno Bruto (PIB) do país
Pagamento de tributos	As empresas que não podiam optar pelo Simples tinham de calcular os valores de aproximadamente dez tributos diferentes, informar dados em diversas declarações e fazer os pagamentos em datas diferentes. Quem podia optar, tinha declarações e escrituração mais simplificadas, mas, mesmo assim, ficava sujeito a exigências estaduais e municipais	O Supersimples engloba contribuições e impostos federais (IRPJ, PIS, COFINS, IPI, CSL, INSS sobre folha de salários), estaduais (ICMS) e municipais (ISS), recolhidos mensalmente a partir da mesma base de cálculo e de uma escrituração contábil e fiscal única. Reduz e simplifica o pagamento de tributos federais, estaduais e municipais

(Continua)

9 Questões legais de constituição da empresa

(*Continuação*)

Alguns pontos da Lei Geral	Como era antes da Lei	O que mudou com a Lei
Alíquotas	No Simples Federal não estavam incluídos o ICMS e o ISS. As alíquotas variavam da seguinte forma: ● Comércio – 3% a 12,6% + ICMS ● Indústria – 3,5% a 13,1% + ICMS ● Serviços – 4,5% a 18,9% + ISS Quem não podia optar recolhia, em média, 12% a título de tributos federais + 5% de ISS + 27% sobre a folha de pagamentos a título de INSS, Sistema S, INCRA e salário-educação	As alíquotas previstas na Lei Geral incorporam as melhores práticas do país. A redução na carga tributária, aliada à simplificação de procedimentos, visam ao estímulo para o crescimento das MEs e EPPs, além de reduzir a informalidade e incentivar o desenvolvimento da economia global. As novas alíquotas partem de 4%, no caso do Comércio, e de 4,5% para a Indústria e Serviços, aumento de acordo com o faturamento da empresa
Compras governamentais	As MEs e EPPs concorriam nas mesmas condições impostas às grandes empresas. As exigências burocráticas e os grandes lotes eram impeditivos da participação das pequenas empresas nas compras públicas	Fixa o limite preferencial de R$ 80.000 para compras de MEs e EPPs, sempre que houver empresas desse porte em condições de fornecer a preços competitivos. Prevê, ainda, a simplificação na participação em licitações e o fornecimento parcial de grandes lotes, ressalvada a exigência de lei local para que se utilizem tais mecanismos
Estímulo à inovação	Não havia limite fixado para a aplicação de recursos de tecnologia nas MEs e nas EPPs. Não havia qualquer estímulo para acesso dessas empresas a políticas de inovação tecnológica	20% dos recursos de tecnologia de todos os órgãos e entidades são destinados às MEs e às EPPs. Há ainda a proposição de políticas de fomento ao desenvolvimento tecnológico de MEs e EPPs. Autoriza o Ministério da Fazenda a zerar as alíquotas do IPI, da Cofins e do PIS/Pasep

(*Continua*)

Questões legais de constituição da empresa

(Continuação)

Alguns pontos da Lei Geral	Como era antes da Lei	O que mudou com a Lei
Regras civis e empresariais	Não havia uma definição do empresário de ME e EPP no Novo Código Civil (NCC). As MEs e as EPPs tinham de cumprir todas as burocracias impostas pelo NCC.	Define quem é o empresário de ME e EPP no NCC, que fica dispensado de escrituração contábil comercial (fica mantida a obrigatoriedade de escrituração fiscal). Desobriga as MEs e as EPPs da realização de reuniões, assembleias e da publicação de atos da empresa. Desburocratiza seu dia a dia.

● Empreendedor individual

A Lei Complementar nº 128, de 19 de dezembro de 2008, criou condições especiais para que o empreendedor informal se torne um empreendedor individual legalizado. Segundo informações do *site www.portaldoempreendedor.gov.br*, o empreendedor individual é "a pessoa que trabalha por conta própria e que se legaliza como pequeno empresário. Para ser um empreendedor individual, é necessário faturar, no máximo, até R$ 81.000 por ano, não ter participação em outra empresa como sócio ou titular e ter um empregado contratado que receba o salário mínimo ou o piso da categoria". Entre as vantagens oferecidas pela lei, está o registro no Cadastro Nacional de Pessoas Jurídicas (CNPJ), que facilita a abertura de conta bancária, o pedido de empréstimos e a emissão de notas fiscais. Além disso, o empreendedor individual enquadra-se no Simples Nacional e fica isento dos tributos federais (Imposto de Renda, PIS, Cofins, IPI e CSLL). O empreendedor individual paga um valor fixo mensal destinado à Previdência Social e ao ICMS ou ao ISS. Essas quantias serão atualizadas anualmente, de acordo com o salário-mínimo. Com essas contribuições, o empreendedor individual terá acesso a benefícios como auxílio-maternidade, auxílio-doença, aposentadoria, entre outros.

● Marcas e patentes

Infelizmente, não é muito comum no Brasil o empreendedor iniciante (e até mesmo o mais experiente) pensar na proteção de sua ideia, depositando a

233

patente de seu invento e, ainda, registrando a marca da empresa ou produto. No entanto, essa é uma forma jurídica de se proteger da concorrência e ganhar espaço no mercado. Caso seu produto ou serviço inovador seja um sucesso, o empreendedor terá assegurado legalmente o direito de colher os frutos de sua invenção, sem maiores preocupações. Nos Estados Unidos e na Europa, é muito comum o depósito de patentes, considerado tarefa indispensável para o empreendedor.

Há casos de invenções brasileiras patenteadas posteriormente por estrangeiros, e a chamada pirataria em *software* e em biodiversidade, entre outras áreas, tem sido muito discutida. No caso da biodiversidade, a preocupação é maior, pois há a possibilidade de estrangeiros e até dos próprios brasileiros se aproveitarem de inventos nacionais não patenteados e depositarem as patentes no exterior, passando a ter todos os direitos sobre a invenção. Isso tem chamado a atenção para a Floresta Amazônica e outras regiões ricas em biodiversidade no país. Portanto, apesar dos custos envolvidos, o empreendedor deve entender que o depósito de patente e o registro de marca são investimentos, e não despesas, pois se refletirão no futuro fluxo de caixa da empresa.

No Brasil, a entidade responsável por patentes e marcas é o Instituto Nacional da Propriedade Industrial (INPI), autarquia federal criada em 1970, vinculada ao Ministério da Economia. "O INPI tem por finalidade principal, segundo a Lei nº 9.279/96 (Lei da Propriedade Industrial), executar, no âmbito nacional, as normas que regulam a propriedade industrial, tendo em vista sua função social, econômica, jurídica e técnica. É também sua atribuição pronunciar-se quanto à conveniência de assinatura, ratificação e denúncia de convenções, tratados, convênios e acordos sobre propriedade industrial." (Fonte: *www.gov.br/inpi*).

Além de concessão de marcas e patentes, o INPI é também responsável pela averbação dos contratos de transferência de tecnologia, pelo registro de programas de computador, contratos de franquia empresarial, registro de desenho industrial e de indicações geográficas. Aqui serão discutidos apenas os assuntos referentes a marcas e patentes.

Marca

No *site* do INPI, existe a seguinte definição para marca: "Segundo a lei brasileira, é todo sinal distintivo, visualmente perceptível, que identifica e distingue produtos e serviços de outros análogos, de procedência diversa, bem como certifica a conformidade dos mesmos com determinadas normas ou especificações técnicas". Outras informações que podem ser

Questões legais de constituição da empresa

encontradas no *site* do INPI tratam dos tipos, do uso e da apresentação da marca, como segue.

- Classificação da marca quanto à origem:
  - *Brasileira*: aquela regularmente depositada no Brasil, por pessoa domiciliada no país.
  - *Estrangeira*: (a) aquela regularmente depositada no Brasil, por pessoa não domiciliada no país; (b) aquela que, depositada regularmente em país vinculado a acordo ou tratado do qual o Brasil seja partícipe ou em organização internacional da qual o país faça parte, é também depositada no território nacional, no prazo estipulado no respectivo acordo ou tratado, e cujo depósito no país contenha reivindicação de prioridade em relação à data do primeiro pedido.

- Classificação da marca quanto ao uso:
  - *De produtos ou serviços*: aquelas usadas para distingui-los de outros idênticos, semelhantes ou afins, de origem diversa.
  - *Coletivas*: aquelas usadas para identificar produtos ou serviços provindos de membros de determinada entidade.
  - *De certificação*: aquelas que se destinam a atestar a conformidade de um produto ou serviço com determinadas normas ou especificações técnicas, notadamente quanto à qualidade, à natureza, ao material utilizado e à metodologia empregada.

- Classificação da marca quanto à apresentação:
  - *Nominativa*: é constituída por uma ou mais palavras no sentido amplo do alfabeto romano, compreendendo também os neologismos e as combinações de letras e/ou algarismos romanos e/ou arábicos.

    Figurativa: é constituída por desenho, imagem, figura ou qualquer forma estilizada de letra e número, isoladamente, bem como por ideogramas de línguas como japonês, chinês, hebraico etc. Nessa última hipótese, a proteção jurídica recai sobre o ideograma em si, não sobre a palavra ou termo que ele representa, ressalvada a hipótese de o requerente indicar no requerimento a palavra ou o termo que o ideograma representa, desde que compreensível por uma parcela significativa do público consumidor, caso em que se interpretará como marca mista.

235

Questões legais de constituição da empresa

– *Mista*: é constituída pela combinação de elementos nominativos e de elementos figurativos ou nominativos, cuja grafia se apresente de forma estilizada.

– *Tridimensional*: é constituída pela forma plástica (entende-se por forma plástica a configuração ou a conformação física) de produto ou de embalagem, que deve ter capacidade distintiva em si mesma e estar dissociada de qualquer efeito técnico.

As marcas têm um prazo de validade de dez anos, contados a partir da data de concessão, podendo ser prorrogado por períodos iguais e sucessivos. Mais informações podem ser obtidas no *site www.inpi.gov.br*, bastante completo e com a descrição do procedimento utilizado para registros de marcas.

Patente

Segundo o INPI: "Patente é um título de propriedade temporária sobre uma invenção ou modelo de utilidade, outorgado pelo Estado aos inventores ou autores ou outras pessoas físicas ou jurídicas detentoras de direitos sobre a criação. Em contrapartida, o inventor se obriga a revelar detalhadamente todo o conteúdo técnico da matéria protegida pela patente".

"Durante o prazo de vigência da patente, o titular tem o direito de excluir terceiros, sem sua prévia autorização, de atos relativos à matéria protegida, como fabricação, comercialização, importação, uso, venda etc."

O procedimento básico para o pedido de patente envolve várias etapas e se inicia pelo depósito de um pedido de patente no INPI e de sua tramitação no órgão. A descrição detalhada de todo o processo também pode ser encontrada no *site* do INPI.

1. *Busca prévia*
   Apesar de não ser obrigatória, é aconselhável que a pessoa interessada faça essa busca antes de efetuar o depósito de um pedido de patente.

2. *Depósito e conteúdo do pedido de patente*
   O depósito do pedido de patente pode ser feito na sede do INPI, no Rio de Janeiro, nas delegacias e nas representações regionais nos outros estados, ou por meio de carta postal.

3. *Sigilo do pedido depositado*
   O pedido de patente fica mantido em sigilo até sua publicação, que ocorre depois de 18 meses, contados da data do exame ou da prioridade

Questões legais de constituição da empresa

mais antiga, podendo ser antecipada a requerimento do depositante. Ao final do prazo, o pedido terá sua publicação notificada na *RPI* (*Revista da Propriedade Industrial*), de periodicidade semanal.

4. *Exame do pedido*

Para que o pedido seja estudado por um examinador de patentes, o requerente deve apresentar uma solicitação de exame. Isso deve ser feito de forma protocolada, dentro dos primeiros 36 meses do depósito do pedido que, caso contrário, será arquivado.

5. *Carta-patente*

Se o pedido for deferido pelo INPI, haverá uma publicação na *RPI*, e deve-se aguardar o prazo de 60 dias, contados a partir do deferimento do pedido, para pagamento da retribuição e respectiva comprovação, correspondente à expedição da carta-patente.

6. *Recurso/nulidade*

Pode-se recorrer das decisões do INPI. Se a decisão for pelo indeferimento do pedido, caberá a interposição de recurso no prazo de 60 dias. Se a patente for concedida em desacordo com os dispositivos legais da Lei nº 9.279/97, será considerada nula. A patente também poderá ser anulada pelo INPI ou por qualquer pessoa com legítimo interesse, durante toda sua vigência, via ação judicial própria.

● Resumo do capítulo

Neste capítulo, alguns aspectos jurídicos de abertura da empresa e de proteção da ideia foram discutidos. Os empreendedores geralmente não gostam muito desses assuntos, pois são complexos, envolvem análises de leis, e sempre há muita burocracia durante o processo. Mas são de suma importância durante toda a existência de uma empresa. Qualquer encargo que possa ser retirado dos produtos ou serviços significa menores preços finais aos clientes ou maiores lucros para a empresa. A adesão ao Simples também deve ser analisada quando da criação do negócio. A proteção da ideia por meio do depósito de patentes é um quesito básico para qualquer empresa nascente, principalmente as baseadas em inovação e tecnologia, muito susceptíveis à concorrência. Esses assuntos foram abordados de forma superficial, visando chamar a atenção do empreendedor para o tema, mas o empreendedor pode e deve acessar os *sites* indicados neste capítulo para obter mais informações.

237

● Questões para discussão

1. Antes de concluir o plano de negócios de sua empresa (ou o trabalho final do curso), vá com seu grupo até a agência do Sebrae mais próxima, ou pesquise em seu *site* (*www.sebrae.com.br*), e procure identificar qual a melhor forma de constituição da empresa e quais os impostos e encargos federais, estaduais e municipais que incidirão sobre o negócio. Pesquise se há alguma lei específica (federal, estadual ou municipal) para seu ramo de negócios que possa conceder subsídios à sua empresa. Reveja sua estratégia de marketing e as premissas financeiras. Qual a conclusão do grupo?

2. Também no *site* do Sebrae, analise as informações sobre a Lei Geral da Micro e Pequena Empresa e a Lei Complementar que criou condições para o empreendedor individual se legalizar e discuta com o grupo quais são os principais benefícios que essas leis trouxeram às pequenas empresas e aos empreendedores do país.

3. Por que é importante o registro da marca de um produto ou negócio e o depósito de patente de uma invenção? Pesquise no *site* do INPI (*www.gov.br/inpi*) quais são os custos envolvidos nesse processo e discuta com os colegas a viabilidade de se efetuarem esses registros por parte dos empreendedores brasileiros.

Questões legais de constituição da empresa

Estudo de caso 6

O empreendedor competitivo que faz acontecer em um setor com muita inovação – Alaor Lino, da AQIA

Assista ao vídeo da entrevista com o empreendedor Alaor Lino, que complementa este caso, em *www.josedornelas.com.br.*

Alaor foi daqueles meninos bastante ativos na infância. Brincava com os amigos de tudo o que era possível na pequena Três Pontas, em Minas Gerais. Na época, a diversão se dava muito próxima da natureza, colhendo frutas nas fazendas e soltando papagaio (pipa) na cidade. Aliás, soltar papagaio era sua praia, já que, sendo supercompetitivo, conseguia sobressair perante os diversos amigos. Mas isso acontecia também porque seu irmão mais velho sabia fazer carretilha de madeira, algo que dava um "diferencial competitivo" aos papagaios do Alaor. Começa aí seu poder de persuasão, de identificar oportunidades e de fácil relacionamento com as pessoas.

Alaor lembra que, ao concluir o primário, havia um teste de admissão para que os mais bem colocados escolhessem onde fariam o colégio, dentre as opções disponíveis na cidade. Ele gostava muito das ciências exatas e se sobressaía em matemática, química e física. E seu desejo de vencer ficava cada vez mais evidente, agora também na escola.

No colégio para o qual foi admitido (o melhor da cidade), Alaor teve a oportunidade de ser aluno de um padre canadense que lecionava justamente matemática. Esse padre estimulava os alunos com competições nas aulas, chamando assim sua atenção para o conteúdo da disciplina. O prêmio para quem resolvesse os exercícios mais rapidamente e de maneira correta eram saquinhos de bolinhas de gude canadenses, algo extremamente inovador na época, pois essas bolinhas vinham com desenhos diferenciados e deixavam os meninos malucos.

Sorrindo, Alaor relembra: *"Ah, ganhei vários saquinhos de bola de gude canadense. Eu adorava jogar e ganhar dos meus amigos. Esse* souvenir *tornou-se muito presente na minha memória, por resgatar momentos importantes da minha infância. Por isso que tenho aqui em minha sala na AQIA esse pote cheio de bolinhas de gude..."*

239

Essa vontade de ganhar, competir e vencer na vida, Alaor herdou do pai, quem ele admira muito, e exalta a capacidade comercial para "vender de tudo", em suas palavras. Alaor diz que o pai sempre foi empreendedor, trabalhando para si mesmo, com autonomia e em busca de oportunidades onde estivessem. Isso fez com que toda a família mudasse para Araxá (MG) quando Alaor completou 11 anos e, alguns anos depois, mudaram-se novamente, agora para São Paulo (SP), em busca de novas oportunidades. *"Meus pais eram nômades, não tinham apego aos lugares. Iam aonde havia melhores condições para cuidar da família e educar os filhos."*

Quando morava em Araxá, Alaor começou a trabalhar em uma tipografia. Como era muito curioso, aprendeu o processo completo, sempre atento ao que os mais experientes faziam e ensinavam. Isso permitiu que ganhasse o próprio salário e, ainda, conseguisse rapidamente arrumar um emprego, em menos de uma semana, quando a família se mudou para São Paulo. Alaor estava com 17 anos e queria fazer faculdade. Como gostava de química, cursou engenharia química à noite, enquanto trabalhava de tipógrafo durante o dia.

A vontade de crescer levou Alaor a tomar a decisão de arrumar um estágio como engenheiro químico na Colgate Palmolive nos idos de 1973, mesmo ganhando bem menos do que como tipógrafo. Isso o ajudou a ficar próximo da indústria e, ainda, pelo fato de a maioria de seus colegas de turma serem mais experientes (por já atuarem no setor), ele aprendeu muito tanto na teoria como na prática, tanto no estágio como na faculdade.

Alaor foi efetivado como funcionário após se formar na faculdade e ficou na Colgate até 1976. Depois, trabalhou na Henkel (hoje, Basf), na área de vendas de matéria-prima para a indústria cosmética. Foi aí que começou a perceber uma grande oportunidade. *"Como eu era muito entusiasmado e fazia de tudo para agradar os clientes, eles se aproximavam muito de mim, pois, além de eu vender os produtos da empresa, eu os ajudava a encontrar soluções completas para as suas demandas, mesmo não sendo meu trabalho. Isso me trouxe respeito perante o mercado. E eu era o líder em vendas na empresa, o que me trazia reconhecimento junto aos superiores e colegas."*

Não tardou para os clientes demandarem cada vez mais de Alaor, que, não negando seu espírito empreendedor, teve a ideia de criar

Questões legais de constituição da empresa

a própria empresa de representação e venda de matéria-prima para a indústria de cosméticos. Para adiantar o processo de estruturação do negócio, Alaor comprou a Botica das Essências, uma empresa criada por sua então esposa e outras amigas com o objetivo de dar treinamento para quem quisesse criar seus próprios sabonetes, xampus etc, vendendo ainda todos os insumos necessários aos clientes, de recipientes de vidro aos componentes para a criação do produto.

Como o modelo de negócio da Botica não se mostrou viável, Alaor transformou a empresa na Ion Química no final de 1984, e tinha início aí um negócio de muito sucesso, que emprega mais de 200 pessoas e que tem se diversificado, inclusive abrindo uma subsidiária em Mônaco para atender ao mercado global.

Em menos de dois anos, Alaor já participava de eventos internacionais para conseguir novos fornecedores e parceiros para abastecer o mercado local. *"Muitos de meus parceiros até hoje, que se tornaram inclusive amigos, eu conheci na primeira feira que participamos em Barcelona, em 1986. Foi um momento mágico e que me lembro como se fosse hoje."*

A partir de 1990, a empresa cresceu no setor, criando o próprio catálogo de produtos e não só revendendo matéria-prima do exterior. Com isso, conseguiu agregar valor às suas soluções e buscou a inovação como mantra, posicionando-se em seu mercado como um *player* de destaque.

Algo que chama a atenção nessa trajetória é que a empresa nunca se alavancou financeiramente e sempre cresceu com o próprio fluxo de caixa. *"No início, a gente fazia conta de padeiro mesmo (e ainda fazemos). Quanto temos que vender, quais os custos e quanto sobra para investir. A gente planeja com base na visão de negócio para daqui a alguns anos, mas somos muito flexíveis, pois ninguém sabe o que acontecerá amanhã. O importante é o empreendedor ter a visão de aonde o setor está indo e se antecipar, inovar, não deixar o negócio estagnar."*

Quando questionado sobre aversão ao risco, pelo fato de não contrair dívida, Alaor é enfático: *"Não se trata de não assumir risco. Claro que arriscamos, mas de maneira muito calculada, pois você precisa ter disciplina. Essa estória de que empreendedor arrisca sem pensar não existe. A gente fica sempre de olho no negócio, gerindo cada situação para manter a disciplina de seguir o que acreditamos e que nos levará para nossa visão de crescimento."*

Ao falar da empresa em crescimento e da diversificação, Alaor exemplifica desafios atuais de qualquer empresa que já passou da fase *startup* e que busca a perenidade: *"O desafio que tenho hoje em dia é convencer a equipe interna, mais que os clientes. É incrível como é difícil convencer o time que vamos construir algo novo, totalmente inovador, que transformará nossa empresa em poucos anos. Um exemplo é o nosso projeto AQIA 2030. Para chegar lá, traçamos um plano com visão baseada na nossa capacidade de inovar e diversificar. Muitos colaboradores de hoje acreditam que o negócio atual continuará como está, vendendo as mesmas soluções. Mas meu papel atual é ser o evangelista da inovação na empresa e mostrar que a AQIA de amanhã será totalmente diferente da de hoje. Isso é difícil de fazer e convencer, pois quem paga o salário de todo mundo é a AQIA de hoje!"*

E para demonstrar que, de fato, a visão de crescimento está sendo perseguida de maneira enfática, Alaor cita os novos negócios nos quais a AQIA (novo nome e marca do grupo desde 2014) tem se envolvido, não se limitando apenas à indústria cosmética. Hoje, há iniciativas de *joint ventures* no setor do café, por exemplo, e muita ênfase na área de nutrição, não se esquecendo ainda da Iontec, empresa criada em Mônaco atuando nas áreas de nutrição, alimentos e farmacêutico.

Bate-bola com Alaor Lino

Empreender no passado *versus* empreender hoje

"Os desafios são os mesmos, mas hoje há mais informação, e o empreendedor precisa estar atento, pois a competição também é bem maior."

Sociedade nos negócios

"É importante e na AQIA somos em quatro sócios que nos damos muito bem, principalmente porque cada um domina e cuida de uma área diferente. Nossas grandes decisões são tomadas em reunião do comitê gestor (nós quatro) e todos têm voz, mesmo eu sendo o principal acionista."

Realização como empreendedor

"Eu me considero uma pessoa feliz, tenho amigos, família e uma empresa que me motiva a ir trabalhar todo dia pensando em criar algo diferente. Eu curto o fazer, o processo, não fico esperando apenas pelo dia que o resultado será alcançado. O que me motiva é a vontade de subir a montanha e não apenas chegar ao cume."

Questões legais de constituição da empresa

O que faria diferente

"Acho que, se pudesse, teria sido menos ansioso e não antecipado tão rapidamente certas decisões que nos deram bastante trabalho."

Conselho para quem quer empreender

"Tudo que lhe parecer muito fácil, desconfie."

O que fará quando aposentar

"Aposentar? Nem pensar!"

Sobre a AQIA Química Industrial

A história da empresa teve início em 1984 com a ION. Anos depois, a construção da unidade industrial Polytechno ampliou o portfólio de negócios e soluções químicas para as áreas Cosmética e Farmacêutica. Em 2014, ao completar 30 anos, uma nova marca foi criada para integrar as duas empresas e surgiu a AQIA. O Grupo conta com uma planta fabril em Guarulhos (SP), destinada à fabricação de matérias-primas e ingredientes para as indústrias dos setores cosmético e farmacêutico. A sede reúne as áreas comercial, marketing e laboratório de aplicação e está localizada na capital paulista. Recentemente, foi criada a Iontec, em Mônaco, para atuar no mercado global.

Mais informações em *www.aqia.net*.

Questões referentes ao Estudo de caso 6

1. Cite os fatores que você acredita que sejam os responsáveis por tornar a AQIA uma referência de empresa inovadora em seu setor. Qual é o estilo de gestão de Alaor? Qual é a influência do estilo de gestão de Alaor nos resultados da AQIA? (Recorra ao vídeo da entrevista com Alaor para mais informações.)

2. O caso de Alaor e sua AQIA mostra que é possível empresas inovadoras brasileiras atuarem em mercados dominados por grandes empresas multinacionais. Mas chama a atenção o fato de a empresa nunca ter utilizado recursos externos para crescer (investimento de risco, por exemplo), mesmo sabendo que

mercados muito inovadores demandam grandes investimentos constantes das empresas. Como isso foi possível? Por quanto tempo a AQIA conseguirá continuar a crescer sem recorrer a capital externo (capital de risco), em sua opinião? (Recorra ao vídeo da entrevista com Alaor para mais informações.)

3. Agora que a empresa está se internacionalizando, cada vez mais Alaor tem se dedicado aos projetos mais inovadores e estratégicos e comenta o quão difícil é convencer a equipe interna a acreditar nas novidades. Como Alaor poderia estimular mais o empreendedorismo corporativo na empresa para que mais e mais colaboradores abracem a inovação e os novos projetos?

● Estudo de caso extra!

Acesse a área de *download* do *site www.josedornelas.com.br* e conheça a história de sucesso de Jeremias Demito, um empreendedor que desbravou o interior do Brasil, tornando-se líder no setor de mineração de calcário.

10

Recomendações Finais ao Empreendedor

"Depois de vencer, aja como se não tivesse vencido."

Sun Tzu, em *A arte da guerra*

Muitos empreendedores acreditam que o mais difícil em todo o processo empreendedor é a obtenção do capital inicial para o negócio, o *seed money*. Se for considerado apenas o processo inicial, antes do início das operações da empresa, em alguns casos, o empreendedor está correto. Essa é de fato uma queixa de muitos empreendedores brasileiros: a restrição ao crédito no país. Talvez isso faça os empreendedores se sentirem vitoriosos quando conseguem o investimento ou o financiamento para o início do negócio. Geralmente, para isso ocorrer, as fases de concepção da ideia (inovação) e elaboração do plano de negócios foram concluídas com êxito.

Assim, o empreendedor sente-se um pouco mais relaxado e sem aquela pressão de antes da obtenção do capital. No entanto, é um mito que precisa ser eliminado. A obtenção do capital faz parte do processo empreendedor e realmente é uma das fases mais difíceis. Contudo, o mais complicado está por vir: construir uma empresa e fazê-la crescer, cumprindo as metas do plano de negócios, gerando lucros, criando empregos, atendendo às necessidades dos clientes e recompensando o investidor conforme previsto.

Esse talvez seja um grande problema para muitos empreendedores, pois não estão preparados para essa tarefa mais operacional, de construir uma empresa aos poucos, no dia a dia. Muitos empreendedores são mais visionários que gerentes, mais estrategistas que dirigentes, mas não conseguem definir planos táticos, solucionar problemas específicos, ou seja, não são bons administradores.

O problema maior ocorre quando esses empreendedores, que criaram a empresa do nada, ficam tão apaixonados pelo negócio que não conseguem entender e avaliar suas limitações como executivos. Acreditam que sempre terão a melhor solução para os problemas da empresa, não aceitando a interferência de pessoas externas ao negócio nem a dos próprios funcionários.

O bom empreendedor deve reconhecer suas limitações e saber montar um time de gestão que leve a empresa em direção à sua visão, envolvendo-se, com o passar do tempo, mais com questões estratégicas e menos com as operacionais. O início do negócio depende totalmente do empreendedor e de suas atitudes dentro da empresa. Mas, a partir do momento em que a empresa começa a andar com as "próprias pernas" e a crescer, o empreendedor deve profissionalizar cada vez mais a gestão, contratando especialistas para tocarem o negócio, sem medo de perder sua autonomia ou autoridade, dedicando-se a fazer o que mais sabe ou o de que mais gosta: inovar, criar e pensar estrategicamente.

Recomendações finais ao empreendedor

No entanto, muitos empreendedores gostam do lado operacional do negócio, de estar a par de tudo o que ocorre no chão de fábrica, de conversar com todos os funcionários e de delegar a questão estratégica para diretores e consultores externos. Isso não significa que a empresa não terá sucesso e que ele perderá o controle do que ocorre, mas o empreendedor corre o risco de não mais agregar valor à gestão do negócio, tornando-se uma pessoa figurativa na empresa. Quando isso ocorre, o empreendedor deve pensar sinceramente no momento de saída, em dedicar-se apenas ao Conselho Administrativo da empresa, retirando-se da gestão. É um momento difícil para muitos empreendedores, mas necessário. É preferível sair do negócio, manter-se apenas como sócio e conselheiro e ver a empresa crescer ainda mais nas mãos de profissionais capacitados a deixar a empresa morrer em suas mãos, por orgulho e medo de perder o controle da situação.

O empreendedor deve entender suas limitações e aprender com os erros para não voltar a cometê-los em uma nova empreitada. Outra função importante do empreendedor, durante a fase de crescimento e maturação da empresa, é o gerenciamento dos conflitos internos e dos jogos de interesse, da luta por poder e posições de comando dentro da empresa. Quando o empreendedor deixa claro a seus subordinados que está chegando o momento da saída de sua posição à frente dos negócios, pode haver um clima de disputa e de desconfiança dentro da empresa, o que não é benéfico.

Nesses casos, é muito importante que o empreendedor defina previamente seus sucessores ou as regras que definirão quais pessoas de dentro ou de fora da empresa ficarão responsáveis pela gestão do empreendimento. O papel de liderança do empreendedor é imprescindível durante esse processo, pois deve ficar claro que ele ainda é quem define o que deve ser feito, e todos os demais devem agir como um time, trabalhando em equipe.

Foi visto, no Capítulo 2, que os empreendedores são apaixonados pelo que fazem e ficam ricos. Ficar rico é o sonho de muitos empresários, mas não de todos os empreendedores, pois ganhar dinheiro é consequência de muito esforço e dedicação ao negócio, o que pode levar anos, sem descanso. Empreendedores de sucesso ficam ricos, mas, antes, precisam construir uma empresa da qual se orgulhem, à qual dediquem boa parte de suas vidas, abrindo mão de altos ganhos, de lazer e de fins de semana. Quando a empresa atinge a maturação, se consolida no mercado, é adquirida por outra empresa ou recebe um grande aporte de capital, por exemplo, o

247

empreendedor pode ganhar um bom dinheiro e colher os frutos com os quais um dia sonhou.

Nem sempre isso ocorre para todos os empreendedores que, mesmo seguindo as regras do jogo, desenvolvendo um bom plano de negócios e captando o investimento inicial para o negócio, não chegam ao sucesso. Muitos empreendedores só conseguiram ser bem-sucedidos com o segundo ou o terceiro negócio que criaram, com histórias de fracasso para contar nos casos anteriores, extremamente úteis quando utilizadas como aprendizado, servindo de experiência para os desafios futuros. Esses empreendedores são verdadeiros vitoriosos, pois sempre estão atrás do sucesso, mesmo expondo-se a derrotas sucessivas, quando ninguém mais acreditava em seu potencial. No Brasil, é comum as pessoas comentarem o insucesso dos empreendedores. Isso, porém, deve servir de estímulo ao empreendedor, para provar a si mesmo que é capaz de contornar mais um problema e recomeçar.

O mais difícil para muitos deles é reconhecer quando o negócio não tem mais chances de ser lucrativo, ou seja, quando o negócio precisa ser fechado. Reconhecer esse momento e não desistir de tentar de novo é uma virtude. Quando tudo recomeçar e o processo empreendedor se repetir, o empreendedor estará mais preparado para as adversidades que encontrará na jornada que se seguirá.

Por mais que o empreendedor colha os frutos de um sucesso passado, ele não se dará por satisfeito e sempre tentará novos empreendimentos, novas ideias e formas criativas de multiplicar seu patrimônio. Por isso, essas pessoas, que ousam e não se contentam com a mesmice, que se expõem à derrota e que buscam incessantemente o sucesso, são tão especiais para a sociedade.

Ser empreendedor não é uma opção de vida, mas uma missão de vida. O empreendedor não arrisca apenas seu futuro, mas também o de todos aqueles que estão à sua volta, que trabalham para o seu sucesso e dependem de suas atitudes e decisões. Empreendedores são responsáveis pelo desenvolvimento de uma empresa, de uma cidade, de uma região, enfim, pela construção de uma nação. O papel social talvez seja o mais importante que o empreendedor assume em toda sua vida.

Referências

Capítulo 1

SEBRAE. Pesquisa "Sobrevivência das Empresas no Brasil", 2013.

SEBRAE. Informações públicas no *website* do Sebrae, *www.sebrae.com.br* (acesso em agosto de 2022).

Capítulo 2

BOLTON, W. K. *The university handbook on enterprise development.* OH: Columbus, 1997.

BYGRAVE, W. *The portable MBA in entrepreneurship.* Boston: John Wiley & Sons, 1994.

DERTOUZOS, M. "Four Pillars of Innovation". *MIT's Magazine of Innovation Technology Review,* nov./dez. 1999.

DORNELAS, J. C. A. *Empreendedorismo na prática:* mitos e verdades do empreendedor de sucesso. Rio de Janeiro: GEN/LTC/Empreende, 2015.

ESCRIVÃO FILHO, E. *A natureza do trabalho do executivo.* Tese (Doutorado). UFSC, Florianópolis, 1995.

FILION, L. J. Empreendedorismo e gerenciamento: processos distintos porém complementares. *Workshop* do Softstart, Brasil, 1997. *In*: DOLABELA, F. *Empresa emergente de base tecnológica:* condições internas e ambientais de sucesso. IX Seminário Nacional de Parques Tecnológicos e Incubadoras de Empresas. Porto Alegre, setembro de 1999.

GLOBAL ENTREPRENEURSHIP MONITOR. Executive Report, 1999.

GLOBAL ENTREPRENEURSHIP MONITOR. Executive Report, 2000.

GLOBAL ENTREPRENEURSHIP MONITOR. Global Report, 2019/2020.

HAMPTON, D. R. O trabalho do administrador. *In*: HAMPTON, D. R. *Administração contemporânea.* São Paulo: Makron Books, 1991. p. 10-37.

Referências

HISRICH, P. *Entrepreneurship, intrapreneurship, and venture capital:* the foundations of economic renaissance. *In*: HISRICH, R. D. (org.). Lexington: Lexington Books, 1986. p. 18-25.

HISRICH, R. D.; PETER, M. P. *Entrepreneurship*. 4. ed. Boston: Irwin McGraw-Hill, 1998.

INOVAÇÕES do século XX. Disponível em: *http://www.britishcouncil.org.tw/english/science/science1-9. htm*. Acesso em: out. 2000.

KAO, J. J. *Entrepreneurship, creativity and organization*. New Jersey: Prentice Hall, Englewood Cliffs, 1989.

KETS DE VRIES, M. Creative rebels with a cause. *In*: BIRLEY, S.; MUZYKA, D. (orgs.). *Mastering Enterprise*. Financial Times/Pitman: Londres, 1997.

KIRZNER, I. M. *Competition and entrepreneurship*. Chicago: Chicago University Press, 1973.

KOTTER, J. P. What effective general managers really do. *Harvard Business Review*, v. 60, n. 6, p. 156-167, nov./dez. 1982.

MINTZBERG, H. *Trabalho do executivo:* o folclore e o fato. São Paulo: Nova Cultural, 1986. n. 3, p. 5-57. (Coleção Harvard de Administração).

MOORE, C. Understanding Entrepreneurial Behavior. *In:* PEARCE II, J. A.; ROBINSON JR., R. B. *Academy of management best papers proceedings*. Forty-sixty Annual Meeting of the Academy of Management: Chicago, 1986.

SCHUMPETER, J. *The theory of economic development*. Harvard University Press, 1949.

SMILOR, R. W.; GILL, M. D. Jr. *The new business incubator*. Lexington Books: Lexington, 1986.

STEWART, R. A model for understanding managerial jobs and behavior. *Academy of Management Review*, v. 7, n. 1, p. 7-13, 1982.

THOMPSON, J. The world of the entrepreneur – a new perspective. *Journal of Workplace Learning: Employee Counselling Today*, v. 11, n. 6, p. 209-224, 1999.

TIMMONS, J. A. *New venture creation*. 4. ed. Boston: Irwin McGraw-Hill, 1994. (veja também a adaptação da 8ª edição deste livro para o português: DORNELAS, J. C. A.; TIMMONS, J. A.; SPINELLI, S. *Criação de novos negócios*. Rio de Janeiro: Campus-Elsevier, 2010.)

TORNATZKY, L. G.; BATTS, Y.; MCCREA, N. E.; LEWIS, M. S. The art and craft of technology business incubation. *Best practices, strategies, and tools from more than 50 programs*. Ohio: NBIA, 1996.

Capítulo 3

BYGRAVE, W. *The portable MBA in entrepreneurship*. Boston: John Wiley & Sons, 1994.

DORNELAS, J. C. A. *Empreendedorismo corporativo*. Rio de Janeiro: Campus, 1ª. edição, 2003; 2ª. edição, 2009; 3ª. edição, 2015 (editora GEN/LTC/Empreende); 4ª. edição, 2020 (editora Empreende).

HISRICH, R. D.; PETER, M. P. *Entrepreneurship*. 4. ed. Boston: Irwin McGraw-Hill, 1998.

TIMMONS, J. A. *New venture creation*. 4. ed. Boston: Irwin McGraw-Hill, 1994. (veja também a adaptação da 8ª edição deste livro para o português: DORNELAS, J. C. A.; TIMMONS, J. A.; SPINELLI, S. *Criação de novos negócios*. Rio de Janeiro: Campus-Elsevier, 2010.)

Capítulo 4

DORNELAS, J. C. A. *Criar empresas pontocom:* empreendedorismo ou oportunismo? Disponível em: *www.planodenegocios.com.br*. 2002/2008/2011.

Referências

Capítulo 5

APPLEGATE, L. M. *Developing an elevator pitch for a project*. Boston: Harvard Business School Publishing, 2002.

BANGS, D. H. *The business planning guide*. Chicago: Upstart Publishing Company, 1998.

DORNELAS, J. C. A. Capacitação dos Gerentes de Incubadoras na Elaboração e Utilização do Plano de Negócios como uma Estratégia para se Disseminar seu Conceito junto às Empresas Incubadas. IX Seminário Nacional de Parques Tecnológicos e Incubadoras de Empresas: Porto Alegre, setembro de 1999.

DORNELAS, J. C. A. *Plano de negócios:* seu guia definitivo. 2. ed. São Paulo: Empreende, 2016.

DORNELAS, J. C. A. *Plano de negócios:* estrutura e elaboração. Apostila. São Carlos, maio de 1999.

DORNELAS, J. C. A. *et al*. *Planos de negócios que dão certo*. Rio de Janeiro: Campus, 2007.

HANDBOOK of Business Planning: BizPlan Buider Interactive. JIAN Tools. Mountain View. California, 1997.

HADZIMA, J. Workshop *Nuts and Bolts of Business Plans*. MIT – Massachusetts Institute of Technology, Boston, 2002.

KAPLAN, R. S.; NORTON, D. P. Using the balanced scorecard as a strategic management system. *Harvard Business Review*, Boston, 1996a.

KAPLAN, R. S.; NORTON, D. P. *The balanced scorecard*: translating strategy into action. Boston: Harvard Business School Press, 1996b.

PAVANI, C.; DEUTSCHER, J. A.; LÓPEZ, S. M. *Plano de negócios:* planejando o sucesso de seu empreendimento. Rio de Janeiro: Lexikon, 1997.

PINSON, L.; JINNETT, J. *Anatomy of a business plan*. 3. ed. Chicago: Upstart Publishing Company, 1996.

RENTES, A. F.; VAN AKEN, E. M.; BUTLER, R. An Organizational Assessment Method for Transformation Efforts. *Proceedings of the Portland International Conference on Management of Engineering and Technology*, Portland, julho de 1999.

SAHLMAN, W. A. How to Write a Great Business Plan. *Harvard Business Review*, jul./ago. 1997.

SEBRAE. *Indicadores da mortalidade das MPEs paulistas*. Relatório preliminar. Região Metropolitana de São Paulo. Pesquisas Econômicas, São Paulo: dezembro de 1998a.

SEBRAE. *Avaliação das incubadoras*. Divisão de Marketing/Pesquisas Mercadológicas, São Paulo: dezembro de 1998b.

SEBRAE. *Sobrevivência e mortalidade das empresas paulistas de 1 a 5 anos*. Pesquisas Econômicas, São Paulo: dezembro de 2003.

SILVA, F. Q. B. The Setting Up of Environmental Conditions for the Creation of *Software* Enterprises in Brazil: the GENESIS Project and its Results. *43rd International Conference on Small Business World Congress*, Cingapura: junho de 1998.

UNITED STATES SMALL BUSINESS ADMINISTRATION (SBA). Disponível em: *http://www.sba.gov*. Acesso em: nov. 1998.

ZACHARAKIS, A. *EIT – Entrepreneurship Intensity Tracking*. Curso de MBA 2001/2002 do Babson College. Wellesley, 2001.

Capítulo 6

DORNELAS, J. C. A. *Plano de negócios:* seu guia definitivo. 2. ed. São Paulo: Empreende, 2016.

DORNELAS, J. C. A.; CASAGRANDE, E.; RANTIN, E. *Plano de negócios:* estrutura e elaboração. Apostila. São Carlos, maio de 1999b.

KOTLER, P. *Administração de marketing:* análise, planejamento, administração e controle. 5. ed. São Paulo: Atlas, 1998.

LONGENECKER, J. G.; MOORE, C. W.; PETTY, J. W. *Administração de pequenas empresas:* ênfase na gerência empresarial. São Paulo: Makron Books, 1997.

PINSON, L.; JINNETT, J. *Anatomy of a business plan.* 3. ed. Chicago: Upstart Publishing Company, 1996, p. 255.

PORTER, M. *Competitive strategies:* techniques for analyzing industries and competitors. Nova York: Free Press, 1980. cap. 2.

SAHLMAN, W. A. How to Write a Great Business Plan. *Harvard Business Review,* jul./ago. 1997.

TIFFANY, P.; PETERSON, S. D. *Planejamento estratégico.* Rio de Janeiro: Campus, 1999. (Série para leigos).

WESTWOOD, J. *O plano de marketing.* 2. ed. São Paulo: Makron Books, 1996.

Capítulo 7

O PAPEL ECONÔMICO DO MERCADO VC. Primeiro Encontro da Rede Inovar. Rio de Janeiro, agosto de 2000.

DORNELAS, J. C. A.; TIMMONS, J.; SPINELI, S.; ZACHARAKIS, A. *Como conseguir investimentos para o seu negócio.* Rio de Janeiro: Campus, 2008.

DORNELAS, UKSPA; TIMMONS, J. A.; SPINELLI, S. *Criação de novos negócios.* Rio de Janeiro: Campus-Elsevier, 2010.

RHAE. Edital RHAE. Disponível em: *www.cnpq.br.* Acesso em: nov. 2015.

SEBRAETEC. Informações públicas no *website* do Sebrae. Disponível em: *www.sebrae.com.br.* Acesso em: nov. 2015.

Capítulo 8

ANPROTEC: Associação Nacional de Entidades Promotoras de Empreendimentos de Tecnologias Avançadas, 1998, 2000, 2004 e 2008: Disponível em: *http:// www.anprotec.org.br.*

BROADHURST, T. History of science park development and the existing pattern. *In:* WORRAL, B. (org.). *Setting up a science park.* UKSPA, 1988.

BUSINESS INCUBATION WORKS. The results of the impact of incubator investment study. NBIA, National Business Incubation Association, 1997.

DORNELAS, UKSPA. Capacitação dos gerentes de incubadoras na elaboração e utilização do plano de negócios como uma estratégia para se disseminar seu conceito junto às empresas incubadas. IX Seminário Nacional de Parques Tecnológicos e Incubadoras de Empresas, Porto Alegre, setembro de 1999a.

DORNELAS, UKSPA; NUNES, M. G. V.; OLIVEIRA JR., O. N. Bridging the gap between technological innovation and effective transfer of technology. 4th International Conference on Technology Policy and Innovation. Curitiba, agosto de 2000.

DORNELAS, UKSPA. Plano de negócios para incubadoras: A experiência da rede paulista de incubadoras de empresas. X Seminário Nacional de Parques Tecnológicos e Incubadoras de Empresas. Belém, agosto de 2000.

Referências

GIBB, J. M. Vers une coopération européenne. Technopolis – L'explosion des cités scientifiques. Paris, 1985. *In:* TORKOMIAN, A. L. V. *Estrutura de polos tecnológicos*: um estudo de caso. Dissertação (Mestrado). São Paulo: FEA/USP, 1992.

KHAVUL, S.; BRUSH, C. G.; KALISH, S.; LERNER, M. Public policy and private initiative in the incubation of israeli high technology entrepreneurial firms. Disponível em: *http://www.babson.edu/entrep/fer/papers98/*. Acesso em: 1998.

LALKAKA, R.; BISHOP, J. Business incubator in economic development. An initial assessment in industrializing countries. United Nations Programme. Nova York, 1996.

MEDEIROS, J. A.; ATAS, L. Incubadora de empresas: balanço da experiência brasileira. São Paulo: *Revista de Administração*, v. 30, n. 1, p. 19-31, jan./mar. 1995.

MEDEIROS, J. A.; MEDEIROS, L. A.; MARTINS, T.; PERILO, S. *Polos, parques e incubadoras:* a busca da modernização e competitividade. CNPq, IBICT, Senai. Brasília, 1992.

NBIA – National Business Incubation Association, 2000 e 2004. Disponível em: *http://www.nbia.org*

RICE, M. P.; MATTHEWS, J. B. *Growing new ventures, creating new jobs*. Westport: Praeger, 1995.

SPOLIDORO, R. Science parks as gateways to technopoles and innovative regional development processes. *Anais do XVI IASP* – World Conference on Science & Technology Parks. Conference Proceedings. Istambul, 1999.

TORKOMIAN, A. L. V. *Estrutura de polos tecnológicos:* um estudo de caso. Dissertação (Mestrado). FEA/USP, São Paulo, 1992.

Capítulo 9

SEBRAE. Informações públicas no *website* do Sebrae. Disponível em: *www.sebrae.com.br*. Acesso em: ago. 2022.

Apêndice 1

Exemplos de planos de negócios e material complementar *on-line* para alunos, professores e empreendedores

Recursos complementares são disponibilizados gratuitamente aos leitores deste livro no *site* do autor, *www.josedornelas.com.br*. Ao se cadastrar na seção de *downloads*, o usuário do *site* acessa textos, artigos, estudos de caso, cursos gratuitos, apresentações com a síntese de cada capítulo do livro, exemplos de planos de negócios (que podem ser editados e modificados sem restrições), além de vídeos com entrevistas e histórias de empreendedores.

Os leitores têm ainda a oportunidade de utilizar gratuitamente todo o material que ficava disponível no portal *www.planodenegocios.com.br* e que foi incorporado ao *site* do autor *www.josedornelas.com.br*, contendo dezenas de exemplos de planos de negócios de vários setores e artigos sobre como desenvolver um.

Os estudos de caso das edições anteriores também são disponibilizados no *site* do autor, na área de *downloads*, e, em conjunto com os estudos de caso apresentados no livro, totalizam mais de uma dezena de casos de empreendedores brasileiros, os quais podem ser utilizados pelos professores em cursos de empreendedorismo e também como referência e exemplo de casos de sucesso para inspirar novos e atuais empreendedores.

Nas redes sociais do autor (*www.fb.com/JoseDornelasEmpreende* e *www.instagram.com/Dornelas_Empreende*) há material e informação atualizados frequentemente sobre empreendedorismo.

Finalmente, no *site* do autor, existe uma área específica para professores que, ao se cadastrarem gratuitamente, terão acesso a um vídeo do autor comentando cada capítulo do livro, incluindo detalhes sobre sua utilização em sala de aula, bem como o material complementar para o ensino do tema, incluindo exemplos de provas e ementa da disciplina, apresentações para aulas, vídeos de empreendedores, entre outros.

Apêndice 2

Checklist Inicial para Elaboração de Plano de Negócios

www.empreende.com.br

Nome da empresa:		
Site:		
Responsável pelo preenchimento:		
Cargo na empresa:		
E-mail:		
Telefone/celular:		
Data do preenchimento:		
1. Conceito do negócio	**Sim**	**Não**
(a) A empresa tem o conceito do negócio definido? Há uma descrição da oportunidade?	☐	☐
(b) O conceito do negócio é inédito na região? Caso não, são apresentados outros exemplos?	☐	☐
(c) O conceito do negócio tem similares fora do Brasil? Caso sim, são citados?	☐	☐

AP Apêndice 2

(d) O negócio já está em operação? Caso não, especifica-se qual o estágio atual e qual a previsão de lançamento? ☐ ☐

2. Mercado e competidores	**Sim**	**Não**
(a) A empresa conhece o tamanho do mercado-alvo, em reais e em número de clientes? Caso sim, os números são especificados?	☐	☐
(b) A empresa sabe qual é o crescimento previsto do mercado para os próximos três anos?	☐	☐
(c) A empresa conhece seus principais concorrentes? Eles são apresentados?	☐	☐
(d) A empresa sabe qual é a participação de mercado de seus principais concorrentes e qual é a sua participação atual/prevista?	☐	☐

3. Equipe de gestão	**Sim**	**Não**
(a) A empresa tem um organograma com a descrição dos executivos principais e suas funções (nome, posição, formação acadêmica, experiências profissionais anteriores e principais habilidades)?	☐	☐
(b) A equipe de gestão está completa? Caso não, são especificados quais profissionais estão faltando?	☐	☐
(c) A empresa tem um plano de recursos humanos definido, com benefícios e incentivos aos funcionários?	☐	☐
(d) Os sócios estão todos no negócio? Caso não, está especificado o envolvimento de cada um?	☐	☐

4. Produtos e serviços	**Sim**	**Não**
(a) A empresa apresenta uma descrição clara de seus principais produtos/serviços?	☐	☐
(b) Apresentam-se os principais benefícios e características dos produtos/serviços?	☐	☐
(c) A empresa domina a tecnologia? Há patentes? Há investimento em P&D?	☐	☐
(d) Apresenta-se o ciclo de vida do produto/serviço? Mostra-se o estágio atual de desenvolvimento?	☐	☐

5. Estrutura e operação	**Sim**	**Não**
(a) A empresa tem uma descrição dos processos básicos para obtenção do serviço/produto?	☐	☐
(b) A localização do negócio está definida? As regulamentações e certificações necessárias para a operação do negócio estão atualizadas?	☐	☐
(c) A empresa possui acordos firmados com fornecedores/parceiros para o negócio? Caso sim, há especificação de cada um e o tipo de acordo/parceria?	☐	☐
(d) A infraestrutura tecnológica e operacional está disponível?	☐	☐

Apêndice 2

AP

6. Marketing e vendas	Sim	Não
(a) As fontes de receita estão bem definidas? Há um resumo das principais?	☐	☐
(b) A empresa tem uma estratégia definida de preços para seus serviços/produtos?	☐	☐
(c) A empresa tem uma estratégia de comunicação/publicidade?	☐	☐
(d) Seus produtos/serviços têm canais de distribuição definidos?	☐	☐
(e) A empresa tem uma projeção de vendas para os próximos anos?	☐	☐

7. Estratégia de crescimento	Sim	Não
(a) A empresa tem uma visão de futuro definida e entendida pela equipe de gestão?	☐	☐
(b) A empresa possui um cronograma definido de ações, com principais metas a serem atingidas e marcos intermediários? São apresentadas as principais?	☐	☐
(c) A empresa conhece seus pontos fortes e fracos e como melhorá-los/minimizá-los?	☐	☐
(d) A empresa conhece os riscos inerentes ao negócio?	☐	☐

8. Resultados financeiros e investimentos	Sim	Não
(a) A empresa tem um fluxo de caixa projetado para os próximos anos da operação? Caso sim, apresenta-se um fluxo de caixa líquido para cada ano?	☐	☐
(b) A empresa tem definido o montante de investimento necessário para operacionalizar o negócio/as necessidades de investimento atuais e futuras? Apresenta ainda análise financeira (VPL, TIR, *breakeven*, *payback* etc.)?	☐	☐
(c) No caso de aporte de capital, a empresa já tem definido o percentual do capital acionário destinado ao investidor que entrar no negócio? Há uma proposta de estratégia de saída do investidor? No caso de empréstimo, há uma proposta de quando e como será pago?	☐	☐
(d) A empresa tem contabilizado quanto já foi investido (por exemplo, pelos sócios do negócio) até o momento (valores financeiros e econômicos)?	☐	☐

Número de respostas NÃO: ____

Número de respostas SIM: ____

Este documento é de propriedade da empresa Empreende, *www.empreende.com.br*, todos os direitos reservados©.

Apêndice 3

Sites sobre Empreendedorismo

- *http://entrepreneurship.mit.edu* (*site* do Centro de Empreendedorismo do MIT, um dos mais importantes centros de ensino de empreendedorismo dos Estados Unidos).
- *www.entrepreneurship.com* (*site* do Centro de Empreendedorismo do Canadá).
- *www.nfte.com* (*site* do Network for Teaching Entrepreneurship, nos Estados Unidos).
- *www.babson.edu* (*site* da principal escola de ensino de empreendedorismo do mundo, o Babson College, nos Estados Unidos).
- *www.sba.gov* (*site* do Small Business Administration, nos Estados Unidos).
- *www.entrepreneurship.hbs.edu* (*site* do centro de empreendedorismo da Harvard Business School).
- *http://ecorner.stanford.edu* (*site* do STVP Entrepreneurship Corner, portal de apoio aos professores de empreendedorismo e interessados pelo tema, contendo vários materiais e vídeos sobre o assunto).
- *www.gemconsortium.org* (*site* do Global Entrepreneurship Monitor, o estudo global sobre a atividade empreendedora dos países).
- *www.bcerc.com* (*site* da Babson College Entrepreneurship Research Conference, a principal conferência mundial de empreendedorismo).

Apêndice 3

Sites de Publicações e Revistas sobre Empreendedorismo

- *http://economia.uol.com.br/empreendedorismo* (*site* do *UOL Empreendedorismo*, com artigos, notícias e informações sobre pequenos negócios).
- *http://revistapegn.globo.com* (*site* da revista *Pequenas Empresas Grandes Negócios*).
- *www.empreendedor.com.br* (*site* da revista *Empreendedor*).
- *www.entrepreneur.com* (*site* da famosa revista americana sobre empreendedorismo).
- *www.inc.com* (*site* da *Inc.*, uma das principais revistas sobre empreendedorismo dos Estados Unidos).
- *www.wired.com* (*site* da importante revista sobre tecnologia e negócios).
- *www.redherring.com* (*site* da revista de negócios tecnológicos *RedHerring*, dos Estados Unidos).
- *www.fastcompany.com* (*site* da revista de negócios *Fast Company*, dos Estados Unidos).

Sites sobre Plano de Negócios

- *www.planodenegocios.com.br* (o *site* do maior portal brasileiro de plano de negócios foi incorporado ao *site www.josedornelas.com.br*, com cursos *on-line gratuitos*, artigos, *vídeos de empreendedores*, testes de perfil empreendedor, entre outras informações).
- *www.paloalto.com* (*site* da empresa Palo Alto *Software*, produtora do *software* Business Plan Pro, o mais vendido nos Estados Unidos).
- *www.bizplan.com* (*site* do *software* Biz Plan, nos Estados Unidos).

262

Índice Alfabético

A

Abacaxi, 145
Abordagens do papel do administrador, 23
Aceleradoras, 210
Adequação tecnológica, 197
Administrador, 21
Análise
    da concorrência, 155
    da indústria/setor, 150
    de mercado, 103
    de oportunidades, 61
    econômica, 57
    estratégica, 102, 162
    histórica do surgimento do
      empreendedorismo, 19
    SWOT, 164
Anexos, 104, 110
Angel investor, 188
AQIA, 239
Armadilhas no gerenciamento de pequenas
    empresas, 95, 96
Assessoria jurídica e contábil, 212
Associações, 228
Atacadistas, 142

Atividade empreendedora total por país, 14
Avaliando uma oportunidade, 54

B

Babson College, 11, 13
Balanço patrimonial, 172
Bancos, 101
BizPlan Builder©, 112
Brainstorming, 53
Brick-and-mortar (tijolo e cimento), 82
Business Plan Pro©, 112

C

Câmara, Fábio, 65
Canais de distribuição, 160
Capa, 101, 130
Capital de risco, 189
Cesana, Marcelo, 200
Checklist de pontos fortes e fracos, 166
Ciclo de vida do produto, 143
Classificados, 81
Clientes, 101, 188
Comercialização de propaganda, 81

Índice Alfabético

Competidores, 148

Compra coletiva, 79

Concursos de plano de negócios, 117

Consumidores, 153

Crescimento de mercado, 144

Criando a empresa, 226

Critérios pessoais, 60

Custos e despesas
  fixos, 176
  variáveis, 176

D

Declaração de visão, 164

Demonstração de resultados, 174

Descrição
  da empresa, 102, 134
  do segmento de mercado, 150

Desenvolvimento econômico, fatores críticos
  para o, 32

Distribuição, 147

Distribuidor, 79

Diversificação, 171

Domínio
  administrativo, 27
  empreendedor, 27

Dúvida, 145

E

Elevator speech, 114, 115

Embalagem, 154

Empreendedor(es), 21, 28
  de sucesso, características dos, 24
  habilidades requeridas de um, 31
  individual, 233

Empreendedorismo, 2, 8
  conceituando, 29
  ensino do, 30
  no Brasil, 15
  primeiro uso do termo, 20

Empresarial, 82

Empresas
  focadas em inovação e tecnologia, 104
  puramente virtuais, 82

Empréstimo, 186

Empretec, 16

Equipe gerencial, 60, 109, 135

Era do empreendedorismo, 10

Estatuto das micro e pequenas empresas, 228

Estratégia(s)
  de ataque, 170
  de crescimento, 110
  de desenvolvimento, 170
  de marketing, 103
  de produto, 144
  defensivas, 169
  definição da, 169

Estrela, 145

Estrutura
  do plano de negócios, 101
  e operações, 109
  jurídica, 137

Estudo de viabilidade técnica, 197

Expansão de mercado, 170

Experiência no ramo, 51

F

Fabricantes, 142

Fator preço, 154

FCamara, 65

Finanças, 110

Financiamento, 186
  economia pessoal, família, amigos, 187

FINEP *Startup*, 194

Fluxo de caixa, 176

Fontes de novas ideias, 52

Fornecedores, 101, 188

Franchising, 215

Franqueado, 215

Franqueador, 215

Frooty, 200

Índice Alfabético

Funcionários, 188

Fundações, 228

    Estaduais de Amparo à Pesquisa (FAPs), 192

G

Geração de Novas Empresas de *Software*, Informação e Serviços (Genesis), 15

Gerentes tradicionais, 28

GetNinjas, 87

Global Entrepreneurship Monitor (GEM), 13

H

Habilidades requeridas de um empreendedor, 31

Hand Talk, 121

I

Idade Média, 20

Ideia, 48, 50

Incubadoras de empresas, 208

Índices financeiros, 178

Instituto(s)

    Empreender Endeavor, 214

    de pesquisa, 212

Intermediação de negócios, 78

Investidor-anjo, 188

Investidores, 101

J

Jovem Empreendedor do Sebrae, 16

L

L'Hotellier, Eduardo, 87

Lei Geral da Micro e Pequena Empresa, 230

Leilão, 80

    reverso, 80

Lino, Alaor, 239

Localização e infraestrutura, 138

London Business School, 13

M

Mantenedores das incubadoras, 100

Manutenção

    de mercado, 170

    de registros, 140

Marca(s), 234

    classificação quanto

        à apresentação, 235

        à origem, 235

        ao uso, 235

    e patentes, 233

Marketing e vendas, 109, 157

Matriz BCG, 144

Mercado, 55, 148

    e competidores, 109

    virtual, 82

Microcrédito, 196

Modelos de negócio na *web*, 77

N

Negócio, conceito do, 108

Network For Teaching Entrepreneurship (NFTE), 12

Nova economia, 10

O

Objetivos e metas, 168

Oportunidades, 48

    na internet, 76

P

Parceiros, 101

    estratégicos, 141, 188

Participação relativa de mercado, 145

Patente, 236

Penetração de mercado, 170

Pequenas empresas

    em geral, 106

    manufatureiras, 101

Período sabático, 11

Pesquisa e desenvolvimento, 147

Pitch deck, 113

Índice Alfabético

Planejamento, 98

Plano

de negócios, 94

estrutura do, 101

como ferramenta de gerenciamento, 116

como ferramenta de venda, 113

completo, 111

importância do, 97

o que é, 99

operacional, 111

por que escrever um, 99

resumido, 111

tamanho do, 111

uso de *software* para sua elaboração de, 111

de recursos humanos, 103

financeiro, 103, 171

operacional, 102

Ponto de equilíbrio, 177

Portais verticais B2B, 79

Praça, 160

Prazo de *payback*, 181

Preço, 159

Processo

de planejamento estratégico do negócio, 163

empreendedor, 31, 34

fatores que influenciam no, 32

na visão de Timmons, 37

Produção, 147

Produto (posicionamento), 159

Produtos e serviços, 102, 109, 142

Progex, 196

Programa(s)

Brasil Empreendedor, 15

Cap'Ten (Bélgica), 11

Criatec do Banco Nacional de Desenvolvimento Econômico e Social (BNDES), 195

da Financiadora de Estudos e Projetos (FINEP), 192

das Fundações Estaduais de Amparo à Pesquisa, 194

do governo brasileiro, 192

RHAE Inovação, 196

Sebraetec e Sebrae Mais, 197

Softex, 15

Projeção

de vendas, 162

mensal de vendas, 163

Promoções de vendas, 161

Propaganda/comunicação, 160

Públicos-alvo de um plano de negócios, 100

Q

Questionário de análise de localização da empresa, 139

R

Receitas, 176

Redes sociais, 83

Retorno contábil sobre o investimento, 181

Revolução do empreendedorismo, 8

S

Sebrae, 211

Século

XVII, 20

XVIII, 20

XIX e XX, 20

Segmentação de mercado, 154

Segurança, 140

Seguro, 140

Shopping virtual, 79

Sites

de comparação, 80

de permuta, 81

Sociedade(s)

cooperativas, 228

empresária, 226

estrangeira, 227

limitada, 227

por ações, 227

simples, 226

Índice Alfabético

Sócios, 101
Startups americanas, causas de fracasso das, 95
Sumário, 102, 131
    executivo, 102, 108, 132

T

Tamanho do plano de negócios, 111
Taxa interna de retorno, 182
Técnicas
    de análise de investimentos, 180
    do fluxo de caixa descontado, 181
Tecnologia, 146
Tendências, 83
Tenório, Ronaldo, 121
Terceiros, 141
Timing da ideia, 50
3Ms, 61

Tributo da competência
    estadual, 229
    federal, 229
    municipal, 229

U

Universidades, 212
Uso de *software* para sua elaboração de plano
    de negócios, 111

V

Vaca leiteira, 145
Valor presente líquido, 182
Vantagens competitivas, 59
Varejistas, 143
Veículos de comunicação, 161
Vendas, 176